DIE INKA

VERLAG KARL MÜLLER

DIE INKA

Texte
Maria Longhena
Walter Alva

Redaktion
Valeria Manferto De Fabianis
Fabio Bourbon

Layout
Patrizia Balocco Lovisetti

Grafik
Anna Galliani

Illustrationen
Monica Falcone
Roberta Vigone

INHALT

__4 und 5 unten__ Diese vergoldeten Kupferscheiben mit Muscheleinlagen sind Glieder einer Kette mit Raubtiergesichtern. Sie stammt aus dem Grab des „Señor de Sipán", das viele Zeugnisse der Kunst der Mochica enthielt.

__5 oben__ Der kleine Goldkopf beeindruckt durch die Augen aus Silber und Lapislazuli. Die erweiterten Pupillen erinnern daran, dass bei religiösen Riten oftmals Pflanzen mit halluzinogener Wirkung, wie Kokablätter, konsumiert wurden.

__6__ Diese goldenen Ohrscheiben mit eingelegten Mosaiken aus Muscheln und Lapislazuli stammen aus der Mochekultur. Jeder der geflügelten Dämonen trägt einen Schlangengürtel und hält eine Kopftrophäe in der Hand.

__7__ Dieses fein gearbeitete Gefäß zeigt eine der erlesensten Ausdrucksformen der Mochica: das Porträtgefäß. Die dargestellte Person gehörte vermutlich der Oberschicht an. Sie trägt einen ausgefallenen Kopfschmuck mit zwei Vogelköpfen.

__1__ Diese Ohrscheibe belegt die Kunstfertigkeit der Goldschmiede von Sicán. Die abgebildete Figur ähnelt dem mythischen Helden Ñaymlap.

__2–3__ Zu den reichen Beigaben der Gräber der Chimúkultur zählen wertvolle Objekte wie diese Goldmaske. Halbgötter stellte man in der Chimú- und in der Sicánkultur meist mit lang gezogenen Augen dar, die an Vogelflügel erinnern. Aus den Pupillen hängen kleine Smaragdperlen.

2002 Herausgegeben in Deutschland von
Verlag Karl Müller GmbH
Venloer Str. 1271
D - 50829 Köln
Tel. 0221-13065-0
Fax 0221-13065-210
www.karl-mueller-verlag.de

ISBN 3-89893-045-9
Gedruckt in Italien.

Übersetzung: Dr. Marion Pausch
Lektorat: Susanne Kattenbeck

Vorwort

von Walter Alva

8 oben *Dieses kunstvoll gearbeitete Objekt ist der Griff eines Zeremonialmessers* (tumi). *Er besteht aus Gold und Türkisen und zeigt den Helden von Lambayeque, Ñaymlap, eine Figur aus der historischen und religiösen Tradition von Sicán.*

8 unten *Dieser Anhänger aus der Provinz Guayas in Ecuador symbolisiert durch die einander gegenüberstehenden Spiralen vermutlich den Lauf der Sonne von Ost nach West. Die anthropomorphe Figur könnte die Sonne selbst darstellen.*

9 *Die Metallbearbeitung lässt sich im Andenraum sehr weit zurückverfolgen. In Kolumbien erreichte die Kunst ein hohes technisches und ästhetisches Niveau, wie diese anmutige Figurine im Quimbaya-Stil belegt.*

Der mittlere Teil der Andenregion bildet mit Mesoamerika die Wiege der amerikanischen Kultur. Die Entwicklung, die hier ihren Ausgang nahm, überdauerte fünf Jahrtausende. Sie endete mit der Entstehung zweier großer Reiche, dem der Inka und dem der Azteken, die beide unter dem Ansturm der spanischen Eroberer zusammenbrachen. Bevor die Macht der Inka und Azteken sich voll entfaltete, hatten jedoch bereits jahrtausendelang zahlreiche Völker den Kontinent besiedelt. Südamerika, in dessen Zentrum das gewaltige Andenmassiv die Pazifikküste von der Amazonasregion trennt, sah viele faszinierende präkolumbische Kulturen erblühen und untergehen. In den Zentralanden im heutigen Peru entwickelten präinkaische Völker ausgefeilte Bewässerungstechniken und Methoden, die ihnen Landwirtschaft und Fischfang erleichterten. Auf diese Weise kontrollierten und nutzten sie die vielfältigen natürlichen und klimatischen Gegebenheiten vor Ort, zu denen die trockenste Wüste der Welt ebenso gehörte wie Urwald, Küstenoasen, Andentäler, Steppen und von ewigem Schnee bedeckte Berggipfel. Die Eingeborenen mussten sich immer wieder in einer unwirtlichen Umgebung zurechtfinden. Sie domestizierten Tiere wie zum Beispiel das Lama und lernten Getreide und Gemüse wie Mais oder Kartoffeln anzubauen, die später durch die Spanier nach Europa gelangten.

Die Indianer bauten mächtige Tempel, Heiligtümer und Wohnviertel, Festungen, Paläste und Straßen. Sie schufen herrliche Objekte aus Ton und Stoff sowie fein gearbeitete Schmuckstücke, wahre Kunstwerke, die zunächst in Vergessenheit gerieten und erst Jahrhunderte später wieder ans Tageslicht kamen.

Die Inka breiteten sich über ein weiträumiges Gebiet aus und konnten so die verschiedenen Strömungen einem Imperium eingliedern, das bis zum 16. Jahrhundert einen Großteil der pazifischen Küstenregion umfasste. Staatliche Kontrolle der Produktion, Verteilungsmechanismen sowie eine Art „soziales Netz" gehörten zu den Grundpfeilern des eindrucksvoll organisierten Inkareiches.

Die Archäologie konzentriert sich heute darauf, neue und bemerkenswerte Aspekte jener Kulturen aufzudecken, deren Spuren man unter anderem in Machu Picchu, Chavín de Huántar und in den prächtigen Gräbern der Fürsten der Mochica findet.

10–11 *Die wundervolle Stadt Machu Picchu, die berühmteste archäologische Stätte im Andenraum, liegt wie ein Adlernest unter dem Gipfel des Huayna Picchu. Die Stadt könnte den Inka als letzter Zufluchtsort gedient haben. Sie beeindruckt mit ihren Terrassenanlagen, Tempeln, Häusern und Brunnen sowie der spektakulären Lage direkt über dem Urubambatal.*

12–13 *Die Herrscher der Inka errichteten viele zivile und militärische Außenposten fern von Cuzco, vor allem in der Küstenregion, um die politische und administrative Macht des Tauantinsuyu, des „Reiches der vier Weltgegenden", zu dezentralisieren. Diese Abbildung zeigt Tambo Colorado, eine der am besten erhaltenen Stätten des Inkareiches.*

BEDEUTENDE STÄTTEN IM PRÄKOLUMBISCHEN PERU

BOLIVIEN
PISAC
ISLA
DE LA LUNA
TIAHUANACO
SILLUSTANI
RACCHI
CUZCO
OLLANTAYTAMBO
MACHU
PICCHU
NAZCA
TAMBO COLORADO
PACHACAMAC
PAZIFISCHER OZEAN

Die Andenkulturen

16 *Diese mit Ölfarben bemalte Holztafel aus der Kolonialzeit zeigt den Begründer der Inkadynastie, Manco Cápac. Um diesen Herrscher ranken sich zahlreiche Legenden, sodass sich historischer Kern und Mythos nicht mehr voneinander trennen lassen.*

Einleitung

17 Spanische Chronisten hielten die mündlichen Überlieferungen fest, die den Gründungsmythos des Tauantinsuyu enthalten. Demnach standen Mama Ocllo und Manco Cápac am Beginn der Inkadynastie. Verschiedene Legenden erwähnen diese vielleicht nur mythischen Gestalten, die angeblich aus der Gegend um den Titicacasee stammten. Ein unbekannter Künstler bemalte die abgebildeten Holztafeln im 18. Jahrhundert.

Im Jahr 1512, zwei Jahrzehnte nachdem Christoph Kolumbus Amerika erreicht hatte, leitete der spanische Seefahrer Vasco Nuñez de Balboa eine Expedition, die vom Isthmus von Darién, der heutigen Landenge von Panamá, südwärts in die Region zwischen den Anden und der Pazifikküste führen sollte. Ein Eingeborener aus Darién, der die Kühnheit der Konquistadoren bewunderte, riet de Balboa, diesen Weg einzuschlagen. Am Ziel der Reise, so behauptete er, läge ein märchenhaftes Land voller Reichtümer, das sagenhafte El Dorado.
Die Suche des Spaniers fand jedoch ein trauriges Ende, denn de Balboa fiel einem Komplott zum Opfer.
Wenige Jahre später begann ein anderer Reisender, Pascual de Andagoya, nach dem legendären Goldland zu suchen. 1522 fuhr er an der kolumbischen und ecuadorianischen Küste entlang und erreichte ein Gebiet, das nach Auskunft der Bewohner zu einem mächtigen Reich gehörte. Nach dem einheimischen Namen eines kleinen Wasserlaufs nannte de Andagoya das geheimnisvolle Territorium Birú.
Diese Expeditionen stellen die erste Berührung von Europäern mit dem Andenraum dar. Wer aber waren die Völker, die an der unwirtlichen Wüstenküste und auf den kargen Hochebenen siedelten? Woher kamen die Herrscher, die das „Reich der vier Weltgegenden“ gegründet hatten und von ihren Untertanen mit dem Titel „Inka“ angesprochen wurden.
Bevor wir die Entstehung und Entwicklung der Andenkulturen bis zur Zeit der Eroberung durch die Spanier näher betrachten, wollen wir einen Blick auf die geographischen und klimatischen Gegebenheiten der Regionen werfen, in denen Überreste antiker Kulturen entdeckt wurden.

Präkeramische Epoche
um 4000–1800 v. Chr.

Während dieser langen Epoche entwickelten die Jäger- und Sammlergruppen im Andenraum primitive Formen des Landbaus und der Tierhaltung, während sie zeitgleich sesshaft wurden. Aus dieser Zeit datieren die ältesten kollektiven Begräbnisstätten und Zeremonialzentren, die auf die Existenz einer organisierten Gesellschaft hinweisen. Zu den Stätten an der Küste gehörten Huaca Prieta und Aspero, im Hochland erlangten Kotosh und Galgada Bedeutung. Sie alle zeichnen sich durch Terrassenbauten aus, die vermutlich als Tempel dienten. Die Webkunst, von der Pflanzen- und Baumwollfasern erhalten sind, war weit verbreitet.

Älteste erhaltene Überreste gewebter Pflanzenfasern in Peru (um 3500 v. Chr.)

Älteste Keramikfunde in Puerto Hormiga und Valdivia (um 3000 v. Chr.)

Beginn des Baumwollanbaus (um 2500 v. Chr.)

Keramische Epoche
um 1800–900 v. Chr.

Die keramische Epoche stellt eine wichtige Übergangsperiode dar, während der Kunst, Bautechnik und gesellschaftliche Aspekte der vorangegangenen Ära weiterentwickelt wurden. Von größter Bedeutung waren die Einführung der Töpferkunst, vermutlich aus Ecuador, und der Metallbearbeitung. Die Struktur der Zeremonialzentren an der Küste und im Hochland wurde komplexer. Nun kamen U-förmig angelegte Tempelbauten auf. An der Küste entstand die Stätte Garagay mit einem der ersten Beispiele für farbige Wandmalereien. Die nach dem Fundort Cerro Sechín im Casmatal benannte Kultur ist neben Chavín eine der frühesten Kulturen im Andenraum, die in dieser Epoche entstehen.

Kotosh: ältestes Gebäude (um 1800 v. Chr.)

Cerro Sechín: einzigartige reliefierte Steinplatten (um 1500 v. Chr.)

Mina Perdida: Kupferplatten (um 1250 v. Chr.)

Früher Horizont
um 900–300 v. Chr.

Der erste der drei Horizonte, in die man die Geschichte des präkolumbischen Perus traditionell untergliedert, umfasst die Entstehung und Ausbreitung der großen panperuanischen Kulte, die die Bildung der nachfolgenden Kulturen beeinflussten. Die Blütezeit des religiösen Zentrums von Chavín de Huántar datiert etwa ab 700–300 v. Chr. Seine behauenen und gravierten Monolithe zeigen die symbolische Bildwelt des Jaguars und anderer Wesen, die man im Regenwald der Amazonasregion, aber auch an der Küste vermutete. Leider weiß man nichts über den Ursprung des Kultes, der zur ersten großen Einigung Perus führte, und ebenso wenig über das Volk, das ihn verbreitete. Im Laufe dieses Horizonts lernten die meisten Ethnien, Metall zu bearbeiten.

Ältere Epoche des Zeremonialzentrums von Chavín de Huántar; Bau des Alten Tempels, auch „Castillo" genannt (um 900–500 v. Chr.)

Jüngere Epoche der Stätte; Bau des Neuen Tempels (um 500–200 v. Chr.)

Beginn des Niedergangs der Chavínkultur und Ausbreitung der Kultur von Paracas an der Südküste (um 300 v. Chr.)

Frühe Zwischenzeit
um 300 v. Chr.–600 n. Chr.

Der Regionalismus, der viele Phasen der Geschichte des Andenraums prägte, erhält in dieser Epoche seine Grundlage. Die kulturelle und vielleicht politische Einigung, die die Chavínkultur erreicht hatte, löste sich auf. Das Gebiet zerfiel in eine Vielzahl kleiner Reiche oder Staaten, denen jeweils eine eigene Kultur entsprach. Unter diesen behaupteten sich die Mochica in der nördlichen Küstenregion und die Nazca entlang des südlichen Wüstenküstenstreifens. Archäologische Grabungen haben belegt, dass es sich um bemerkenswert fortschrittliche Gesellschaften handelte, die sich von Landwirtschaft und Fischfang ernährten, Tonwaren fertigten, Stoffe webten und Schmuckstücke aus Edelmetall herstellten. Gräber bedeutender Persönlichkeiten enthielten hochwertige Objekte und lassen auf eine straff hierarchisch organisierte Gemeinschaft schließen.

Cahuachi wird eine bedeutende Stadt der Nazcakultur (um 100 v. Chr.)

Vermuteter Beginn des ersten Bauabschnittes der Sonnen- und der Mondpyramide in Moche (um 100 v. Chr.)

Mittlerer Horizont
um 600–1000

Im Verlauf dieses Horizontes begann eine neue Phase der Einigung. Die politische und kulturelle Macht des Huarireiches absorbierte die Kleinstaaten, die sich im Lauf der vorangegangenen Jahrhunderte gebildet hatten. Zum ersten Mal entstanden ein Straßennetz, Verteidigungswälle und echte, schachbrettartig angelegte Städte. In religiöser und kultureller Hinsicht standen die Huari jedoch selbst unter dem Einfluss einer anderen Macht, des theokratischen Zentrums von Tiahuanaco am Titicacasee. An dieser Stätte versuchte man vermutlich, den ursprünglich in Chavín de Huántar begründeten Viracochakult neu zu beleben. Der mittlere Horizont brachte auch herrliche Beispiele monumentaler Skulpturen, bemalter Keramikgefäße und hervorragend verarbeiteter Webstoffe hervor.

Klassische Epoche der Kultur von Tiahuanaco (um 600–1000)

Politischer und kultureller Aufstieg der Stadt Huari, vermutlich Hauptstadt des gleichnamigen Reiches (um 600–700)

Zusammenbruch der Machtzentren von Huari und Tiahuanaco aus bis heute unbekannten Gründen (um 1000)

Späte Zwischenzeit
um 1000–1450

Um 1000 führten bis heute ungeklärte Ereignisse zum Zerfall der Macht von Huari, während Peru sich zeitgleich politisch und kulturell umstrukturierte. Neue Kulturen kamen auf, insbesondere entlang der Küstenregion erhoben sich über den Ruinen der Stätten der Mochica und der Nazca neue Siedlungen. Auch über den Resten der Metropolen der Huari errichtete man bedeutende Zeremonialzentren. Das mächtige Königreich der Chimú (oder Chimor) gewann an der Nordküste an Einfluss und die imposante Stadt Chan Chan, einer der eindrucksvollsten präkolumbischen Orte überhaupt, vergrößerte sich rasch. Diese Kulturen verstanden sich besonders auf die Verarbeitung von Gold und Silber sowie den Gebrauch von Federn für Schmuck und Kleidung. Weiter südlich zeichneten sich die Begräbnisstätten von Chancay und Ica-Chincha durch komplexe Bestattungsriten und erlesene Textilherstellung aus. Ab 1450 führte die Expansion des Inkareiches zum Niedergang der Chimúkultur und aller anderen Kleinstaaten der späten Zwischenzeit.

Blütezeit der Kultur von Sicán in den Tälern der Nordküste (um 1000–1100)

Gründung von Chan Chan, Hauptstadt des Chimúreiches (um 1000)

Vermuteter Beginn des Inkareiches unter König Manco Cápac (um 1200)

Höhepunkt der Chimúkultur (um 1350–1450)

Später Horizont (Inka-Horizont)
um 1450–1533

Im Verlauf dieses Horizontes festigte und verbreitete sich die letzte große einende Macht im präkolumbischen Peru, Reich des Tauantinsuyu oder Inkareich genannt. Dank einer straffen Staatsführung und einer schlagkräftigen Armee konnten die ersten Inkaherrscher ihren Einfluss innerhalb kürzester Zeit ausdehnen. Sie besiegten und unterwarfen eine Vielzahl unterschiedlicher Völker und gründeten auf diese Weise ein riesiges Imperium, dessen Straßennetz und imposante Bauten noch heute sichtbar sind. Zwar sind die ersten Könige nur aus der mündlichen Überlieferung bekannt, in der sich Legenden und historischer Kern untrennbar vermischen, doch liegen ab der Herrschaft des Inka Pachacutec genauere Daten über die Dynastie vor. Im Jahr 1533 wurde der Inka Atahualpa verraten, gefangen genommen und von den spanischen Eroberern hingerichtet.

Herrschaft des Pachacutec, dessen Existenz als Erste historisch belegt ist (um 1438–1471)

Minchancaman, der Herrscher von Chan Chan, unterwirft sich den Inka; das Chimúreich fällt in die Hand des Feindes (1470)

Pizarro lässt König Atahualpa ermorden. Fall des Inkareiches (1533)

Der letzte Herrscher der Inka, Tupác Amarú, wird hingerichtet. Das Reich wird dem Königreich Kastilien eingegliedert. (1572)

26 *Dieses Objekt aus der Inkazeit ist mit Muscheln und Gold verziert. Man nimmt an, dass Stücke dieser Art keine wirklichen Personen der Inkagesellschaft darstellten. Vielmehr handelt es sich vermutlich um Bilder von Halbgöttern, die eine ähnliche Funktion hatten wie die* conopa, *Votivgaben, die man in den Feldern vergrub, um eine gute Ernte zu erbitten.*

Häuser bestanden
aus Stein und waren
mit zwei hohen und
spitzen Walmflächen
aus Strohbündeln ge-
deckt. Die Wände des
Coricancha (Sonnen-
tempel), des heiligs-
ten Ortes der Inka,
waren mit feinstem
Gold verkleidet. Der
Lauf zweier Flüsse
begrenzte das Stadt-
gebiet, ihre Betten
hatte man mit Stei-
nen ausgekleidet, da-
mit das Wasser im-
mer klar blieb. In der
Mitte der Stadt lag
der riesige Haupt-
platz Huacaypata,
auf dem alle bedeu-
tenden Zeremonien
stattfanden.

Die präkeramische Epoche und der Beginn der keramischen Epoche

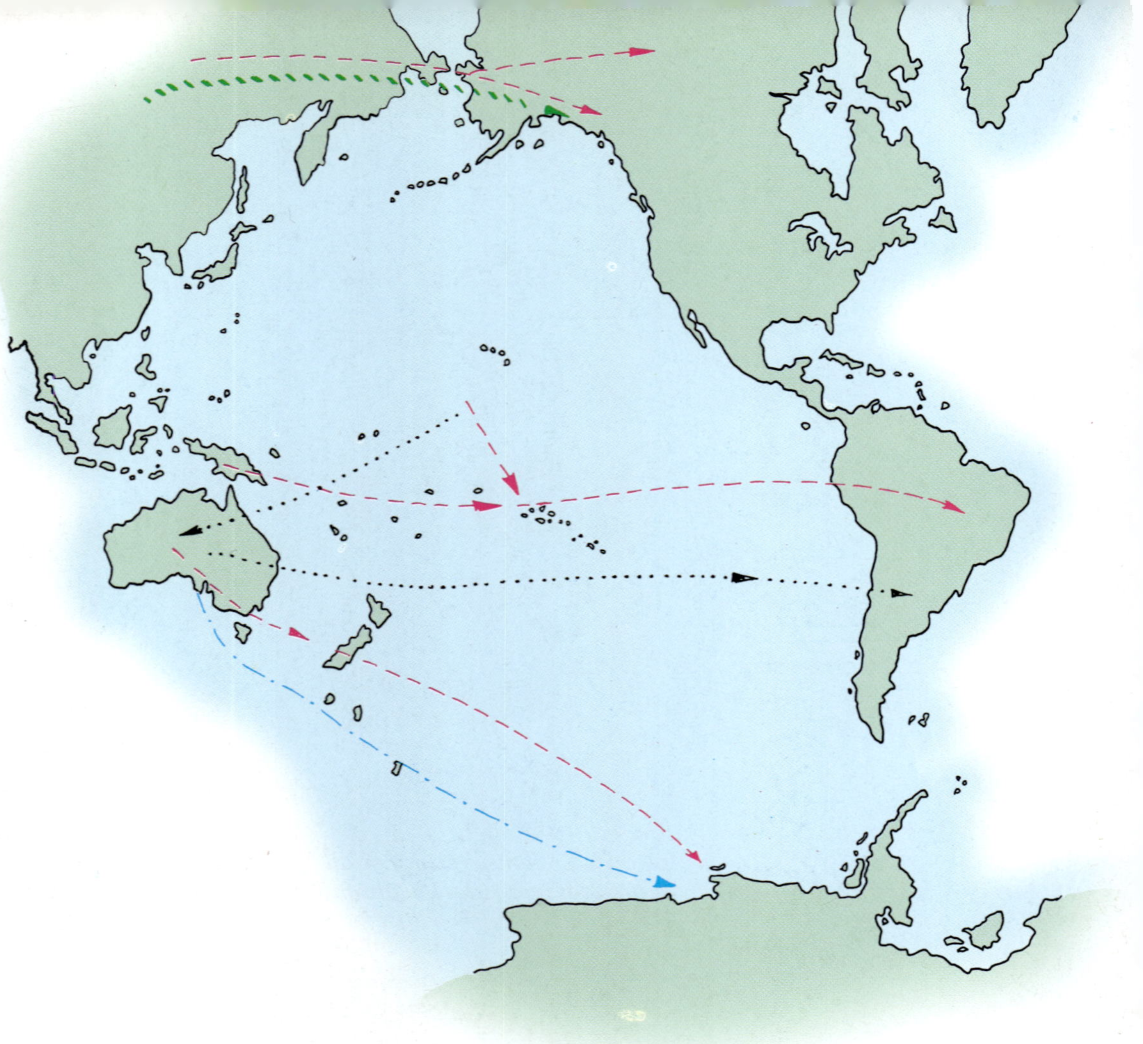

Peru bedeckt heute eine Fläche von annähernd 1,3 Millionen Quadratkilometern. Im Norden grenzt es an Ecuador und Kolumbien, im Osten an den brasilianischen Regenwald und die bolivianischen Hochebenen, während die Südspitze Chile berührt. Das riesige Territorium zeichnet sich durch eine Vielzahl von Landschaften und Klimagebieten aus: Die hohen, schneebedeckten Andengipfel und die Hochebenen kontrastieren mit der feuchtheißen Amazonasregion und dem trockenen Küstenstreifen am Pazifik. Ähnlich reich ist das Land an Farben, Pflanzen- und Tierarten. Die peruanische Küstenwüste im Westen ist etwa 2000 Kilometer lang und 40 bis 150 Kilometer breit. Gebirgsflüsse, deren Wasserstand von den jahreszeitlich bedingten Regenfällen in den Bergen abhängt, haben hier und dort einige grüne Oasen entstehen lassen.

Je weiter man sich den Anden nähert, umso feuchter wird das Klima. In 2300 bis 3500 Metern Höhe erstreckt sich die Sierra, in der ein gemäßigtes Klima und fruchtbarer Boden die Ansiedlung von Menschen und die Landwirtschaft über Jahrtausende begünstigt haben.

Der Altiplano umfasst ein weites, flaches, steppenartiges Gebiet, das sich in 3000 bis 4500 Metern Höhe zwischen den zwei Kordillerenzügen der Anden ausdehnt. Dieses Hochland grenzt im Süden an ein abflussloses Becken mit dem Titicacasee (auf 3800 Metern), der sich heute zwar auf bolivianischem Staatsgebiet befindet, in der Geschichte des präkolumbischen Perus jedoch eine bedeutsame Rolle spielte.

Der riesige, feuchtheiße Regenwald des Amazonasgebietes (Selva) grenzt an den östlichen Rand der Anden. Er zeichnet sich durch hohe Niederschläge aus, die zahlreiche Flüsse, darunter vor allem den Amazonas, mit Wasser versorgen.

Bis heute ist der Ursprung des peruanischen Volkes ebenso ungeklärt wie die Frage, wann die ersten Menschen über die Beringstraße nach Amerika einwanderten. Mit dem Begriff der präkeramischen Epoche bezeichnen die Archäologen die Übergangsphase zwischen der ersten Sesshaftwerdung der Menschen und dem Aufkommen von Keramikgefäßen um 1800 v. Chr. Menschliche Spuren, zum Beispiel von Menschenhand bearbeitete Steinwerkzeuge und Knochenreste aus dem Pleistozän entdeckte man in einer Höhle in Pikimachay in der Provinz Ayacucho. Mithilfe der C-14-Methode konnte man die Fundstücke auf 18 200 bis 14 700 v. Chr. datieren. Einige Wissenschaftler zweifeln allerdings daran, dass es sich überhaupt um Steinwerkzeuge handelt und dass sich in Pikimachay Menschen aufgehalten haben. Andere betrachten die Funde im Ayacuchotal dagegen als unwiderlegbaren Beweis für die Präsenz von Nomadenvölkern zwischen 20 000 und 15 000 v. Chr. Menschen und Tierknochen sowie möglicherweise Steinwerkzeuge, die man auf 15 000 v. Chr. datiert, fanden sich auch in anderen Höhlen und Felsspalten in Telarmachay, Lauricocha und Guitarrero. Aufgrund paläontologischer und archäologischer Daten kann man davon ausgehen, dass die ersten Andenbewohner über die Landenge von Panamá und Kolumbien südwärts zogen, ungeachtet der hohen Berge und der schwierigen Witterungsbedingungen bis zur Hochebene vordrangen und von hier aus zur Küste hinabstiegen. Diese Nomaden jagten Großwild wie Mastodonten, Pferde und – als diese Arten um 10 000 v. Chr. ausgerottet waren – Hirsche, Alpakas und Lamas. Außerdem sammelten sie in der Gebirgsregion Knollen, Früchte und Wildpflanzen und sie fingen Mollusken in den Flüssen und Fische im Meer. Aus dieser frühen Zeit gibt es nur wenige Beispiele für Kunstwerke, darunter vor allem Felsmalereien und verzierte Knochen.

Um 6000 v. Chr. begannen die Andenbewohner bestimmte Gemüsesorten anzupflanzen und betrieben damit eine Art primitiver Landwirtschaft. Zeitgleich gründeten einige Gruppen feste Siedlungen und gaben ihr Nomadenleben auf. Im Hochland domestizierten die Menschen in dieser Epoche Lamas und Alpakas. Die ersten Ansätze echter Landwirtschaft entstanden in der Sierra um 4000 v. Chr., in der Küstenregion etwas später. Zwar gab es in der präkolumbischen Andenwelt außer Alpakas, Lamas, Hunden und Meerschweinchen keine Haustiere, doch dafür gab es eine große Fülle an Nutzpflanzen, die in Europa bis zur spanischen Eroberung unbekannt waren. Zu den wichtigsten gehörten Mais, Kürbisse, Gurken und Melonen, außerdem Bohnen, Avocados, Erdnüsse, Chili, Tomaten und Kartoffeln.

Um 2500 v. Chr. begannen die Andenvölker Baumwolle, ihr bevorzugtes Webmaterial, anzubauen. Weben zählte von Anbeginn zu den wichtigsten künstlerischen Ausdrucksformen der Menschen im präkolumbischen Peru.

Mit zunehmender Bedeutung der Landwirtschaft ging auch ein Bevöl-

.... Theorie von Montandon
- - - - - Theorie von Paul Rivet
—·— Theorie von Mendes Correa
\\\\\ Theorie von Hrdlicka

***29** Weben gehört zu den ältesten Handwerken im präkolumbischen Peru. Das Foto zeigt einen Baumwollrest aus dem ältesten Abschnitt der Paracaskultur. Die farbigen Bilder des Zeptergottes verweisen deutlich auf den Einfluss der Chavínkultur.*

kerungswachstum einher, und gegen Ende der präkeramischen Epoche, zwischen 2700 und 2000 v. Chr., errichtete man die ersten sakralen und öffentlichen Gebäude. Sie bestanden aus Stein und Adobe (sonnengetrocknete Lehmziegel). Die architektonischen Modelle waren zunächst sehr einfach gehalten, gestalteten sich im Lauf der keramischen Epoche jedoch zunehmend komplexer. Die Ausbreitung von Siedlungen besonders im Küstengebiet deutet darauf hin, dass sich die Gesellschaft umstrukturierte und nun von einer mit politischer oder religiöser Macht ausgestatteten Einzelperson oder kleinen Gruppe regiert wurde. Die Untertanen entrichteten einen Teil ihres Ernteertrages als Tribut an Priesterkönige, welche die ökonomischen Fragen der Gemeinschaft regelten. Auch führten sie religiöse Zeremonien durch, für die man Tempel benötigte. In diesem Zusammenhang fand man zwar einige kleine, einfache Gebäude, die jedoch mit Sicherheit dem häuslichen Gebrauch dienten.
Mithilfe archäologischer Grabungen konnte man den Beginn der keramischen Epoche in Peru auf ca. 1800 v. Chr. datieren. Zu Beginn gab es nur eine sehr begrenzte Bandbreite von Objekten – Krüge, Schalen und Flaschen –, doch weist der erlesene Stil auf eine mittlerweile differenzierte und hoch entwickelte Gesellschaft hin.
Ab etwa 1700 v. Chr. vergrößerten sich die bewohnten Siedlungen im Küstenraum und wandelten sich zu imposanten Zeremonialzentren, in denen allerdings immer noch Men-

1 Pikimachay
2 Lauricocha
3 Telarmachay
4 Guitarrero

schen lebten. Man geht davon aus, dass bis zu 1000 Personen in den Häusern rings um die großen, für rituelle Handlungen erbauten Pyramiden wohnten. Forschungen ergaben auch, dass die Landwirtschaft sich intensivierte und man neue Techniken erfand, um Wasser umzuleiten und Felder zu bewässern. Offenkundig befasste sich ein Teil der Bevölkerung ausschließlich mit diesen Aufgaben. Wie in den vorangegangenen Jahrhunderten gestaltete eine kleine Elite die religiösen Zeremonien, die im Wesentlichen den Fruchtbarkeitsgöttern galten.
Der Fischfang hatte gegenüber der präkeramischen Epoche nicht an Bedeutung verloren und bildete in der Küstenregion nach wie vor eine der bedeutenden Lebensgrundlagen. Im Lauf der Jahrhunderte entwickelten sich Töpferei und Webkunst zu verbreiteten und technisch hochwertigen Handwerkskünsten, wie unter anderem Votivgaben und Grabbeigaben belegen.
Gräber aus der präkeramischen Epoche lassen keinen Zweifel an der hierarchischen Struktur der Gesellschaft. Reich ausgestattete Gräber unterscheiden sich deutlich von einfacheren und zeigen, dass der Verstorbene in der Gesellschaft einen gewissen Rang innehatte. Dies wird zum Beispiel an „exotischen" Funden sichtbar, die nicht aus lokaler Produktion stammen und nur durch Tauschhandel mit anderen Kulturen ihren Bestimmungsort erreicht haben können. Zu diesen Objekten gehören zum Beispiel Spiegel aus Obsidian, einem in Peru nicht vorkommenden Vulkangestein, oder Klappmuscheln, die in den warmen ecuadorianischen Küstengewässern wachsen.
Zu den überraschendsten und interessantesten Aspekten der keramischen Epoche zählt die Tatsache, dass es sich bei den zwischen 2000 und 1500 v. Chr. errichteten Zeremonialzentren um die größten handelt, die vor dem Aufstieg der Inka in Peru erbaut wurden.
Zu jener Zeit kamen im Bereich der Küste drei neue Stilrichtungen auf. Sie wichen von den alten Modellen ab, die die öffentlichen Gebäude in der vorangegangenen Epoche geprägt hatten, und zeichneten sich auch untereinander durch je eigene Strukturen aus, obgleich sie alle einen gemeinsamen Ursprung hatten.
Zu den typischen Merkmalen des ersten Stils gehörte die Verwendung von Friesen und Flachreliefs, die die Wände vieler Tempel zierten und an einigen Orten bis heute erhalten geblieben sind. Tempelkomplexe aus Uförmig angelegten Pyramidenplattformen, deren Prototyp in El Paraiso steht, wurden überall in den Flusstälern des Lurrin, Rimac, Chillón und Chancay sowie in Küstenstädten wie La Florida und Garagay erbaut. Der Tempel von Garagay erlangte wegen seiner Adobemauern Berühmtheit, die in grellen Farben mit riesigen Ungeheuern und mythischen Wesen bemalt sind.
Der zweite Stil spiegelt sich in vielen Stätten im Casmatal im nördlichen Küstenabschnitt, zum Beispiel in Cerro Sechín und Pampa de las Lamas wider. In diesen Orten befinden sich massive, stumpfe Pyramiden mit rechteckigem Grundriss und einer Reihe von Patios, offenen, kreisförmig angeordneten Höfen, sodass der Komplex die Form eines U erhält. In den nahe gelegenen Tälern des Supe und des Nepeña fanden die Archäologen ähnlich strukturierte Stätten.
Cerro Sechín hatte seine Blütezeit während der präkeramischen Epoche um 1500–1200 v. Chr.
Den dritten regionalen Stil, den so genannten Cupisnique-Stil, findet man noch weiter nördlich. Er lässt sich von 1200–300 v. Chr. vom Santatal bis zum Piuratal nachweisen und ist durch große Zeremonialzentren wie Hacienda Casa Grande im Chimútal gekennzeichnet.
Weitere Beispiele für den Cupisnique-Stil gibt es an einigen gut erhaltenen Stätten im Mochetal, etwa in Caballo Muerto, wobei vor allem die Gruppe Huaca de los Reyes zu erwähnen ist. Große rechteckige Plätze verbinden sich hier mit breiten eleganten Plattformen und mit Adobeflachreliefs verzierten Strukturen. Auf den Plattformen erheben sich Säulenreihen, zu denen man über Treppenstufen gelangt.
Der Cupisnique-Stil brachte jedoch nicht nur bemerkenswerte Bauten, sondern auch elegante Keramiken hervor. Die Stücke sind in der Regel schwarz oder grau gefärbt und zum ersten Mal gleichmäßig rund geformt. Sie stellen Menschen sowie Wesen, die halb Mensch halb Tier sind, und Jaguar-Greifvogel-Kreaturen dar. Die-

1 El Paraiso
2 La Florida
3 Garagay
4 Caballo Muerto
5 Huaca de los Reyes

30 Man nimmt an, dass diese Terrakottafigurine von der Nordküste stammt. Es handelt sich um eines der ältesten bisher entdeckten Beispiele für Tonwaren. Die nur angedeuteten, stilisierten Züge der Gestalt lassen keine präzise Zuordnung zu einer bestimmten Kultur zu, doch man weiß, dass das Objekt zwischen 1800 und 400 v. Chr. entstand. Man geht davon aus, dass die Technik der Tonverarbeitung nicht in Peru entdeckt, sondern aus Ecuador importiert wurde.

se frühen Beispiele religiöser Vorstellungskraft verbreiteten sich in der Blütezeit von Chavín de Huántar, das auf die anderen Zeremonialzentren entscheidenden Einfluss nahm.
Die Pyramidentempel sind vermutlich symbolische Abbilder der Berge. Sie sind stets nach Nordosten zu den Anden oder, genauer gesagt, zu den Quellen der Küstenflüsse hin ausgerichtet.
Einige Forscher vermuten, dass die verschiedenen Tempelstätten die ersten Kleinstaaten bildeten, die während der keramischen Epoche im präkolumbischen Peru entstanden. Jedes Zentrum stellte eine autonome politische und kulturelle Einheit dar, über die ein Kriegerkönig herrschte. Unterstützt wurde er von einer Priesterelite, die das gesamte religiöse Leben regelte. Die Bevölkerung lebte in kleinen Häusern rings um den Tempelkomplex und verdiente ihren Lebensunterhalt mit dem Arbeiten auf den Feldern, beim Fischen, als Handwerker oder durch den Handel mit den Völkern benachbarter Täler. Um 700 v. Chr. begann in den wichtigsten Küstenorten eine Zeit des Niedergangs, während im nördlichen Hochland das kleine Zentrum von Chavín de Huántar seinen Einfluss ausdehnte.

31 oben *Dieses eigentümlich geformte Gefäß zeigt die Merkmale des Cupisnique-Stils. Es hat einen flachen Boden, ist mit quaderförmigen Reliefs und eingeritzten Motiven verziert, hat den typischen Steigbügelhenkel und einen kurzen Ausguss.*

31 unten *Tonwaren im Cupisnique-Stil zeichnen sich durch ihren Symbolreichtum aus. Dieses Objekt zeigt einen Mann, der zu meditieren scheint. Es handelt sich wahrscheinlich um einen Schamanen. Die Person trägt eine Art Halsring, vermutlich ein Erkennungssymbol.*

Der frühe Horizont (Formativum)

32 Dieses Gefäß zeichnet sich durch seine ungewöhnliche Form und den Steigbügelhenkel aus, beides typische Elemente des Cupisnique-Stils. Das schlangenartige Flachrelief hingegen ähnelt Bildern aus der nördlichen Küstenregion.

Noch immer lassen sich viele Aspekte der präkolumbischen Geschichte von Peru nicht genau datieren oder nachvollziehen. Vor der Zeit der Inka gab es keine Schrift im eigentlichen Sinn, und so können Forscher nur auf Grabungen oder Bilder zurückgreifen. Auf der Basis der Funde, die man bis heute zutage gefördert hat, gliedert man die Zeit zwischen dem Ende der keramischen Epoche und der Eroberung durch die Spanier in drei „Horizonte" und zwei „Zwischenzeiten". Der frühe Horizont, auch „Formativum" oder „formative Epoche" genannt, umfasst die Zeit zwischen 900 und 300 v. Chr. Sein Beginn entspricht dem Niedergang der Zentren an der Küste, die den Höhepunkt ihrer Macht bereits überschritten hatten. Ab etwa 700 v. Chr. blühte Chavín de Huántar, das kulturelle Zentrum der Chavínkultur. Es befand sich im peruanischen Hochland auf etwa 3000 Metern Höhe im Tal des Río Mozna. Der Chronist Pedro Cieza de León berichtet, dass die erhabene Lage der Stätte die Spanier glauben ließ, ein Volk von Riesen hätte den Ort erbaut. Als Vasquez de Espinoza 1616 die Indianer der nahe gelegenen Dörfer befragte, erfuhr er, dass Chavín de Huántar ein altes Kult- und Wallfahrtszentrum war.
Lange Zeit datierten die Archäologen die Stadtgründung auf etwa 1300 v. Chr. und gingen davon aus, dass ihre architektonischen Modelle die Bauten der Küstenregion beeinflusst hatten. In jüngster Zeit wurde jedoch der Beweis erbracht, dass die Orte an der Küste älter sind und die kulturelle Orientierung vermutlich den umgekehrten Weg nahm. Tatsächlich stammen die ältesten Gebäude in Chavín de Huántar von etwa 900 v. Chr. Die Bedeutung der Stätte, ihre Gebäude und die in Stein geritzten Bilder geben noch viele Rätsel auf. Archäologische Funde belegen allerdings, dass sich Chavín de Huántar zwischen 700 und 300 v. Chr. als religiöses Zentrum für den gesamten Andenraum etabliert hatte. Es entstand das Castillo, ein Tempelkomplex, dessen Struktur der typischen U-Form älterer Stätten folgte. Um 400 v. Chr. ersetzte ein anderer Bau, der Neue Tempel, das Castillo. Einige Wissenschaftler vertreten die These, dass diese Gebäude als astronomische Observatorien und Kultstätten dienten. Doch bis heute ist dies nicht eindeutig geklärt.
Es ist schwierig, Chavín de Huántar exakt in den Kontext der peruanischen Geschichte einzuordnen. Vielleicht fungierte es als Zentrum einer der ersten großen Andenkulturen, vielleicht aber auch nur als Mittelpunkt einer theokratischen Macht, die mittels der Religion über Jahrhunderte eine einende Rolle spielte.
Julio C. Tello, einer der bedeutendsten Archäologen von Peru, hält Chavín de Huántar für die Wiege der peruanischen Kultur. Er ist überzeugt, dass hier erstmals eine religiöse Ideologie entstand, die alle Kulturen bis zur Gründung des Inkareiches prägte. Die bekanntesten Monumente von Chavín de Huántar sind drei mit Flachreliefs verzierte Monolithe: der Lanzón (Lanze), der Tello-Obelisk und die Raimondi-Stele. Sie zeigen Bilder von Ungeheuern und mythischen Mischwesen, die bis zum Zeitpunkt der Eroberung überall in Peru auch auf Keramiken, Webstoffen und Skulpturen auftauchen.
Unter den dargestellten Figuren fallen vor allem der Jaguargott und der Zeptergott auf. Bei beiden handelt es sich um typische Wesen der südamerikanischen Götterwelt.
Seit der Wiederentdeckung von Chavín de Huántar entwickelten die Forscher, die sich mit der Geschichte des präkolumbischen Andenraumes befassen, die unterschiedlichsten Theorien, woher die hier verehrten Götter und die dazugehörigen Kulte stammen könnten. Einige Elemente wie

der Kaiman, der Jaguar und verschiedene tropische Pflanzen stammen nicht aus dem Hochland. Sie legen nahe, dass die Tempel von Völkern erbaut wurden, die von der Selva (Regenwald des Amazonasgebietes) über die Anden eingewandert waren. In jüngster Zeit wurde allerdings der Beweis erbracht, dass man mit diesen Motiven bereits Gebäude verzierte, die in der keramischen Epoche an der Küste entstanden. Da sich Chavín de Huántar später entwickelte als andere Orte, könnten die Bilder somit auch als kulturelles Erbe von älteren Zentren übernommen worden sein.
Andere Wissenschaftler vertreten die Theorie, dass der Kult des Raubtiergottes sich durch Kontakte mit der mesoamerikanischen Welt, insbesondere mit der Kultur der Olmeken verbreitet habe, die etwa zeitgleich mit der Chavínkultur blühte. Auf dem aktuellen Stand der Forschung kann man Julio C. Tello zustimmen, der davon ausgeht, dass die Chavínkultur ihre religiöse Vorstellungswelt von anderen Kulturen übernommen hat. Als Beweis führt er Keramiken, Steine und Webmuster an.
Andere Zeremonialzentren in der Hochebene erreichten ihren kulturellen Höhepunkt zur gleichen Zeit wie Chavín de Huántar. Hierzu gehörten insbesondere Pacopampa, Kuntur Wasi und Caballo Muerto.
Cerro Sechín, eine um 1500 v. Chr. gegründete Tempelstätte, expandierte während des frühen Horizontes. Von hier stammen die ältesten Zeugnisse monumentaler Steinkunst. Im Bereich der Keramik lassen sich zwei Stile der Chavínkultur zuordnen: der Opfergaben-Stil und der Cupisnique-Stil.

1 Chavín de Huántar
2 Cerro Sechín
3 Virú
4 Caballo Muerto
5 Kuntur Wasi
6 Pacopampa

Ausdehnung der Kulturen im Verlauf des Horizontes

33 oben *Dieses elegante flaschenartige Gefäß ist ein typisches Erzeugnis der Chavínkultur. In die schwarzgraue Oberfläche wurden abstrakte, stilisierte Motive eingeritzt.*

Ersterer umfasst einfarbige, schwarze oder graue Flaschen und Schalen, die mit eingeritzten zoomorphen Motiven wie dem Raubtiergott verziert sind. Der Cupisnique-Stil entstand einige Jahrhunderte früher im Virú- und Lambayequetal. Die eigentümliche Gestaltung der runden Flaschen oder Schalen lässt ihn lebendig wirken.
Auch die Metallbearbeitung erreichte in der Chavínkultur ein hohes Niveau. Ihr Ursprung lässt sich bis 1500 v. Chr. zurückverfolgen.
Um 300 v. Chr. wurde der Neue Tempel von Chavín de Huántar aus noch unbekannten Gründen aufgegeben und zerstört. Archäologische Grabungen haben jedoch bewiesen, dass die Glaubensformen der Chavínkultur bis zur Zeit der spanischen Eroberung in peruanischen Kulturen weiterlebten.

33 unten *Dieses bemerkenswerte Gefäß stammt aus der Salinarkultur, einer der ältesten Kulturen der Nordküste. Das Gefäß mit doppeltem Tiermotiv besteht aus zwei am Körper und am Kopf durch den Ausguss verbundene Eulen. Während der frühen Zwischenzeit zeichneten sich Tonwaren von der Nordküste durch monochrome runde, skulpturartige Formen aus.*

Die frühe Zwischenzeit

Ausdehnung der regionalen Kulturen im Verlauf der frühen Zwischenzeit

1 Vicús
2 Cajamarca
3 Moche
4 Virú
5 Requay
6 Lima
7 Pachacamac
8 Huari
9 Paracas
10 Cahuachi
11 Pucará
12 Tiahuanaco

A Vicúskultur
B Cajamarcakultur
C Salinarkultur
D Mochekultur
E Virúkultur
F Recuaykultur
G Limakultur
H Huarikultur
I Paracaskultur
J Nazcakultur
K Pucarákultur
L Tiahuanacokultur

34 oben *Das Motiv der Eule taucht in der Keramik der nördlichen Küstenregion häufig auf, wie diese Flasche aus der Vicúskultur mit Steigbügelhenkel belegt. Die Andenvölker verbanden Nachtvögel mit der Vorstellung von Tod, Jenseits und Menschenopfern.*

34 unten *Neben Tiermotiven stellen die Gefäße aus der Vicúskultur auch Menschen dar. Dieses Gefäß zeigt einen Priester oder Schamanen, der mit gekreuzten Beinen in meditativer Haltung sitzt.*

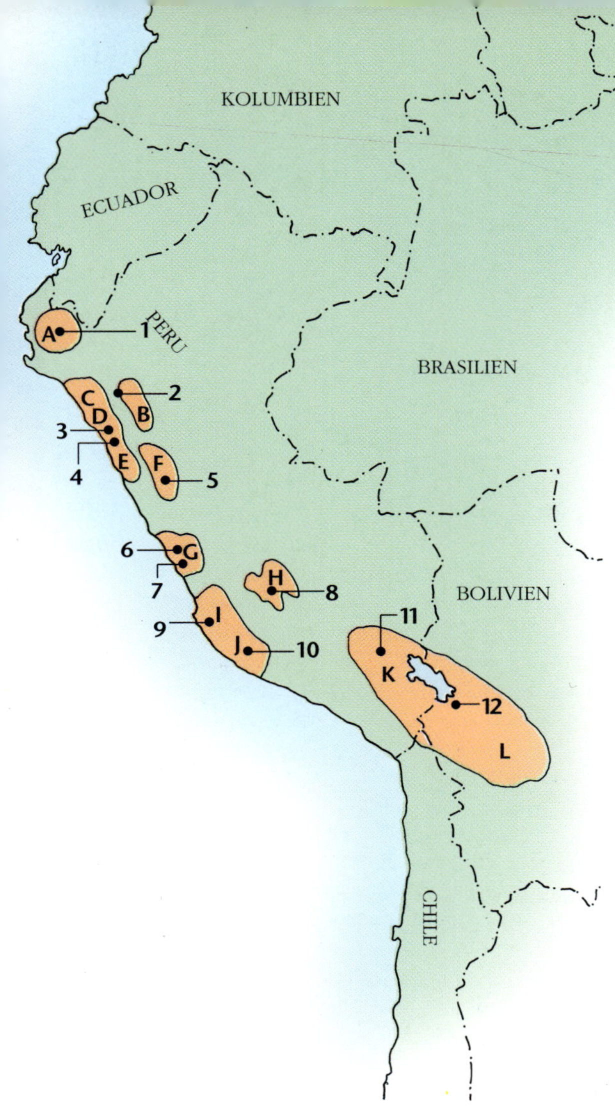

Nachdem die religiöse und vielleicht auch die politische Einheit zusammengebrochen war, die die Chavínkultur geschaffen hatte, gewannen ab etwa 300 v. Chr. in ganz Peru regionale Zentren an Einfluss. Einige Wissenschaftler gehen davon aus, dass diese Kulturen bereits in den Jahrhunderten zuvor entstanden waren, als sich kleine unabhängige Reiche gebildet hatten, die mit Chavín de Huántar Handel trieben und dessen kulturelles Erbe teilten.
Die Existenz dieser Königreiche oder Fürstentümer ist ab etwa 500 v. Chr. belegt. Einige von ihnen hatten nur kurze Zeit Bestand, während andere die gesamte frühe Zwischenzeit bis ins 8. Jahrhundert überdauerten. Die Architektur erlebte in dieser Epoche eine Phase des Niedergangs, und außer einigen Begräbnisstätten gibt es aus dieser Zeit kaum nennenswerte Zeugnisse.
Im nördlichen Küstengebiet fand man in den Tälern von Piura und Lambayeque Grabbeigaben der Vicúskultur. Die Gräber wurden bis zu 12 Meter tief unter dem Erdboden angelegt. Die Tongefäße scheinen zwei unterschiedlichen Stilrichtungen zu folgen. Die erste umfasst etwas einfachere und gröbere Arbeiten und wurde vermutlich aus Ecuador übernommen; die zweite zeichnet sich durch zoomorphe und anthropomorphe Motive aus und stammt aus der Gegend selbst. Außer zahlreichen Gefäßen enthielten die Vicúsgräber große Mengen an Schmuck und Metallgegenständen. Sie belegen, dass das Volk, dessen Identität bis heute nicht bekannt ist, sich von Beginn der frühen Zwischenzeit an auf dieses Handwerk spezialisiert hatte und die Produktion in den darauf folgenden Jahrhunderten ein beachtliches Niveau erreichte. Die Objekte bestehen in der Regel aus Kupfer oder einer weit verbreiteten Legierung aus Kupfer und Gold. Die Kulturen des nördlichen Küstengebietes haben diese Tradition übernommen und sie über viele Jahrhunderte fortgesetzt. Im Süden entwickelte sich dagegen das Weben zur wichtigsten künstlerischen Ausdrucksform.
Ruinen von Siedlungen und Begräbnisstätten weiterer Kulturen findet man in anderen Tälern der nördlichen Küstenregion. Tongefäße der Virúkultur stammen aus dem Virú- und dem Mochetal. Diese Stücke sind in der Regel mit Negativmalerei verziert. An ehemals bewohnten Stätten und in Gräbern entlang der Flüsse Chicama, Moche, Nepeña und Lambayeque förderte man erlesene Gefäße der Salinarkultur zutage. Sie zeigen deutlich den Einfluss des Cupisnique-Stils, insbesondere anhand ihrer Kugelform. Man muss immer wieder betonen, dass bis heute nicht genau geklärt ist, welche Völker das Gebiet während der frühen Zwischenzeit bewohnt haben und welche Formen des Zusammenlebens sie entwickelten. Allerdings nimmt man an, dass sich die künstlerischen Ausdrucksformen von ecuadorianischen Kulturen ableiteten.
Die eleganten und seltsam geformten Terrakottagefäße der Virú-, Vicúsund Salinarkultur dienten nicht dem täglichen Gebrauch, sondern wurden anlässlich von Bestattungen oder religiösen Zeremonien verwendet. Dies lässt sich aufgrund ihrer ausgefallenen Form, der Vielzahl dekorativer Motive und dem Kontext ableiten, in dem sie gefunden wurden.
Ab dem 1. Jahrhundert blühte dort, wo sich in den vorangegangenen

35 oben *Die Vicúskultur stand vermutlich in Verbindung zu Ecuador. Ihr Ursprung liegt noch heute im Dunkeln. Die hier abgebildete Vase mit Steigbügelhenkel und kurzem Ausguss zeigt eine Krabbe und demonstriert das Interesse der Kultur an Motiven aus der Meeresflora und -fauna.*

35 unten *Bilder von Meerestieren und Seevögeln nehmen unter den vielen, in der Vicúskeramik dargestellten Tierarten eine Sonderstellung ein. Bei diesem Beispiel handelt es sich um ein erlesenes Gefäß in Form eines Tukans.*

36 oben *Dieses seltsam geformte Gefäß stammt aus der Virúkultur. Es handelt sich um eine Art Kugelflasche mit dünnem Ausguss. Sie wurde mit der Darstellung eines Gebäudes kombiniert, in dem eine winzige menschliche Figur sitzt. Man nimmt an, dass das Objekt einen stilisierten Tempel zeigt.*

37 oben links *Die Salinarkultur brachte auch Tonhäuser hervor, wie dieses hübsche Gefäß belegt. Bemerkenswert ist der geometrische Fries, der rings um den oberen Gebäudeteil verläuft.*

36 unten *Zu den Tonwaren, die die nördlichen Kulturen während der frühen Zwischenzeit herstellten, gehören auch Musikinstrumente. Diese Trommel aus der Virúkultur ist mit einem Griff in Form eines Menschenkopfes ausgestattet.*

37 oben rechts *Diese Terrakottaflasche aus der Salinarkultur könnte durchaus für das Werk eines zeitgenössischen Künstlers gehalten werden. Wie andere Funde aus der frühen Zwischenzeit diente auch dieses Gefäß nicht dem täglichen Gebrauch, sondern als Votivgabe, die zu einem Grabschatz gehörte.*

37 unten links *Dieser einfache, aber stilvoll gearbeitete Kopf stammt ebenfalls aus der Salinarkultur. Bis zur frühen Zwischenzeit entwickelten die Kulturen der nördlichen Küstenregion eine ausgeprägte Vorliebe für kugelförmige, skulpturartige Gefäße.*

38 Man fand zwar bisher keine schriftlichen Zeugnisse, die Informationen über die Mochekultur liefern könnten, doch andere Funde geben Aufschluss über viele Gepflogenheiten des täglichen Lebens. Dieses Gefäß zeigt einen Krieger mit Schild, großen Ohrscheiben und Kopfschmuck.

Jahrhunderten die Salinarkultur entwickelt hatte, eine neue Kultur. Zahlreiche archäologische Funde, zum Beispiel die Verbreitung ihres Keramik-Stils, belegen, dass diese Kultur das gesamte nördliche Küstengebiet beeinflusste. Da nicht bekannt ist, wie das Volk tatsächlich hieß, benannten die Archäologen die Kultur nach dem Tal, in dem sie heimisch war: Mochekultur. Noch immer ist ungeklärt, ob die kulturelle Herrschaft der Mochica über ihre Nachbarn mit politischer und militärischer Macht einherging. Beeindruckend sind die Vielfalt und der Reichtum der Keramiken, die monumentale Architektur und die mit Fresken verzierten Gräber der Mochekultur.
Nach wie vor ruhte das Wirtschaftssystem offenbar vorrangig auf Landwirtschaft und Fischfang. Von der Virúkultur übernahmen die Mochica vermutlich das System der Be- und Entwässerung, das sie weiterentwickelten und über mehrere Täler miteinander verbanden.
Viele Wissenschaftlerglauben, dass eine Elite von Königskriegern, die vermutlich auch als Priester fungierten, die Spitze einer straff hierarchisch organisierten Gesellschaft bildete und über das Gebiet im Norden des Mochetals regierte. In den erst vor wenigen Jahren entdeckten herrlichen Gräber von Sipán wurden mit hoher Wahrscheinlichkeit Mitglieder dieser Führungskaste beigesetzt.
Das interessanteste Zeugnis der Mochekultur ist in diesem Zusammenhang das Grab des „Señor de Sipán“, neben dessen sterblichen Überresten die Skelette von Sklaven und Konkubinen sowie die Knochen eines Hundes und mehrerer Lamas ruhten. Sie alle hatte man geopfert, um dem hohen Herrn den Weg ins Jenseits zu erleichtern und die Götter gnädig zu stimmen.
Die architektonische Anlage der Gräber verdient ebenso Beachtung wie die Struktur der monumentalen Tempelkomplexe. Die am besten erhaltenen Tempel findet man im Mochetal selbst. Der größte wurde „Huaca del Sol“ (Sonnenpyramide) genannt. Man rätselt bis heute, welchen Göttern er geweiht war. Der pyramidenförmige Bau bestand aus Ziegel- und Adobeplattformen, die eine Fläche von 228 x 136 Metern bedeckten und eine Höhe von 41 Metern erreichten. Auf der obersten Plattform erhob sich ursprünglich ein Heiligtum, zu dem jedoch vermutlich nur die Anhänger des Kultes Zugang hatten. Vom Tempel selbst fand man zwar keine Überreste, da er vermutlich aus vergänglichen Materialien errichtet worden

39 Die Mochekultur schuf herrliche „Porträtgefäße“. Der abgebildete Kopf trägt eine nariguera *aus Metall, einen eigentümlichen Nasenschmuck, den nur hochrangige Persönlichkeiten anlegten.*

40 *Die Gefäße der Mochica belegen, welche Bedeutung die Mochekultur Kopfbedeckungen und Schmuck beimaß. Die hier dargestellte Gestalt sitzt mit gekreuzten Beinen. Sie trägt einen runden Hut und zwei breite Armbänder.*

war, dafür entdeckte man aber verschiedene Keramiken.
Die Wände der Mondpyramide und des zeitgleich errichteten Tempels von Panamarca im Nepeñatal sind mit überaus interessanten farbigen Fresken verziert. Man nimmt an, dass die Mondpyramide aus jener Zeit stammt, als die Mochekultur sich noch nicht durchgesetzt hatte und das Tal noch von der Virúkultur bewohnt wurde.
Die bisher aufschlussreichsten Wandmalereien wurden in den 90er-Jahren am Tempel von El Brujio im Chicamatal, nördlich der heutigen Stadt Trujillo entdeckt. Auch in diesem Fall handelt es sich um eine Adobepyramide, die zwischen dem 3. und dem 9. Jahrhundert in verschiedenen Phasen erbaut und verändert wurde und eine Höhe von 30 Metern erreichte.
Die farbigen Reliefs auf den Mauern nehmen die unterschiedlichsten Themen auf. Eines der eindrucksvollsten Reliefs zeigt eine Prozession nackter Männer in Lebensgröße, die einen Strick um den Hals tragen. Vermutlich handelt es sich um Gefangene, die für Opferriten bestimmt waren.
Diese Szene ähnelt den Verzierungen auf Gefäßen der Mochekultur. Hier tauchen Krieger und der anthropozoomorphe Gott Ai Apaec häufig auf. Die Pyramiden weisen Parallelen zu mesoamerikanischen Strukturen auf und dienten nicht nur als Tempel, sondern auch als Begräbnisstätte für die Priester des jeweiligen Kultes und für Mitglieder der herrschenden Elite. Wie bereits erwähnt, sind die meisten Informationen über die Gesellschaft und die Religion der Mochica von den Keramikdarstellungen abgeleitet, die manche Forscher als „bebildertes Lexikon" bezeichnen. Man darf jedoch nicht vergessen, dass diese elegant verzierten Gefäße stets von Kultstätten oder aus Gräbern stammen und somit rituellen, nicht aber alltäglichen Zwecken dienten. Die Mochekultur brachte zwei unterschiedliche Keramikstile hervor: Die eine Gefäßart ist kugelförmig, stellt Tiere oder Bilder von Göttern dar und hat einen Steigbügelausguss. Die andere ist mit unterschiedlichen Szenen verziert, wie Kriegs-, Opfer- und Jagdszenen, oder es wurden rätselhafte, magisch-religöse Riten dargestellt, an denen Priester und anthropo-zoomorphe Götter mitwirken. Zu ihnen gehört Ai Apaec, ein Gott mit Raubkatzenfängen, der dem aus der Chavínkultur übernommenen Jaguargott ähnelt.
Wie die Bewohner von Vicús, so entwickelten auch die Mochica die Techniken der Metallbearbeitung weiter und erreichten auf diesem Gebiet ein hohes künstlerisches Niveau. Dies belegen zum Beispiel die Funde aus dem Grab des „Señor de Sipán".
Die Tradition der Metallbearbeitung wurde in den Tälern von Lambayeque über Jahrhunderte gepflegt, und nachdem die Inka das Gebiet erobert hatten, mussten die Goldschmiede der Chimú am Hof von Cuzco ihre erlesenen Arbeiten für die neuen Herrscher anfertigen.
Die archäologischen Funde aus der Mochekultur lassen darauf schließen, dass es sich um eine komplexe Gesellschaft handelte, die mithilfe von Landwirtschaft, Fischfang und verschiedenen Handwerken auch ökonomisch prosperierte. Die Oberschicht, vermutlich in erster Linie Häuptlinge, erhielt vom einfachen Volk Tributzahlungen in Form von Naturalien.

Etwa zu Beginn des 9. Jahrhunderts begann der kulturelle und politische Niedergang der Mochica, doch sind die Gründe hierfür, wie bei vielen Andenkulturen, nicht bekannt. Während der frühen Zwischenzeit tauchte in der mittleren Küstenregion eine kleinere Kultur auf. Wissenschaftler bezeichneten sie später als Limakultur, denn ihr Einflussgebiet erstreckte sich etwa auf den Bereich der heutigen peruanischen Hauptstadt.
Neuere Forschungen belegen, dass es sich bei der Limakultur nicht um

40–41 *Die Mochica waren begabte Goldschmiede und Töpfer. Dieses Objekt stammt aus einem Grab. Es könnte sich um einen goldenen Umhang mit sternförmiger Verzierung im Zentrum handeln. Die Chimú übernahmen die Tradition kostbarer Schmuckstücke aus Gold und Silber und gaben sie später an die Inka weiter.*

41 unten links *Die Gefäße der Mochica geben Aufschluss über die Kleidung und die Schmuckstücke, die man in der Mochekultur trug. Die Schärpe, die diese elegant gekleidete Figur trägt, diente vermutlich als Rangabzeichen.*

41 unten rechts
Eine kleine Figur thront auf dieser Kugelflasche. Die Gestalt wirkt würdevoll und zugleich entrückt, als befinde sie sich nach dem Genuss halluzinogener Substanzen in einem Trancezustand. Vermutlich handelt es sich um einen Schamanen oder Priester. Der Bauch der Flasche wurde mit einem einfachen Motiv bemalt.

eine homogene Kultur handelte, sondern um eine Reihe von Stilen mit gemeinsamen Merkmalen, die sich in verschiedenen Tälern entwickelten und die Namen der jeweiligen Zeremonialzentren trugen. Zu Letzteren gehört zum Beispiel Maranga, von dem aus das Rímactal politisch und religiös kontrolliert wurde.
Der Rímac-Stil, auch als „Nieveria" bekannt, brachte vor allem Bandhenkelgefäße hervor, Tongefäße mit zwei Ausgüssen, die durch einen Steg miteinander verbunden sind. Sie sind einerseits typisch für den südlichen Küstenabschnitt, ähneln der Produktion der Mochica jedoch durch ihre Kugelform.
Die Gesellschaftsstruktur weiterer Kulturen lässt sich aufgrund fehlender Funde nur äußerst schwer nachvollziehen, doch existierten sie zweifellos über das großflächige Gebiet verstreut.
In Cajamarca in der Sierra entwickelte sich zu einem relativ späten Zeitpunkt eine weiße Keramik auf Kaolinbasis mit fein bemalten geometrischen Mustern und zoomorphen Motiven in Kursivtechnik: Die hier produzierten, dreifüßigen Gefäße gibt es sonst nirgendwo in Peru, was auf Fremdeinflüsse, möglicherweise aus Ecuador,

42 links *Ungeachtet der stark stilisierten Züge wurde diese Terrakottafigurine aus der Recuaykultur kunstfertig und elegant ausgeführt. Sie zeigt einen Krieger mit Schild, Ohrscheiben und mächtigem Kopfputz. Das Lama stellt vermutlich ein Opfertier dar.*

42 rechts *Bei diesem wunderschönen Beispiel der Recuaykeramik handelt es sich um ein Gefäß in Form eines Gebäudes mit winzigen Bewohnern im Inneren. Einige Forscher halten es für ein Wohnhaus, andere eher für ein Bad.*

hinweist. In Callejón de Conchucos, wo Jahrhunderte zuvor das große Heiligtum von Chavín de Huántar seine Blütezeit erlebt hatte, übernahm die Recuaykultur offenbar die Tradition der Steinskulpturen. Doch die großen monolithischen Statuen aus jener Zeit, die in der Regel Krieger oder Mütter mit Säuglingen darstellen, sind nicht mit den erlesenen Kunstwerken der Chavínkultur vergleichbar. Sie wirken vielmehr wie große Blöcke, denen man relativ grobe Züge verliehen hat. Skulpturen, die die Architrave von Gebäuden zierten, die heute nicht mehr existieren, weisen die gleichen Merkmale auf. In den meisten Fällen bestehen sie aus einer zentralen männlichen Figur, die zwar keine Kleider, dafür aber extravagant frisierte Haare trägt. Die von zwei Raubkatzen oder Greifvögeln flankierte Gestalt hält in einer Hand einen Kopf oder eine Trophäe. In der Steinkunst von Recuay gibt es kulturelle Motive, die klare Verbindungen zur Chavínkultur aufweisen, wenngleich sie nicht die Ausdruckskraft der Vorgängerkultur erreichen. Bis heute fand man im Einflussbereich Recuay keine Zeremonialzentren oder Siedlungen, die auf die Existenz einer eigenständigen Kultur hinweisen. Keramikgefäße aus Gräbern stellen die interessanteste Quelle dar. Wie bei den Tonwaren aus Cajamarca handelt es sich auch hier um Keramiken auf Kaolinbasis in Negativtechnik in den Farben Schwarz und Rot auf weißem Grund. Die Bilder machen deutlich, dass die Menschen die Schlange, den Kondor und ein Raubtierwesen als heilige Tiere verehrten. Andere Formen der Kunst brachten die Kulturen der Hochebene in der Nähe des Titicacasees hervor. Hier, in fast 4000 Metern Höhe, blühte während der frühen Zwischenzeit das Zentrum von Pucará. Es gab einer Kultur den Namen, die ihren Einfluss nordwärts bis nach Cuzco und südwärts bis ins heutige Bolivien, vielleicht sogar entlang der chilenischen Küste ausdehnte. Die weitläufige Stätte besteht aus sechs unterschiedlichen Zentren mit monumentalen Gebäudekomplexen. Diese haben Stufenpyramiden umfasst, zum Teil verbunden mit kleinen, eingelassenen Tempeln und Höfen, die monolithische Altäre und Tumuli (Hügelgräber) einschlossen.

Wie in vielen anderen Zeremonialzentren des Andenraumes waren die Pyramiden nach Osten ausgerichtet, sodass sie als Observatorien für Planetenbewegungen dienen konnten. Pucará gibt der Forschung bis heute eine Reihe interessanter Rätsel auf, die vor allem seine Entstehung, die Bedeutung der Gebäude und die ikonographischen Botschaften seiner Stelen betreffen. Viele Steinskulpturen und bemalte Terrakottastelen wurden in Bereichen entdeckt, die religiösen Kulthandlungen oder Bestattungen vorbehalten waren. Bei den meisten Skulpturen handelt es sich um kleine, bemalte Figuren mit lebensgroßen Köpfen. Die Stelen verweisen deutlich auf die intensive Verehrung von Trophäenköpfen, die mit dem Ritual der Enthauptung, einer im gesamten Andenraum weit verbreiteten Sitte, in enger Verbindung stand. Die Stelen sind auf beiden Seiten mit Flachreliefs verziert. Vor allem fallen Fisch- und Schlangenmotive sowie Menschen mit Vogelköpfen oder Jaguarzügen ins Auge. Diese deutlichen Spuren der Kunst der Chavínkultur haben viele Forscher zu der Annahme veranlasst, dass die Begründer des Zeremonialzentrums von Pucará den Kult und die Tradition von Chavín de Huántar fortsetzen wollten. Tatsächlich gaben sie ihn an eine dritte, die Tiahuanacokultur, weiter, die später am Ufer des Titicacasees entstand.

Archäologische Grabungen konnten keine Anzeichen eines Brandes oder einer anderen verheerenden Katastrophe nachweisen, und doch wurde

43 links *Die Pucarákultur, die während der frühen Zwischenzeit unweit des Titicacasees blühte, gilt als Wegbereiterin der bedeutenden Tiahuanacokultur. Zu den bedeutendsten künstlerischen Ausdrucksformen der Pucarákultur zählen Steinskulpturen, die oftmals relativ groß sind. Es existieren jedoch auch kleine Figurinen mit anthropomorphen Zügen.*

43 rechts *Dieses seltsame Flachrelief auf einer Stele aus der Pucarákultur ist halb Schlange, halb Fisch. Das Skelett des Wesens passt zu einer Fischart, die im Titicacasee lebt.*

Pucará zu Beginn des 3. Jahrhunderts aufgegeben.
Der Chronist Pedro Cieza de León bezeichnete die Bauwerke von Tiahuanaco als „etwas, das es verdient, bewundert und betrachtet zu werden". Er behauptete, dass der Ort einst Antigualla, „die älteste Stadt von ganz Peru", gewesen sei. Verschiedene Wissenschaftler, darunter Arthur Posnanski, ließen sich von dem geheimnisvollen Ort faszinieren. Nach jahrelangen historischen und archäologischen Studien kamen sie zu dem Schluss, dass das Zentrum vor rund 10 000 Jahren gegründet worden sei. Diese Datierung gilt jedoch inzwischen als widerlegt, denn es gelang, vor allem anhand von Keramiken, die Geschichte der Stätte in mehrere chronologische Phasen zu unterteilen, die zwischen 100 v. Chr. und 1000 n. Chr. liegen. Die zeitliche Untergliederung basiert im Wesentlichen auf der Entwicklung von Keramiktypen. Es war jedoch nicht möglich, die zeitliche Abfolge für den Bau der verschiedenen Komplexe genau zu bestimmen, sie sind aber vermutlich zum größten Teil um 200 entstanden. Zu den wichtigsten dieser Bauten gehören der halb unterirdische *templete* (Tempelchen) sowie die Kalasasaya, die den zentralen Komplex bildete, und die Akapanapyramide. Es ist nicht bekannt, wer die Erbauer waren und warum sie so viele große Konstruktionen errichteten, für die man Tonnen von Basaltstein aus Steinbrüchen herbeischleppen musste, die 300 Kilometer entfernt waren. Zweifellos übernahm Tiahuanaco viele Aspekte der Pucarákultur, doch die gewaltige Größe und die geheimnisvollen Bilder, die die Steinbauten prägen, erinnern nach wie vor an die ursprüngliche Stätte, Chavín de Huántar. Auf dem Architrav des berühmten Sonnentores findet man einen Fries mit einer Gottheit, die zwei Schlangenzepter in den Händen hält. Von minimalen Unterschieden abgesehen, zeigt die Raimondi-Stele das gleiche Motiv. Archäologen gaben der Figur den Namen „Gott mit den Stäben" oder „Zeptergott", und viele glauben, dass Tiahuanaco einst ein prächtiges Zeremonialzentrum war, in dem man dem alten Kult des Viracocha huldigte und die Sterne beobachtete. Vielleicht wurde die Stätte ursprünglich als religiöses Heiligtum und als Wallfahrtsort gegründet, als man Chavín de Huántar aufgab, doch ranken sich noch immer Geheimnisse um die Pyramiden und ihre Einfassungsmauern, die seltsame Parallelen zu den Megalithreihen des prähistorischen Europa aufweisen.
Das folgende Kapitel wird die Bedeutung der Tiahuanacokultur während des mittleren Horizontes und ihre Beziehungen zum Huarireich näher erläutern.
Spuren, die auf ein hohes künstlerisches Niveau ab der frühen Zwischenzeit hinweisen, fand man nicht nur auf der Hochebene und im nördlichen Küstengebiet, sondern auch

44 Rätselhaft und drohend zugleich thront der Zeptergott über dem Sonnentor in Tiahuanaco. Wissenschaftler glauben, dass dieses Motiv von einem Kult der älteren Chavínkultur übernommen wurde.

45 Diese Goldplatte stammt aus Tiahuanaco. Sie zeigt eine seltsame massige Gestalt, die sich nicht genau identifizieren lässt. Es könnte sich um einen Krieger oder einen Gott handeln. Bemerkenswert sind die exakt herausgearbeiteten Gesichtszüge der Figur.

entlang der südlichen Küstenwüste. Auch hier kann man von Kulturen sprechen, auch wenn nur sehr wenig über die Völker bekannt ist, die ab dem 6. Jahrhundert im Pisco-, im Ica- und im Nazcatal lebten. Zu diesen Kulturen zählen die Paracas- und die Nazcakultur. In den 20er-Jahren unseres Jahrhunderts haben elegante bestickte Stoffe in privaten Sammlungen in Lima das Interesse des Archäologen Julio C. Tello geweckt. Er wollte wissen, woher diese Stücke stammten und begann 1925 eine lange Grabungsaktion an den kargen Hängen von Cerro Colorado auf der Halbinsel Paracas. Hier machte er eine außergewöhnliche Entdeckung: Er stieß auf zwei große Nekropolen mit Gräbern, die dank ihrer Lage und des überaus trockenen Klimas völlig unversehrt geblieben waren. Dank der Funde, die Tello zutage förderte, war es möglich, die kulturelle Tradition von Paracas in zwei Stilphasen, „Paracas-Cavernas" und „Paracas-Necropolis" , zu untergliedern. Beide zeichnen sich durch eine eigene Form von Bestattungen und durch besondere Grabbeigaben aus. Birnenförmige unterirdische Schachtgräber können der Paracas-Cavernas-Phase zugeordnet werden. Sie wurden in beachtlicher Tiefe in das Gestein einer terrassenförmigen Hügelregion gegraben. Es handelt sich um Kollektivgräber mit bis zu 40 Männern, Frauen und Kindern, deren sozialer Status sich an den Grabbeigaben erkennen ließ. Die ärmsten Personen trugen ein einfaches grobes Baumwollgewand; als einzige Beigabe hatten sie ein schlichtes Kürbisgefäß mit Nahrungsmitteln bei sich. Die Mitglieder hoher Kasten waren in elegante, reich verzierte Stoffe gehüllt und mit Keramikgefäßen, Goldschmuck, Kämmen und anderen fein gearbeiteten Objekten ausgestattet. Für die Toten der Paracas-Cavernas-Phase waren Schädeldeformationen kennzeichnend.

46 Zu den beiden Nekropolen auf der Halbinsel Paracas zählen zahlreiche Gräber verschiedenen Typs. Die Mumien in den Gräbern waren in wundervoll verzierte Baumwollstoffe, ähnlich dem hier abgebildeten, gehüllt. Die Webkunst gehörte bei den Kulturen der südlichen Küstenregion zu den am weitesten entwickelten und ausdrucksstärksten Kunstformen.

Die typischen Keramiken dieser Phase waren mit Farbpigmenten verziert, die in Harz gelöst und nach dem Brennen aufgebracht wurden. Sie zeichneten sich durch eine große Stilvielfalt aus. Der älteste Stil umfasst Kugelgefäße mit Steigbügelhenkel und einer eingeritzten Raubkatze, die keinen Zweifel an Verbindungen zu einem von Chavín de Huántar übernommenen Kult lässt. Dieser verblasste jedoch während der nachfolgenden Necropolis-Phase. Die Grabkammern aus dieser Phase fand man an der Nordspitze von Cerro Colorado. Sie bestehen aus unterirdischen Kammern mit echten Wänden, die in relativ geringer Tiefe angelegt wurden. In den Grabkammern entdeckte Tello 429 mumifizierte Körper von erwachsenen Männern, die man in Fötalhaltung in mehrere, zum Teil bis zu 20 Meter lange Stoffbahnen gehüllt hatte. Die Körper ruhten in großen Körben. Jedes Mumienbündel beeinhaltete kostbare Beigaben wie zum Beispiel Tongefäße, deren Stil sich von der Cavernas-Phase unterschied.
Der sensationelle Fund dieser Gräber und ihrer Schätze warf ein neues Licht auf die kulturelle Entwicklung der südlichen Küstenregion. Das herausragendste Merkmal ist die außergewöhnlich hochwertige Produktion von Textilien, bei der verschiedene Techniken und eine große Bandbreite von Farben und Motiven eingesetzt wurden. Dank Webkunst und

Töpferei konnte man viele Aspekte der Kultur und ihrer religiösen Vorstellungswelt rekonstruieren. Auf dem gegenwärtigen Stand der Forschungen lässt sich mit Sicherheit sagen, dass die Paracaskultur, die zwischen 550 v. Chr. und 100 n. Chr. ihren Höhepunkt erreichte, das erste Beispiel einer komplex strukturierten Gesellschaft im Bereich der südperuanischen Küstenregion darstellte. In den Tälern von Chincha, Pisco, Ica, Palpa und Río Grande de Nazca entdeckte man auch Überreste von Dörfern und Zeremonialzentren, die vemutlich zur Paracaskultur gehörten. Unser Wissen über das Leben und die Religion dieser Kultur leitet sich allerdings im Wesentlichen von den Verzierungen der hochwertigen Objekte her, die zu den Grabschätzen gehörten.
Im 1. Jahrhundert entwickelten sich zeitgleich zur Paracaskultur zwei Traditionen der Tongefäßherstellung. Die erste, die Toparákeramik, nahm

46–47 *Tonwaren aus der Paracaskultur wurden nach dem Brennen mit in Harz gelösten Farbpigmenten bemalt. Diese sitzende Figurine weist noch Reste der Farben auf.*

47 *Im Unterschied zu den Kulturen der Nordküste bemalte man im Süden von Peru Tongefäße ab der frühen Zwischenzeit mit verschiedenen Farben. Dieses schöne Gefäß aus der Paracaskultur zeigt eine Gestalt mit weiblichen Gesichtszügen.*

ihren Ausgangspunkt in den Tälern von Canete, Chincha und Pisco und umfasst schlichte, einfarbige Gefäße. Die zweite Form zeichnet sich durch bunte Muster und Verzierungen aus und beschränkte sich auf das Ica- und das Nazcatal. Sie stand am Beginn der eigenständigen Nazcakultur, die ihren Einfluss zwischen dem 3. und dem 8. Jahrhundert ausdehnte. Zwischen der Nazca- und der Paracaskultur gab es außer technischen Aspekten keine wesentlichen Unterschiede.
Die Nazca bemalten ihre Keramiken nach dem Brennen mit bis zu elf Farbtönen. Sie behielten die künstlerischen Ausdrucksformen und die Bilder der Paracaskultur bei und entwickelten sie in Bestätigung einer langen soziokulturellen Tradition und tief verwurzelten Ideologie weiter.
In den ersten Jahrzehnten des 20. Jahrhunderts stieß man in einem Tal am Fuß der Anden, das mit der Nazcakultur in Verbindung stand, auf eines der faszinierendsten Geheimnisse des amerikanischen Kontinents: die Scharrbilder der Pampa del Ingenio. Diese Bilder stellen die bis heute rätselhaftesten Spuren dar, die ein Volk der frühen Zwischenzeit hervorbrachte. Einige Forscher halten die Bilder sogar für noch älter.
Von den Scharrbildern abgesehen, hinterließen die Nazca weitere Zeugnisse ihrer Kultur in Zentren, die man während langer Grabungsaktionen freilegte. Die bedeutendste Grabung führte man in Cahuachi durch, dem Zentrum der Nazca. Eine Stadtstruktur im eigentlichen Sinn konnte man jedoch nicht ausmachen. Vielmehr diente die Stätte wohl als Zeremonialzentrum sowie als Sitz einer theokratischen Oligarchie, die die religiöse, politische und administrative Macht in Händen hielt.
Die Gesellschaft der Nazca war stark differenziert, ihre Wirtschaft beruhte auf Ackerbau und Fischfang. Um Getreide anbauen zu können, legten die Nazca ein komplexes Bewässerungssystem an, mit dessen Hilfe sich Wüstenboden und karge Täler in fruchtbares ergiebiges Land verwandelten.
Die Handwerker der Nazca pflegten unter anderem die Webkunst, insbesondere zu Beginn, als noch eine enge Verbindung zur Paracaskultur

48 oben *Die fein gearbeiteten und herrlich bemalten Gefäße aus der Nazcakultur zeigen seltsame Tiere und mythische Wesen. Dieses Gefäß mit doppeltem Ausguss stellt einen Orca dar, eine der bekanntesten Gottheiten der Nazcakultur.*

48 unten *Die runden Formen dieses Terrakottaidols der Nazca und die Geschlechtslosigkeit der Figur erinnern an die „Babygesichter" der Olmeken.*

48–49 *Dieser „Astronaut" ist eines der geheimnisvollen Scharrbilder, die Menschen vor langer Zeit in die trockene Oberfläche der Pampa del Ingenio zeichneten. Diese Bilder bestehen aus Linien, geometrischen Motiven und Tieren, die nur aus großer Höhe erkennbar sind. Man geht davon aus, dass die Bilder von den Nazca stammen, doch halten manche Forscher sie für viel älter. Die dargestellte Figur trägt eine seltsame kreisförmige Kopfbedeckung. Sie ist die einzige anthropomorphe Gestalt.*

bestand. Im Lauf der Zeit widmeten die Nazca der Keramik immer mehr Aufmerksamkeit. Hier erreichten sie in Technik und Farbgebung ein hohes Niveau. Die bemalten Gefäße der Nazca gelten als Bilderlexikon, das die Götterwelt mit ihren seltsamen Hybridwesen und Ungeheuern illustriert. Zu ihnen zählen der Orca und ein mythisches anthropomorphes Wesen, das an ein ähnliches Motiv aus der Chavínkultur erinnert. Trophäenköpfe, die man in Gräbern entdeckte, belegen, dass dieser Kult auch bei den Nazca verbreitet war. Die Goldschmiedekunst beschränkte sich dagegen im Unterschied zur Vicús- und Mochekultur auf einfache Techniken.

49 Die merkwürdige Raubkatze auf diesem polychromen Gefäß stammt ebenfalls von den Nazca. Die gleichen Motive findet man auch auf gewebten Stoffen.

Der mittlere Horizont

Ausdehnung der Huarikultur

Ausdehnung der Tiahuanacokultur

1 Huari
2 Piquillacta
3 Pachacamac
4 Viracochapampa
5 Tiahuanaco

Zwischen dem 6. und dem 10. Jahrhundert erlebte Peru während des mittleren Horizontes eine Epoche der politischen und kulturellen Wende: Die kleinen regionalen Reiche oder Staaten, die während der vorangegangenen Periode aufgeblüht waren, mussten sich nun zwei einenden Kräften beugen, die einige Wissenschaftler als Kulturen, andere hingegen als Reiche bezeichnen: Tiahuanaco und Huari.
Bereits im vorangegangenen Kapitel wurde deutlich, welch entscheidende Bedeutung dem Zeremonialzentrum von Tiahuanaco zu einem früheren Zeitpunkt zukam. Ab dem 6. Jahrhundert entwickelte die Stätte sich zum Hauptsitz eines Hegemonialstaates, der seinen religiösen und kulturellen Einfluss auf benachbarte und weiter entfernte kleinere Zentren ausdehnte. Während der klassischen Epoche von Tiahuanaco (600–1000)

***50 unten** Typische Merkmale des Huari-Stils aus dem Küstengebiet sind die leuchtenden Farben, die vielleicht von den Nazca übernommen wurden. Im Zentrum der Vase prangt ein Bild des Zeptergottes, umringt von anderen seltsamen Gestalten, die mit dem Kult in Verbindung stehen.*

50 oben *Dieser Becher im Tiahuanaco-Stil wurde mit einem aggressiven und Furcht einflößenden Bild verziert. Es zeigt den Zeptergott, dessen Kult während des mittleren Horizontes in ganz Peru Verbreitung fand.*

51 oben links *Raubkatzenähnliche Darstellungen, die oft Ungeheuern ähneln, findet man nicht nur wie hier auf Gefäßen, sondern auch auf Textilien. Letztere zählen zu den künstlerisch wertvollsten Erzeugnissen der Huarikultur.*

fand der alte monotheistische Kult des Zeptergottes überall Verbreitung. Möglicherweise war dieser Kult ursprünglich mit Völkergruppen aus Chavín de Huántar nach Tiahuanaco gelangt. Der ideologische und kulturelle Einflussbereich von Tiahuanaco erstreckte sich bis in den äußersten Süden von Peru und ins nordchilenische Atacamagebiet. Im Südosten reichte er bis zur Halbinsel Cochabamba und, wenngleich in geringerem Ausmaß, bis nach Nordwest-Argentinien.
Da es nur vereinzelte archäologische Funde gibt, kann man nicht mit Sicherheit sagen, ob die Expansion von Tiahuanaco imperialistische Züge trug oder ob vielmehr die Verbreitung des Kultes eine ökonomische und kulturelle Hegemonialstellung zur Folge hatte. Einige Wissenschaftler glauben, dass Gruppen von Priesterkriegern vom Titicacasee aus aufbrachen, um Machtzentren in den unterworfenen Provinzen zu errichten, und auf diese Weise ein echtes theokratisches Reich schufen. Da es bis heute keine Beweise für eine militärische Eroberung gibt, muss man von einer friedlichen, eher religiös ausgerichteten Reichsvergrößerung ausgehen, die Peru und die benachbarten Regionen durch den Kult des Zeptergottes einte.
Vollkommen anders verlief nach dem aktuellen Stand der Forschung der Aufstieg der zweiten einenden Kraft des mittleren Horizontes: der Huarikultur. Diese neue politische und ökonomische Gewalt unterwarf völlig unerwartet die Nazca, Mochica und Cajamarca sowie die kleinen Reiche und Zentren, die während der frühen Zwischenzeit entstanden waren. Man zwang ihnen die künstlerischen Ausdrucksformen und das neue Wirtschaftssystem auf, die aus der effizienten zentralistischen Struktur des Huarireiches erwachsen waren. Insbesondere in Zentralperu in der Region um Lima und Ancash vollzog sich der Wandel so radikal und tief greifend, dass überkommene Traditionen rasch an Bedeutung verloren und verschwanden, ohne Spuren zu hinterlassen.
Als Zentrum der neuen Kultur fungierte vermutlich die Stadt Huari, die in der Region Ayacucho etwa 700 Kilometer von Tiahuanaco entfernt liegt. Eine neue Völkergruppe trieb von hier aus ihre Expansionspolitik voran und setzte dabei ein gut orga-

51 unten links *Diese Schale im Tiahuanaco-Stil zeigt wiederum ein raubkatzenähnliches Tier. Die beiden dominierenden Reiche des mittleren Horizontes zwangen den Völkern, die sie unterwarfen, den Kult des Zeptergottes auf. Sie übernahmen jedoch auch viele Gottheiten von anderen Kulturen, insbesondere von den Nazca.*

51 rechts *Die genaue Funktion von Gefäßen wie diesem fußförmigen Objekt im Huari-Tiahuanaco-Stil ist nicht bekannt. Wie bei ähnlich gearbeiteten Stücken aus der Mochekultur könnte es sich auch hier um eine Votivgabe handeln.*

52 oben *Trotz des auch für Trancezustände typischen Gesichtsausdruckes wirkt diese Figur weniger ernst als die unten beschriebene. Die breiten vertikalen Streifen betonen die Kugelform des Körpers.*

Religion: Die Symbole auf den wohlgeformten und bunt bemalten Tongefäßen greifen nicht nur Elemente und Motive auf, die man von älteren Kulten unterworfener Völker übernommen hatte, sondern setzen auch eine neue Gottheit in Szene: Viracocha, den Schöpfer.
Diese geheimnisvolle und allgegenwärtige Figur ist vor allem deshalb so interessant, weil sie die Züge des Zeptergottes von Tiahuanaco trägt. Diese Tatsache lässt den Schluss zu, dass während des mittleren Horizontes eine sehr enge Verbindung zwischen den beiden Machtzentren bestand.
Bis heute konnte nicht geklärt werden, von welcher Seite diese Verbindung ausging, ob sie eher politischer, militärischer oder wirtschaftlicher Natur war und welches der beiden Zentren, Tiahuanaco oder Huari, dabei dominierte. Mit Sicherheit kann man jedoch davon ausgehen, dass

52 unten *Das einfache und zugleich seltsame Erscheinungsbild dieser Flasche aus der Huarikultur bildet einen deutlichen Kontrast zu den eleganten farbig bemalten Tonwaren auf den vorhergehenden Seiten. Das Gefäß zeigt eine stilisierte Figur mit betonten Augen, Händen und Zähnen.*

nisiertes Heer ein, das andere Ethnien unterwarf, sodass ein einziges großes Reich entstand.
Zum ersten Mal in der peruanischen Geschichte entstanden zu jener Zeit richtige Städte, die schachbrettartig angelegt waren und ältere Orte ersetzten, die um Zeremonialzentren gruppiert worden waren. Bedeutende Komplexe wie Cajamarca, Piquillacta und Viracochapampa wurden entlang der Küste und in der Sierra nach dem Vorbild von Huari erbaut. Die dicken Verteidigungsmauern, mit denen die Städte der Huari umgeben waren, weisen auf den ausgeprägten militaristischen Charakter der neuen Gesellschaft hin.
Mindestens ebenso bedeutende Veränderungen gab es im Bereich der

53 oben *Anstelle der sonst üblichen Bilder von Göttern oder Ungeheuern zeigt dieses herrlich gearbeitete Gefäß einen überaus realistischen Vogel, dessen Füße und Schwanz als Stützfüße fungieren.*

53 unten *In dieser Figurine im Huari-Stil verbinden sich Ausdruckskraft und stilisierte Darstellung. Hände und Arme wurden lediglich auf den Körper gemalt und kontrastieren mit den präzise ausgearbeiteten Gesichtszügen. Diese und die geweiteten Augen legen nahe, dass es sich um einen Schamanen im Trancezustand handelt, der halluzinogene Substanzen zu sich genommen hat.*

der Viracochakult eine überaus starke Verbreitung fand und bald alle anderen Kulte überlagerte, die während der vorangegangenen Jahrhunderte aufgekommen waren.
Man fand selbst in den entlegensten Gebieten des Reiches elegante, von Handwerkern der Huari angefertigte Objekte: Man entdeckte zum Beispiel große polychrome Terrakottagefäße, hochwertige, mit Federn verzierte Stoffe, Schmuck aus Halbedelsteinen, insbesondere Lapislazuli und Türkis, geschnitzte Figurinen sowie Steinskulpturen, die wiederum auf die enge Beziehung zur Tiahuanacokultur hinweisen.
Um das 10. Jahrhundert hatte man fast alle Zentren der Huari aufgegeben. Offenbar erschütterte eine Krise das Reich in seinen Grundfesten und führte wenig später zum Niedergang der Huarikultur.
Die Kulturen der späten Zwischenzeit haben viele Aspekte der Huari und ihrer kulturellen und künstlerischen Ausdrucksformen aufgenommen. Wie das folgenden Kapitel zeigt, belegen neuere Studien, dass die charakteristischen Merkmale des Inkareiches auf jenes kulturelle Fundament zurückgehen, das die Huari- und die Tiahuanacokultur in Peru hinterlassen haben.
Mit dem Fall des Huarireiches ging die einende Kraft in der Andenwelt unter und es begann eine neuerliche Phase des Regionalismus. Diese Epoche bezeichnet man als späte Zwischenzeit.

Die späte Zwischenzeit

Chimúreich
Sicánkultur
Colliquereich
Ica-Chincha-Reich

1 Chan Chan
2 Batán Grande
3 Ancón

54 *Zu den berühmtesten Kunstobjekten aus Sicán gehört der* tumi, *ein halbmondförmiges Opfermesser aus Gold oder Kupfer. Den Griff des Messers bildet eine Goldfigurine, die Ñaymlap, den mythischen Urvater der Sicánkultur darstellt. Äußerst detailreich wurden die Ohrscheiben aus Türkis und der Kopfschmuck gestaltet.*

Nach dem Zusammenbruch des Huarireiches entwickelten sich vor allem im Küstenbereich viele kleine Reiche mit einer eigenen Kultur. Archäologische Grabungen in dieser Region brachten zahlreiche interessante Ergebnisse. Außerdem hinterließen einige Chronisten historische Berichte über die Eigenarten dieser später von den Inka unterworfenen Völker und die damit zusammenhängenden Ereignisse.

Die früheste dieser Kulturen, die man erst in jüngerer Zeit identifizierte, war die Sicánkultur. Sie entwickelte sich im Lambayequetal an der Nordspitze der Küstenregion. Die ältesten bisher entdeckten Spuren von Sicán datieren aus dem 8. bis 9. Jahrhundert. Die symbolischen Bilder und die Gefäßformen weisen darauf hin, dass ihre Wurzeln in der Moche- oder Vicúskultur liegen. Ihre höchste Blüte erreichte die Kultur von Sicán während der späten Zwischenzeit. Vergleicht man die über Jahrhunderte weitergegebenen mündlichen Überlieferungen mit den Ergebnissen der archäologischen Grabungen, so ergibt sich folgendes Bild: Offenbar wanderten die Sicánvölker unter der Führung ihres Stammvaters Ñaymlap von der Küste aus ins Lambayequetal an der Nordküste und ließen sich dort nieder. Zwei Versionen dieses Ereignisses wurden später schriftlich fixiert. Die erste schrieb der Chronist Miguel Cabello de Balboa 1586 nieder, die zweite verfasste Ruvinos y Andrade zwei Jahrhunderte später.

Ñaymlap erreichte Peru demnach mit einer Reihe von Dienern und Konkubinen auf einem Floß. Er gilt als Stammvater jener ethnischen Gruppe, die eine neue und blühende Kultur hervorbrachte.
Bei archäologischen Grabungen entdeckte man in Zeremonialzentren wie zum Beispiel Huaca el Corte und in tief liegenden Schachtgräbern viele Tongefäße und Objekte aus Metall. Sicán erreichte seinen kulturellen Höhepunkt um 900. Monumentale Bauten wurden errichtet, man grub große Grabkammern, bearbeitete Metall und unterhielt Beziehungen zur ecuadorianischen Küste. Zahlreiche Objekte zeigen das symbolische Bild von Ñaymlap, dem „Herrn von Sicán", eine Figur, die in gewisser Hinsicht den Erzählungen der spanischen Chronisten entspricht. Dieses Wesen hat vogelähnliche Züge und zwei kleine Flügel. Es trägt einen hohen mit Federn bedeckten Kopfschmuck, hat eine Hakennase und an den Seiten spitz zulaufende Augen. Der Kopf ist stets nach oben gerichtet. Besonders deutlich zeigt der berühmte „Tumi von Illimo" diese Züge, ein wundervoll gearbeitetes halbmondförmiges Opfermesser.
Die Legende berichtet, dass das Geschlecht des geheimnisvollen Urvaters von einem göttlichen Vogel abstammte und es scheint auch, als habe das Wort „Ñaymlap" ursprünglich „Wasserhuhn" bedeutet.
Einige Archäologen glauben, dass die Sicánkultur aufgrund einer schweren Dürreperiode verschwand und dass die Überlebenden ab etwa 1375 im Königreich der Chimú aufgingen. Auch in diesem Fall scheinen sich Chroniken und Funde gegenseitig zu bestätigen. Beide belegen, dass die Chimú oder Chimor unter den Königreichen und Kulturen der späten Zwi-

55 oben *In der Tradition von Sicán gilt Ñaymlap als Stammvater des Volkes. Er soll zusammen mit einigen Dienern auf einem Floß über das Meer gekommen sein. Diese Terrakottaflasche zeigt das Bild Ñaymlaps in Form eines Flachreliefs auf dem Flaschenbauch.*

55 unten *Diese goldene Schale illustriert die Kunstfertigkeit der Goldschmiede von Sicán. Auf dem Griff sitzt ein kleiner Vogel mit Augen aus Türkis.*

56 links Dieses seltsame Holzobjekt stellt einen Arm mit einer Hand dar. Sie hält eine Art Scheibe, in die mythische Szenen eingraviert sind. Der Gegenstand stammt aus einem Grab der Chimúkultur. Seine genaue Funktion konnte bislang nicht bestimmt werden.

56 rechts Archäologen haben einige hochwertige Holzobjekte aus der Chimúkultur gefunden. Die abgebildete Figur besteht aus dem Holz eines Johannisbrotbaumes. Sie ist mit Fischen aus Perlmutt verziert und stammt ebenso wie drei ähnliche Figuren von der Stätte Huaca Tacaynamo. Aufgrund der Armhaltung nehmen die Wissenschaftler an, dass es sich um Sänftenträger handelt.

schenzeit eine herausragende Machtposition innehatten und besonders wertvolle Kunstgegenstände hervorbrachten.
Auf der Basis der Struktur der Huaristädte entstanden mehrere urbane Zentren, die sich vermutlich kulturell und ökonomisch eigenständig entwickelten, während die zentralistische Verwaltung weiterhin in den Händen der Chimú lag. Dieses politische System sollte in erster Linie eine gerechte Verteilung des Wassers für den landwirtschaftlichen Bedarf gewährleisten und erwies sich offenbar als effektiv, wie der Reichtum der Grabbeigaben und die Größe der städtischen Wohnviertel belegen.
Am bedeutendsten und eindrucksvollsten ist Chan Chan, die Hauptstadt des Chimúreiches, die eine Fläche von 18 Quadratkilometern bedeckte. Ihre Überreste gelten zu Recht als eines der archäologischen Wunder im Andenraum.
Chan Chan bestand aus zehn befestigten Zitadellen, die nur durch einen Eingang zugänglich waren. Jede umschloss Tempel, Straßen, Zisternen und Häuser. Die wichtigsten Gebäude waren mit herrlichen Adobefriesen verziert und farbig bemalt. Noch heute sieht man Spuren der polychromen Stuckaturen.
Die Chimú entwickelten die Kunst der Metallbearbeitung weiter, deren Tradition sie von ihren Vorgängern, der Moche- und der Sicánkultur, übernommen hatten. Sie beherrschten die Töpferei und die Federkunst und produzierten Schmuck sowie silberne und goldene Masken. Die Tongefäße zeigen zwar noch die typischen Merkmale der frühen Zwischenzeit, doch mangelt es ihnen an Originalität. Die, je nach Art des Brennvorgangs, roten oder schwarzen Gefäße weisen die Kugelform und den Steigbügelhenkel aus der Mochekultur auf, die Bandbreite der Formen und die Farbenvielfalt ist jedoch eher gering. Die große Zahl der gefundenen Terrakottaobjekte legt nahe, dass die Chimú in Serie und eher für den alltäglichen als für den zeremoniellen Gebrauch fertigten.
Während die Webkunst in der südlichen Küstenregion außerordentlich hochwertige Ergebnisse hervorbrachte, konzentrierten sich die Handwerker an der Nordküste und vor allem im Lambayequetal auf das Bearbeiten von Gold, Silber und Kupfer, die sie zu wertvollen und ausgefallenen Schmuckstücken verarbeiteten.
Die Chronisten der Kolonialzeit berichten von drei weiteren Reichen an der Küste, welche die Inka ebenso wie das Reich der Chimú im Jahr 1470 unterwarfen. Eines von ihnen, das Cuismancureich, hinterließ keinerlei Spuren, sodass seine Existenz als nicht gesichert gilt.
Auf Überreste des Reiches von Collique stieß man im Gebiet der Chancaykultur in der mittleren Küstenre-

57 oben *Dieses Meisterwerk der Chimú ist eine hölzerne Ohrscheibe mit Einlegearbeiten aus verschiedenfarbigen Muscheln. Die Figur in der halbmondförmigen Umrandung ähnelt Ñaymlap, einem der bekanntesten Helden aus der Mythologie der Sicán und Chimú.*

57 unten *Auch dieses Holzkästchen wird der Chimúkultur zugerechnet. Die Oberfläche ist in sechs Rechtecke mit stilisierten Tierfiguren unterteilt. Durch die Löcher im Deckel und am oberen Rand lief vermutlich eine Schnur, mit der man das Kästchen verschließen konnte.*

__58 oben__ Tonwaren der Chancay umfassen große, einfach geformte Gefäße wie die hier abgebildete Vase. Schwarzbraune geometrische Motive wurden auf einen hellen Untergrund gemalt. Wie die meisten Funde an der Nordküste stammen auch die Objekte der Chancay in der Regel von Begräbnisstätten.

__58 unten__ Dieses kleine anthropomorphe Gefäß stammt ebenfalls aus der Chancaykultur. Die Gesichtszüge und insbesondere das Schmuckmotiv wurden mit viel Liebe zum Detail ausgeführt.

__58–59__ Dieses Doppelgefäß stellt ein typisches Beispiel für die Verschmelzung des Inka- und des Chancay-Stils dar, wie der geometrische Rot-Weiß-Dekor belegt.

La Sentinela fungierte vermutlich als Hauptstadt des Chinchareiches. Die feinen Webstoffe dieses Volkes deuten auf eine Verbindung zur Nazca- und Paracaskultur hin. Die Tongefäße weisen dagegen eine schlichte Form auf und sind mit einfachen geometrischen Mustern verziert.
Archäologische Grabungen förderten zwar bedeutende architektonische Überreste der Chimúkultur zutage, bezüglich der Küstenreiche geben die spärlichen Funde allerdings nur wenig Aufschluss über das Leben der Völker, die dort während der späten Zwischenzeit siedelten. Die Grabungen dauern jedoch an und so hofft man, in naher Zukunft weitere interessante Stücke zu finden, die die Zeit vor den Inka, der letzten großen einenden Kraft im präkolumbischen Peru, weiter erhellen können.

gion, und die Stätte, über die am meisten bekannt ist, ist die Nekropole von Ancón. Leider wurden die reich ausgestatteten Gräber im Lauf der letzten beiden Jahrhunderte geplündert. Die Gräber enthielten zahlreiche Mumienbündel in fötaler oder sitzender Haltung, die hölzerne Totenmasken trugen.
Typisches Merkmal der Chancaykultur sind die *cuchimilcos*, anthropo- oder zoomorphe Tonfigurinen, die man als Amulette oder Kultobjekte benutzte. Aufgrund der fortgesetzten Grabräubereien bieten die Beigaben allerdings nur wenig Einblicke in die Gebrauchskultur und die Ikonographie der Chancay.

Die Überreste anderer von den Chronisten beschriebener Kulturen fand man im südlichen Küstenabschnitt, dort, wo einst die Nazcakultur blühte.
Das Königreich von Chincha dehnte sich im fruchtbaren Chincha- und im Icatal aus. Im 16. Jahrhundert verfasste ein unbekannter Autor ein Schriftstück, das von diesem Volk erzählt und die straff organisierte Gesellschaft beschreibt, die sich in Bauern, Fischer und Kaufleute untergliederte. Die Kaufleute fuhren auf Flößen aus Balsaholz an der Küste entlang und boten ihre Waren feil. Sie gründeten ein Handelsnetz, das Ecuador und die Hochebene einschloss.

59 *Bei diesem Gefäß handelt es sich um einen Keru, einen Holzbecher, der für rituelle Reinigungen verwendet wurde. Er wird der Inkazeit zugerechnet, doch die geometrische Oberflächenverzierung weist auf einen starken Einfluss der südlichen Küstenkulturen hin und ähnelt Motiven, die auf Tonwaren der Chancay aufgebracht wurden.*

Der späte Horizont (Inka-Horizont)

Maximale Ausdehnung des Reiches
Straßennetz

1 Tulcán
2 Quito
3 Chachapoyas
4 Cajamarca
5 Moche
6 Chavín
7 Pachacamac
8 Tambo Colorado
9 Machu Picchu
10 Ollantaytambo
11 Cuzco
12 Nazca
13 Tiahuanaco
14 San Pedro de Atalama
15 Cumcó

Obgleich die archäologischen Forschungen der vergangenen Jahrzehnte eine Fülle von Informationen zur präkolumbischen Andenwelt lieferten, liegt der Ursprung der Inkakultur bis heute im Dunkeln. Es gibt lediglich Belege dafür, dass eines der kleinen Reiche, die während der späten Zwischenzeit in der Gegend von Cuzco aufkamen, an Einfluss gewann und sich allmählich eine kulturelle Vormachtstellung verschaffte.
Zwar bestätigen die spanischen Chronisten des 16. Jahrhunderts alles, was über die Inkazentren der Spätphase bekannt ist, doch liegen zur Entstehung der ethnischen Gruppe und der Ausdehnung ihrer Macht nur wenige Berichte vor.
Die Geschichte der Inka mischt sich mit Legenden, die nur mündlich weitergegeben wurden, und die archäologischen Fakten sind noch immer sehr begrenzt. Die bekannteste Überlieferung berichtet von zwei Begründern des Inkareiches: Manco Cápac, Held und Stammvater und seine Schwester und gleichzeitig Gattin, Mama Ocllo. Nach der Legende war der Schöpfergott Viracocha traurig darüber, dass die Menschen so kulturlos wie die Tiere lebten. Deshalb gab er seinem Sohn Manco Cápac und seiner Tochter Mama Ocllo einen goldenen Stab und befahl ihnen: „Geht auf die Erde hinab und lasst euch an der Stelle nieder, an der dieser Stab am tiefsten in der Erde versinkt. Gründet mir zu Ehren ein großes Reich und lehrt die Menschen wie sie sich vor Hunger und Not schützen können." Die beiden traten aus dem Titicacasee, wanderten umher und prüften mit ihrem Stab die Erde, bis sie sich schließlich in Cuzco niederließen.
Eine andere Version erzählt von vier Halbgöttern und Brüdern, die Ayar, die die Region um Cuzco gemeinsam mit ihren Schwestergemahlinnen be-

60 oben *Die Berichte von Guamán Poma de Ayala beschreiben vier mythisch-historische Epochen, die auch „Generationen" genannt werden. Diese Federzeichnung, die aus der Chronik von Guamán Poma de Ayala stammt, illustriert die erste dieser Perioden, während der Gott die Wari Viracocha Runa (weiße Völker), die Nachfahren Noahs, aussandte, um die Erde zu bevölkern. Der Text mischt andine Traditionen mit christlichen Glaubensinhalten.*

60 unten *Diese Federzeichnung stammt aus der* Primer Nueva crónica y buen gobierno *von Guamán Poma de Ayala. Sie zeigt Manco Cápac, den legendären Stammvater des Inkareiches, der vermutlich aus der Gegend des Titicacasees kam. Der Herrscher trägt einen* unku *mit geometrischem Muster. Diese lange Baumwolltunika war Angehörigen der Eliteschicht vorbehalten.*

60–61 *Diese mit Ölfarben bemalte Holztafel stammt aus dem 18. Jahrhundert und zeigt einige Inkaherrscher, Nachfahren von Manco Cápac und Mama Ocllo. Für die ersten sieben Könige gibt es keine historischen Belege, sodass es sich um Sagengestalten handeln könnte.*

***62 Mitte** Pachacutec* ***ist einer der berühmtesten Herrscher in der Geschichte des Tauantinsuyu. Auf diesem Bild trägt der Inka** eine elegante* ***Tunika,** den* unku, ***der mit** tocapu (geo-**metrische Muster) verziert ist.** In der* ***Hand** hält er einen* ***Schild.** Die Federn* ***des Kopfschmuckes stammen nach Aussage** von Garcilaso* ***de la Vega** von dem* ***mythischen** Vogel* corequenque.

***62 unten** Das Bild zeigt eine Versammlung des Camachicoc Apocona, des Hohen Rates, der zu den bedeutendsten Institutionen des Inkareiches gehörte. Im Vordergrund steht der Inka, umringt von hochrangigen Würdenträgern. Er trägt einen eleganten* unku *mit geometrischem Muster.*

friedeten. Nach einigen Widrigkeiten waren nur noch einer der Brüder, Ayar Manco, und seine Gattin Mama Ocllo am Leben. Zusammen legten sie den Grundstein für die Hauptstadt des zukünftigen Reiches.
Neben diesen mythischen Erzählungen gab es eine Vielzahl weniger bedeutender Überlieferungen, die die Untertanen des Inka den Spaniern übermittelten. Mit Sicherheit bergen sie einen historischen Kern, doch Sage und Historie lassen sich nur schwer voneinander trennen, zumal keine schriftlichen Quellen existieren. Ähnlich steht es mit der dynastischen Nachfolge der Inkaherrscher. Auf der Liste, die man in den Jahrhunderten nach der Eroberung durch die Spanier zusammenstellte, standen 13 Namen, darunter der von Manco Cápac und der des letzten Inka, Atahualpa. Erst ab dem neunten Inka, Yupanqui liegen jedoch Daten vor, die das Staatsoberhaupt als historische Persönlichkeit ausweisen. Yupanqui regierte ab 1438. Es scheint, als hätten die Inka bis zur Mitte des 13. Jahrhunderts nur als eine von vielen Ethnien in den Tälern rings um das spätere Cuzco gesiedelt und sich erst in den darauf folgenden Jahrzehnten dank ihrer militärischen Schlagkraft gegen die benachbarten Völker durchgesetzt. Entscheidend für den raschen Aufstieg war die wachsende Bedrohung, die von den kriegerischen Chanca ausging. Sie hatten einige Zeit zuvor eine mächtige Konföderation gebildet.
Einige Wissenschaftler glauben, dass die Chanca von den Huari abstammen. Sie fürchteten zum einen die neue Macht, die in den südlichen Tälern rasch an Boden gewann, zum anderen hatten sie gerade andere feindliche Stämme von ihrem eigenen Territorium vertrieben. Nun versuchten die Chanca, die Expansion der Inka zu stoppen und ihren militärischen und ökonomischen Aufschwung zu verlangsamen. Letztlich unterlagen sie den Inka aber in einer blutigen Schlacht, die zwischen 1430 und 1440 stattfand. Zu diesem Zeitpunkt bestieg Pachacutec den Thron, beendete die Kämpfe gegen die Chanca und wurde nach dem Sieg mit dem Ehrentitel „Inka" belegt.
Bisher belegen nur wenige archäologische Zeugnisse die Entstehungslegende des Inkarreiches. Auch zur Phase der Konsolidierung, die begann, nachdem man die Chanca und andere feindlich gesinnte Völker wie die Colla und die Lupaca niedergeworfen hatte, gibt es nur wenige gesicherte Fakten. Einige interessante Thesen befassen sich dagegen mit den ethno-historischen und kulturellen Wurzeln der Inka, die das größte präkolumbische Königreich Perus gründeten. An die Forschungen der 60er-Jahre anknüpfend, behaupten einige Archäologen, darunter der Amerikaner J. H. Rowe, dass der Ursprung der Inka nicht im kulturellen und geographischen Einzugsgebiet der Hochebene liegt, sondern vielmehr in der Gegend von Tiahuanaco, dem früheren Hauptsitz der Huari. Jüngste Studien scheinen diese Auffassung zu bestätigen. Die Untersuchungen basieren auf Funden aus dem mittleren Horizont, jenem Zeitraum, in dem die Huarikultur dominierte und die Andenwelt einte. Besonders stark beeinflussten die Huari die Quotakalli, ein Volk, das im nördlichen Teil des Cuzcotals siedelte und vor allem wegen seiner Tongefäße bekannt ist.
Während der Jahrhunderte, die auf den Zusammenbruch des Huarireiches folgten, bewahrten die Quotakalli ihre Verbindung zu den ehemaligen Herrschern und behielten auch die charakteristischen Merkmale ihrer Kultur bei. Die Killkekultur, deren Tonkunst der frühen Inkazeit zugerechnet wird, schöpfte aus dieser Grundlage. Tatsächlich stammen die Funde der Killkekultur wohl genau aus jenem Zeitraum, als Pachacutec die Regierung übernahm. Die Killkekultur trägt demnach nicht nur die typischen Merkmale der Region um Cuzco, vielmehr unterlag sie auch einem starken Einfluss von Seiten der Huarikultur, der sich nicht auf die Gebrauchs- und Tonkunst beschränk-

__62 oben__ Diese Federzeichnung von Poma de Ayala zeigt eine Schlachtszene, in der sich zwei feindliche Armeen gegenüberstehen. Links führt der Herrscher mit federgeschmücktem Helm das Heer der Inka an. Sie kämpfen gegen einen Stamm, der sich der Macht der Inka nicht beugen will.

__63 Mitte__ Die Inka bauten oft Brücken aus Pflanzenseilen über tiefe Abgründe. Diese Zeichnung zeigt einen Chacha Suyuyoc, einen Beamten, der über den Bau und die Instandhaltung der Brücken wacht.

__63 unten__ Auf dieser Zeichnung begeht der elegant gekleidete Inka mit seiner Gattin das Fest des Jahresendes, das mit dem Rhythmus der Jahreszeiten in Verbindung stand. Der Cápac Inti Raymi im Dezember war dem Sonnengott geweiht, dem man bei dieser Gelegenheit Kinder und Lamas opferte.

te. Dieser Einfluss trat später in der imperialistischen und militaristischen Ideologie des Inkareiches und in seiner politischen und sozialen Struktur noch wesentlich deutlicher hervor. Im gesamten Gebiet gibt es kein Beispiel eines ähnlich gearteten Systems, und so lässt sich nach dem heutigen Kenntnisstand durchaus behaupten, dass das letzte große Andenreich in der Nachfolge der Huarikultur stand, mit der es viele Züge teilt. Wenn man die enge Verbindung zwischen der Huari- und der Tiahuanacokultur berücksichtigt, so stimmen die archäologischen Funde auch durchaus mit jener Legende überein, die den Ursprung der Inka an den Titicacasee verlegt.

Noch immer bleiben viele Fragen zur Herkunft der Inka offen und deshalb ist es auch schwierig, genaue Daten für die wichtigen historischen Ereignisse festzulegen. Die Chronologie des Archäologen J. H. Rowe, die bis heute als verlässlichste gilt, lässt das Inkareich im Jahr 1200 beginnen. Ab diesem Zeitpunkt gewann das Reich zunehmend an Einfluss, bis im Jahr 1438 Pachacutec als vermutlich neunter Inka den Thron bestieg.

Ursprünglich trug der Herrscher den Namen Cusi Yupanqui, doch nannte er sich nach dem überragenden Sieg gegen die Chanca Pachacútec Inca Yupanqui, was in etwa „Welterneuerer" oder „Verwandler der Welt" bedeutet.

Der König residierte in Cuzco und begann eine Expansionspolitik, die seinem Reich nach und nach eine Vormachtstellung gegenüber den anderen Ethnien der Region und der benachbarten Gebiete sicherte. An der

__63 oben__ Der Mann mit den seltsamen Knotenschnüren in der Hand trägt den Titel quipucamayoc *(Meister des* quipu*). Mithilfe des* quipu *führte er Berechnungen durch und hielt den Inka über die ökonomische und finanzielle Lage des Reiches auf dem Laufenden.*

__63 rechts__ Dieser schöne quipu *besteht aus einer Vielzahl von Knotenschnüren, die an einem Holzkreuz befestigt sind. Mithilfe dieses einfachen Gerätes konnten die Buchhalter des Tauantinsuyu die Anzahl von Herdentieren und die Menge landwirtschaftlicher Produkte genau bestimmen. Neuere Studien haben gezeigt, dass man mit dem* quipu *auch andere Informationen fixierte.*

Spitze eines Heeres, das er gemeinsam mit seinem Bruder Cápac Yupanqui und seinem Sohn Túpac Inca Yupanqui anführte, brach Pachacutec zu mehreren Feldzügen auf, die seine Macht stärkten und die Grenzen des Inkareiches weiter ausdehnten. Diese militärischen Unternehmungen bildeten den ersten Schritt zur Gründung des späteren Imperiums.

Um 1450 eroberten die Inka ohne Mühe das Territorium der Colla, die am Ufer des Titicacasees siedelten. Kurze Zeit später nahmen sie die Region von Arequipa bis zur südlichen Küste ein. Im Norden drangen sie bis zur Stadt Cajamarca vor, die 1000 Kilometer von Cuzco entfernt in einer unwirtlichen und von kriegerischen Stämmen bewohnten Gegend lag. Zeitgleich warfen sie eine Revolte der Chanca nieder. An der Nordküste hörte der König des blühenden Chimúreiches von der Gefahr, die von den Inka ausging, und schickte ihnen seine Soldaten entgegen. Dennoch fiel die Hauptstadt Chan Chan 1470 in die Hände des Feindes und der letzte König, Minchancaman, sah sich zur Kapitulation gezwungen. Im weiteren Verlauf marschierten die Inka nordwärts bis in die Gegend von Quito, das sie ebenso wie die Ländereien mehrerer ecuadorianischer Stämme annektierten. Im Jahr 1471 kehrten die Truppen nach Cuzco zurück.

Túpac Inca folgte seinem Vater im selben Jahr auf den Thron und setzte dessen Eroberungspolitik fort. Am Ende seiner 22-jährigen Regierungszeit herrschten die Inka über den größten Teil der südlichen Anden. Das Reich umfasste Gebiete, die heute zu Chile, Bolivien und Argentinien gehören.

Nach der Ermordung von Túpac Inca trat dessen Sohn Huáyna Cápac die Herrschaft an. Er unternahm Feldzüge in den Norden des Reiches, um immer neu aufflackernde Revolten unterworfener Stämme, die sich von Beginn an gegen die Übermacht der Eroberer gewehrt hatten, zu ersticken. Nun zeigte sich sehr deutlich, wie schwierig es war, ein riesiges Reich zu verwalten, das die unterschiedlichsten Ethnien, Sprachen, Sitten und Traditionen vereinte.

Zu den politischen und militärischen Problemen gesellte sich eine weitere Schwierigkeit: Eine neue unheilbare Epidemie raffte große Teile der Bevölkerung dahin. Heute geht man davon aus, dass es sich bei der Seuche um Pocken handelte, die mit den Spaniern in die Neue Welt gelangt waren. Diese hatten zu jener Zeit Darién im heutigen Panamá erreicht. Huáyna Cápac erhielt Kunde von der Ankunft bärtiger weißer Männer, die seltsame Tiere mit sich führten. Er wurde jedoch wenig später selbst von der geheimnisvollen Krankheit niedergestreckt und starb 1527 (oder 1528).

Nach einem kurzen glanzvollen Höhepunkt begann auf diese Weise der Niedergang des Inkareiches, der sich umso rascher vollzog, als es zu Thronstreitigkeiten zwischen den beiden Söhnen des Verstorbenen kam. Huáscar, der legitime Nachfolger, musste gegen seinen ehrgeizigen und machthungrigen Bruder Atahualpa ins Feld ziehen. Dieser Bruderzwist schwächte die Macht des Inkareiches und ebnete dadurch den europäischen Eindringlingen den Weg, die den großen Andenstaat binnen kürzester Zeit zu Fall brachten.

Natürlich stellt sich die Frage, worauf sich der rasche Machtzuwachs der Inka gründete und wie es dem kleinen Königreich gelang, ein gewalti-

64 oben *Auf dieser Federzeichnung zeigt Guamán Poma de Ayala Cuzco aus seiner Sicht. Der Palast des Herrschers mit vorkragendem Dach steht auf der linken Seite. Nur wenige Spuren der früheren Stadtmauern und Gebäude sind erhalten geblieben und wurden später in die Häuser der Kolonialzeit integriert.*

64 unten links *Dieses Bild zeigt den zehnten Herrscher der Inka, Túpac Inca. Er unternahm zahlreiche Eroberungszüge zu Wasser und zu Land. Er regierte das Reich von 1471 bis 1493.*

64 unten rechts *Huáyna Cápac war der elfte Inka und regierte von 1493 bis 1525. Nach seinem Tod begann der Zerfall des Reiches, ausgelöst durch den Streit zwischen den Brüdern Huáscar und Atahualpa. Das Bild zeigt den Inka mit Schild und Lanze. Er trägt einen* unku *und einen Helm mit* corenquenque-*Federn.*

65 *Diese Seite aus dem Buch* Civitates Orbis Terrarum *zeigt eine Ansicht der Inkahauptstadt Cuzco, die bei den Bewohnern als „Nabel der Welt" galt. Deutlich zu erkennen ist die schachbrettartige Anlage des Zentrums, die die Inka von den Huari übernommen hatten. Auf der linken Seite erhebt sich ein Palast oder Tempel. Im Vordergrund tragen Diener den Inka in einer Sänfte.*

CVSCO.

ges Imperium aufzubauen, das unter der Regierung von Túpac Inca stolze 950 000 Quadratkilometer umfasste. Vermutlich kamen verschiedene Faktoren zusammen: Die absolute Herrschaft der Könige wurde von der außerordentlich gut geschulten Armee und einem straff hierarchisch organisierten Staatssystem gestützt.
Das Reich, das heute in der Regel als „Inkareich" bezeichnet wird, hieß eigentlich „Tauantinsuyu". Das Wort stammt aus dem Ketschua, der Sprache der Inka, und bedeutet „Reich der vier Weltgegenden". „Inka" war hingegen der Titel, mit dem man, ähnlich wie in Rom die Cäsaren, durch Geburt oder aufgrund besonderer Verdienste eingesetzte Herrscher belegte. Später übertrug sich der Hoheitstitel auf das Volk, dessen ursprünglicher Name noch immer unbekannt ist, und auf die gesamte Kultur.
Das Reich war in vier Teile, *suyu,* untergliedert. Jeder einzelne bestand aus Provinzen mit einer Hauptstadt, von der aus ein Gouverneur das Gebiet regierte. Cuzco galt bei seinen Einwohnern als „Nabel der Welt", denn die Stadt stellte sowohl den geographischen Mittelpunkt des Tauantinsuyu als auch die Schaltzentrale der Macht dar. Ungeachtet seiner festen Strukturen und der gewaltigen Ausdehnung bildete das Reich keineswegs eine Einheit, sondern eine riesige Konföderation ethnischer Gruppen mit eigenen kulturellen und sprachlichen Merkmalen, die nur durch stetige Drohungen und ein ausgeklügeltes System von Allianzen die Verbindung zu Cuzco hielten. Gerade diese Bündnisse kamen jedoch häufig nicht durch Eroberungszüge der Inka zustande. Die Inkaherrscher bedienten sich vielmehr oftmals der *reciprocidad,* einer Taktik, die auf Gegenseitigkeit beruhte, um ihre imperialistischen Bestrebungen durchzusetzen. Der Inka selbst oder einer seiner Feldherren traf auf den Herrscher eines anderen Königreiches oder Stammes und bot diesem Geschenke an, darunter auch junge hübsche Mädchen. Wenn das Oberhaupt der schwächeren Partei auf den Handel einging, so besiegelte man den Pakt mit einem Festessen. Wurde das Angebot ausgeschlagen, folgte eine Schlacht, die in der Regel mit dem Sieg der Inka und der Gefangennahme des feindlichen Anführers endete, der sich dem Wunsch seines mächtigen Gegner zu widersetzen gewagt hatte. Es verwundert daher kaum, dass das politische Gleichgewicht des Tauantinsuyu auf wackligen Füßen stand und die Inkaherrscher ständig irgendwo in ihrem Imperium Revolten niederschlagen mussten. Permanent musste man nach neuen Strategien suchen, um das gigantische Gebiet zusammenhalten zu können. Eines dieser verbindenden Glieder sollte die gemeinsame Sprache, das Ketschua bilden, in der sich zumindest die politische und administrative Führungselite verständigte. Daneben existierten jedoch auch zahllose regionale Dialekte. Ketschua war vermutlich die Sprache der ältesten Stämme in der Gegend von Cuzco. Die Inka übernahmen sie und verbreiteten sie im gesamten Reich. (1975 wurde Ketschua neben Spanisch in Peru zur Amtssprache erklärt).
Die Inka entsandten viele königliche Beamte in die verschiedenen Teile des Reiches, damit sie der Bevölkerung die Sprache beibrachten, und die Söhne der Adligen, die die annektierten Provinzen regierten, besuchten in der Regel in Cuzco die Schule, um sich mit der Kultur der Inka vertraut zu machen.
Zu den politischen Strategien der Inka gehörte ferner das System der *mitmaccuna,* eine Zwangsumsiedlung, bei der man Gruppen oder ganze Völker zwang, ihre Heimat zu verlassen. Oft mussten sie sich in einem weit entfernten und bereits kolonisierten Gebiet niederlassen, damit sie sich die Sitten und Bräuche der Inka rasch aneigneten.

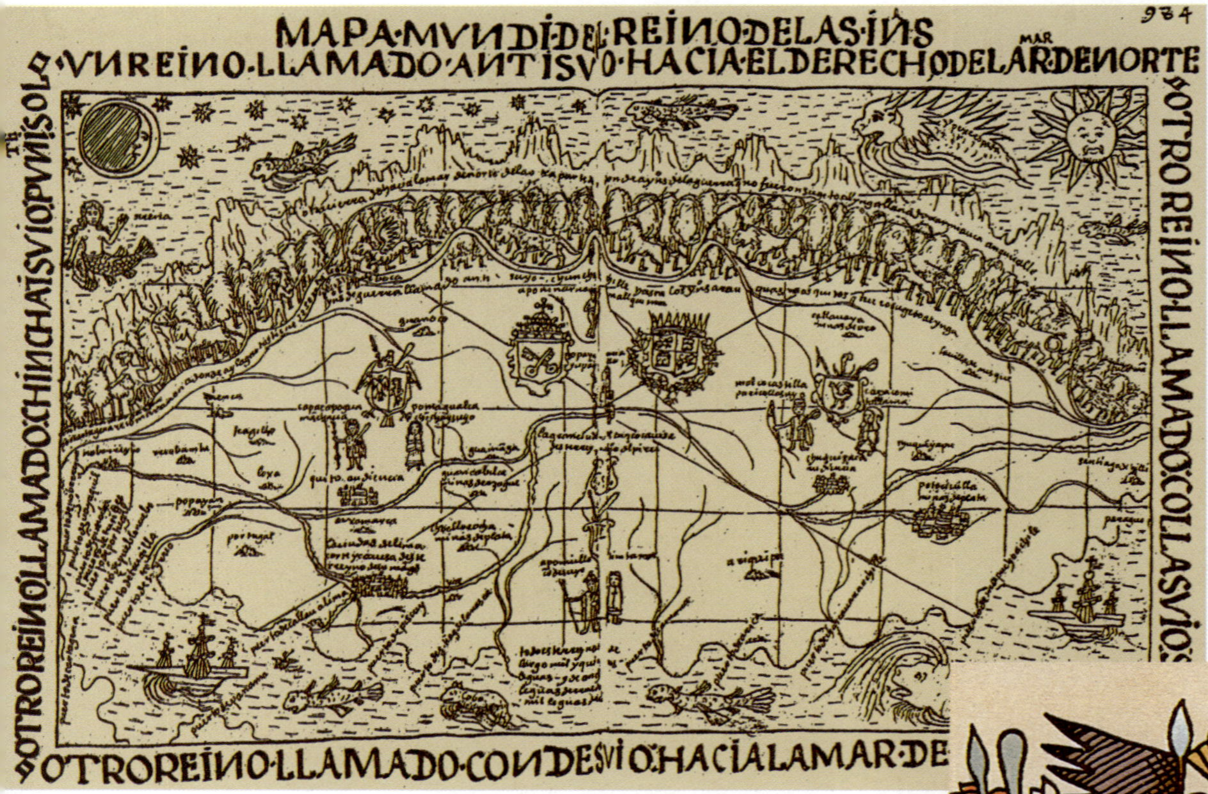

66 oben *Diese Karte zeigt das Inkareich. Das Wort „Inka" heißt auf Ketschua „Tauantinsuyu" und bedeutet „Reich der vier Weltgegenden". Das Imperium der Inka gliederte sich in vier Regionen,* suyu *(Chinchasuyu, Contisuyu, Collasuyu und Antinsuyu), die jeweils in einer Himmelsrichtung von der Hauptstadt Cuzco, dem „Nabel der Welt", entfernt lagen.*

66 unten *Eine Gruppe von Soldaten und Würdenträgern huldigt dem Herrscher. Der Inka sitzt auf dem Thron, der auf einer Art Podest steht und von einer mit Federn geschmückten Markise überdacht wird. Als Zeichen ihrer Machtposition tragen die Anwesenden Kopfputz und Ohrscheiben, die an den Schmuck des Helden Ñaymlap erinnern.*

67 rechts *Häufig boten die Inka junge Frauen als Gegenleistung für Gefallen, Bündnisse oder als Grundlage für Friedensverhandlungen. Auf dieser Zeichnung offeriert ein Würdenträger der Inka den Spaniern zu Beginn der Verhandlungen zwei Mädchen.*

Die staatlichen Beamten hatten den Auftrag, die Provinzen zu verwalten und Steuern einzutreiben. Zu diesem Zweck verwendeten sie einen *quipu,* ein Recheninstrument, das die Inka vielleicht von den Huari übernommen hatten. Der *quipu* bestand aus einem Bündel von Schnüren aus Wolle oder Baumwolle, das an einem Holzkreuz befestigt war. Mit einer bestimmten Abfolge von Knoten in den Schnüren konnte man Informationen fixieren und weitergeben. Als man begann, den Gebrauch des *quipu* systematisch zu untersuchen, stellte man fest, dass es mehrere Modelle gab, die sich voneinander unterschieden. Nur der Besitzer des *quipu,* der *quipucamayoc,* schien der Farbe und Länge der Schnüre die exakte Bedeutung zuordnen zu können.

67 unten links *Diese Federzeichnung zeigt die Speicher, in denen man die Nahrungsreserven des Tauantinsuyu lagerte. Sie hießen* collcas *und wurden von königlichen Beamten, den* suyuyoc, *verwaltet. Im Vordergrund erläutert ein* suyuyoc *dem Inka mithilfe des* quipu *die Bestände.*

67 unten Mitte *Diese Zeichnung von Poma de Ayala zeigt einen Verwaltungsbeamten des Inka. Er trägt zwei* quipu, *seine wichtigsten Arbeitshilfen. Der* suyuyoc *wurde aus den wichtigsten Vertretern* (apo) *jeder Provinz des Reiches gewählt. Das Wort* apo *kommt aus dem Ketschua und bezeichnet einen Stammeshäuptling.*

1910 entdeckte der Archäologe Locke, dass sich alle *quipu* in einer Hinsicht glichen: Die Schnüre stellten Zahlen dar und jeder Knoten stand für eine Zahl des Dezimalsystems. Nun wusste man, dass die *quipu* als Rechenhilfe dienten, mit der man Mengen bestimmen und festhalten konnte. Die Inka verwendeten sie in erster Linie, um Waren oder Tiere zu zählen.
Ein weitläufiges Straßennetz verband Cuzco mit den verschiedenen Provinzen und Städten und diese untereinander. Auch hier griff man auf das Erbe der Huari zurück, die bereits Wege entlang der Küste und in den Bergen angelegt hatten. Die *chasqui,* Kuriere der Inka, legten jeden Tag Dutzende von Kilometern auf engen Pfaden über schmale Brücken und in Steilhänge gehauene Stufen zurück und hielten nur gelegentlich bei einer Raststation, *tambo,* an.
Die Inka benutzten keine Tiere wie Maultiere oder Pferde zum Transport von Menschen oder Waren. Lediglich Lamas wurden hin und wieder als Lasttiere eingesetzt. Sie besaßen auch keine Wagen oder ähnliche Fortbewegungsmittel und hatten daher auch keine praktische Verwendung für das Rad, das sie gleichwohl kannten. Alles wurde ausschließlich von Menschen und zu Fuß befördert.
Die verschiedenen ethnischen Gruppen mussten die offizielle Staatsreligion annehmen und Inti (die Sonne) anbeten, wenngleich man ihnen erlaubte, weiterhin regionale Kulte auszuüben und der alten Schöpfergottheit Viracocha zu huldigen.
Im riesigen Heiligtum von Pachacamac an der Küste, das über Jahrhunderte Scharen von Pilgern angezogen hatte, errichtete man neben dem Viracochatempel einen neuen, der Inti, der Sonne, geweiht wurde.
Nicht nur die Götter, sondern auch der Inka selbst wurde verehrt, galt er doch als Verkörperung und Sohn der Sonne. Ähnlich den ägyptischen Pharaonen verherrlichte man den Inka demnach unabhängig von seiner absoluten politischen und religiösen Autorität. Er regierte mit Unterstützung seiner Schwestergattin, der Coya, und einer Fülle von Würdenträgern und Beamten, deren Aufgaben nach einem strikt hierarchischen System bis ins kleinste Detail festgelegt waren.
Sämtliche Ländereien des Reiches waren im Besitz des Inka, der sie dem Volk lediglich zur Nutzung überließ. Allerdings durften die Bauern selbst bestimmen, was sie anpflanzten, und auch vom Ertrag einen Teil für den eigenen Bedarf behalten.
Das völlige Fehlen von Privatbesitz gehört zu den Besonderheiten des Inkareiches und hat einige Forscher zu Vergleichen mit den sozialistischen Staaten der Moderne angeregt.

Eroberung und Fall des Inkareiches

68 *Im 18. Jahrhundert entstand dieses Porträt des 13. Inka, Atahualpa. Der heftige Erbfolgekrieg den er mit seinem Bruder Huáscar ausfocht, schwächte die politische Macht des Reiches und erleichterte den Spaniern die Eroberung.*

69 oben links *Dieses düstere Porträt zeigt Francisco Pizarro, der Atahualpa 1533 gefangen nehmen und töten ließ und damit das Ende des Inkareiches besiegelte.*

69 oben rechts *Diese Zeichnung zeigt die Gefangennahme von Huáscar. Die Hände des Königs sind auf dem Rücken gebunden; um den Hals trägt er einen Strick. Der Soldat mit der Lanze zur Linken des Herrschers bläst den* strombus, *um die Verhaftung zu verkünden.*

69 unten links *Diese Zeichnung zeigt die königliche Familie bei einem Ausflug in einer Sänfte mit federgeschmücktem Himmel.*

Nach dem Tod von Huáyna Cápac entbrannte im Jahr 1525 am Hof von Cuzco ein heftiger Erbfolgekrieg zwischen Huáscar, dem legitimen Sohn und designierten Thronfolger, und Atahualpa, einem unehelichen Kind, das der alte König mit einer Konkubine gezeugt hatte.
In diesem Zusammenhang gilt es festzuhalten, dass die Nachfolge im Tauantinsuyu nicht einfach dem Prinzip der Erstgeburt folgte, sondern die Mitglieder des Adels den Erben nach seinen Fähigkeiten und Verdiensten unter den zahlreichen Söhnen des Herrschers auswählten.
Um den Konflikt zu beenden, sprach man Huáscar den Thron von Cuzco zu, während Atahualpa über Quito, die zweitwichtigste Stadt des Reiches regieren sollte. Natürlich schwächte diese Situation die Macht des Königs und erleichterte den Spaniern die Eroberung des Reiches.
Der Anführer der Spanier, Francisco Pizarro, hatte bereits mehrere Erkundungsreisen entlang der Küsten von Ecuador und Kolumbien unternommen und war überzeugt, nun endlich kurz vor den Toren des sagenhaften El Dorado zu stehen, von dem die Einwohner von Darién berichtet hatten. Im Jahr 1527 kehrte er nach Spanien zurück, um dort das Geld aufzutreiben, das er für sein ehrgeiziges Projekt benötigte.
1532 brach Pizarro nach Peru auf, doch verfügte er über weniger Mittel und Leute, als er gehofft hatte. Lediglich 60 Soldaten mit Pferden und 110 Fußsoldaten begleiteten ihn, doch die Gier nach Gold trieb die Gruppe immer weiter vorwärts. Pizarro landete in der Stadt Tumbes, die er zehn Jahre zuvor als prosperierenden Ort verlassen hatte. Er bemerkte sofort die Veränderung, die sich in der Stadt vollzogen hatte. Leiden und Tod hatten aufgrund einer grassierenden Seuche und wegen des Krieges in Tumbes Einzug gehalten.
Die Indios kannten die Weißen nunmehr seit zehn Jahren und wussten, mit wem sie es zu tun hatten. Sie erklärten ihnen, dass sie in der weit entfernten Stadt Cajamarca den Herrscher Atahualpa finden könnten, der mit seinem Bruder um die Alleinherrschaft kämpfe.
Auf ihrem Weg nach Cajamarca stellten die Spanier fest, wie unzufrieden die Untertanen des Reiches mit Atahualpa waren, der ihnen hohe Steuern auferlegte und sie zwang, Kinder zu opfern, um die Götter zu seinen Gunsten gnädig zu stimmen. Dieser Umstand kam Pizarro überaus gelegen und er begriff sofort, dass er die Menschen problemlos dazu bringen konnte, sich gegen den Inka zu erheben.
Er verließ mit seinen Männern die Stadt und zog über die Andenpässe nach Cajamarca, wo Atahualpa bereits darauf wartete, die bärtigen weißen Männer zu begrüßen. Der Inka wollte den Spanier nach alter Inkasitte persönlich empfangen und bot Pizarro und seinen Männern auf dem Hauptplatz der Stadt große Goldpokale mit Bier an.
Am nächsten Tag stellten die Spanier dem Inka ungeachtet der Gastfreundschaft, die er ihnen entgegengebracht

hatte, eine Falle: Unter dem Vorwand, er habe Kreuz und Bibel den nötigen Respekt versagt, nahmen sie Atahualpa gefangen und töteten seine Begleiter.
Um seine Freiheit zu erkaufen, versprach Atahualpa den Spaniern, einen Saal des Palastes mit Gold zu füllen. Pizarro erklärte sich einverstanden und brachte auf diese Weise große Schätze an sich, die er unter seinen Leuten aufteilte.
Einige Zeit später töteten hohe Würdenträger und Anhänger von Atahualpa dessen Bruder Huáscar, den man des Verrats bezichtigte. Pizarro behauptete seinerseits, Atahualpa habe eine Rebellion anzetteln wollen. Er beschuldigte den Inka des Hochverrats und verurteilte ihn als Strafe für sein ketzerisches Verhalten zum Tod auf dem Scheiterhaufen.
Nach der Vorstellung der Inka durfte man Menschen jedoch keinesfalls verbrennen, weil man damit Körper und Geist für immer trennte. Atahualpa ließ sich daher zum Christentum bekehren, sodass man die Strafe umwandelte und ihn köpfte.
Die Mitglieder der königlichen Familie fielen in tiefe Verzweiflung und Pizarro versuchte, die Situation etwas zu beruhigen, indem er einen Angehörigen des Inka als Schattenkönig auf den Thron setzte. Zunächst wählte er für dieses Amt einen jüngeren Bruder Atahualpas, der jedoch kurz darauf vergiftet wurde, dann setzte er einen anderen Bruder, Manco Inca, ein. Nun konnten die Konquistadoren ungehindert nach Cuzco marschieren und dort all die Schätze an sich bringen, nach denen sie so lange gesucht hatten. Gierig plünderten sie

70 oben *Diese Zeichnung stammt von Guamán Poma de Ayala und zeigt die Ermordung des Inka Atahualpa durch die Soldaten von Francisco Pizarro.*

70 unten *Auch diese Zeichnung stammt von Guamán Poma de Ayala. Atahualpa wartet hier mit gefesselten Händen und Füßen auf seine Hinrichtung. Auf dem Kopf trägt er als Zeichen seiner Würde einen Schmuck aus* corequenque*-Federn. Zu seiner Rechten sitzt ein spanischer Wächter.*

70 rechts *Francisco Pizarro trifft in Cajamarca auf den Inka Atahualpa. Die Darstellung veranschaulicht den Versuch der Spanier, den Inka zum Christentum zu bekehren. Pferde waren bis zur Ankunft der Spanier in Peru unbekannt. Mit ihnen schüchterten Pizarros Soldaten das Volk und Atahualpas Armee ein. Mühelos gelang es Pizarro, den Inka zu verhaften.*

das Gold, dass die Wände des herrlichen Coricancha (Sonnentempel) zierte.
Der endgültige Fall des großen Tauantinsuyu, das bereits seit einiger Zeit wegen des internen Familienzwists instabil geworden war, ließ sich nun nicht mehr aufhalten und mit ihm ging die gesamte Kultur der Inka unter.
Die Spanier hatten gleichwohl den Kampf noch nicht endgültig gewonnen, denn einerseits widersetzten sich Manco Inca und seine Männer der feindlichen Macht, andererseits kam es in den eigenen Reihen zu heftigen Streitigkeiten.
Und so nahm das Schicksal seinen Lauf: Die beiden Anführer, Francisco Pizarro und Diego de Almagro, entzweiten sich und standen sich nun als Feinde gegenüber. Diego de Almagro wurde 1538 in der Schlacht bei Salinas gefangen genommen und erdrosselt. Sein Sohn ließ 1541 Francisco Pizarro ermorden. Die Nachfolger von Pizarro mussten sich weiterhin mit den bewaffneten Soldaten der Söhne von Manco Inca, Titu Cusi Yupanqui und Túpac Amarú, auseinander setzen.
Titu Cusi Yupanqui kannte die Spanier, seit er ein kleiner Junge war. Er wollte versuchen, einen neuen, von den Spaniern anerkannten und unterstützten Inkastaat aufzubauen. Sein utopischer Plan scheiterte jedoch kläglich, zumal sein Vater den Kampf schließlich aufgab, sich zum katholischen Glauben bekehrte und eine Chronik über die Ereignisse seit Ankunft der Spanier verfasste.
Túpac Amarú versuchte bis 1572, die weißen Männer zu vertreiben, dann wurde er gefangen genommen und geköpft.

Sein Tod markiert das Ende des mächtigen Reiches, das die Völker in den Anden für kurze Zeit beherrscht und seine politische, militärische und kulturelle Vorherrschaft institutionalisiert hatte.
Einige Chronisten haben detaillierte Berichte über die Geschichte des Imperiums verfasst, andere beschrieben – zumeist jedoch nur vage und bruchstückhaft – die von den Inka unterworfenen Völker. Die bedeutendsten Chronisten waren zweifellos Garcilaso de La Vega, Sohn eines spanischen Heerführers und einer Inkaprinzessin und Verfasser der *Comentarios Reales* („Königliche Kommentare"), sowie Guamán Poma de Ayala, der die *Primer Nueva Corónica y Buen Gobierno* („Das altperuanische Inkareich und seine Kultur") niederschrieb.

71 oben rechts *Dieses Gemälde stammt aus dem Jahr 1700 und zeigt den letzten Inka, Túpac Amarú, der 1572 den Spaniern in die Hände fiel und hingerichtet wurde.*

71 links *Dieser Stich von Theodor de Bry aus dem Jahr 1602 illustriert die Eroberung Cuzcos durch Pizarros Soldaten kurz nach Atahualpas Tod. Die Soldaten plünderten den berühmten Sonnentempel, den Coricancha. Heute existieren nur noch wenige Überreste aus jener Zeit, die meisten wurden in Kolonialgebäude integriert.*

71 unten rechts *Auf dieser Zeichnung sind Francisco Pizarro und Diego de Almagro zu sehen. Ursprünglich führten sie gemeinsam die spanischen Truppen an, doch dann zerstritten sie sich und wurden zu erbitterten Feinden. Beide kamen in den Wirren um, die der Tod von Atahualpa und der Fall des Inkareiches in den spanischen Reihen auslösten.*

Präkolumbische Kulturen in Ecuador und Kolumbien

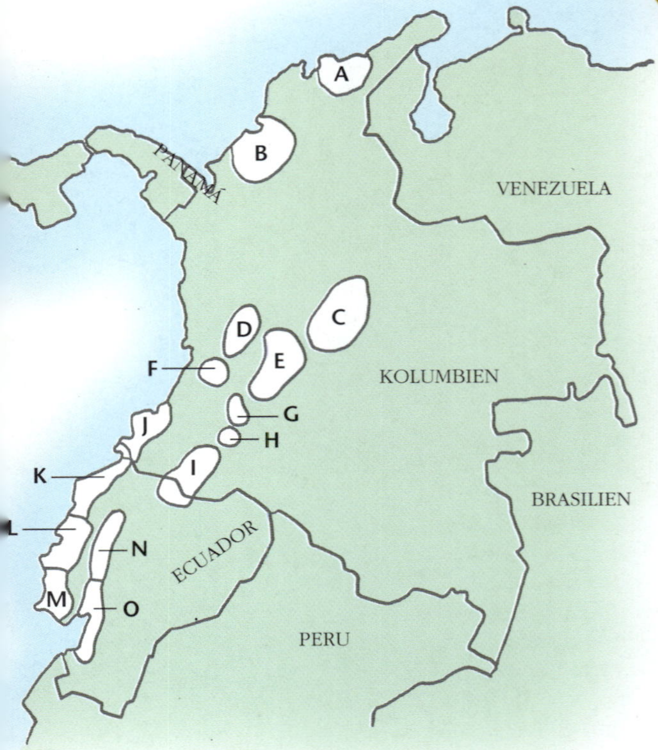

A Tairona
B Sinú
C Musica
D Quimbaya
E Tolima
F Calima
G Tierra Dentro
H San Augustín
I Nariño
J La Tolita
K Jama-Coaque
L Bahia
M Guangala
N Queuedo
O Milagro

Die archäologischen Studien zum präkolumbischen Andenraum erstrecken sich über ein großes Gebiet, das Peru, Bolivien, Ecuador und Kolumbien umfasst.
Von den Kulturen, die vor dem Aufstieg der Inka in Ecuador und Kolumbien blühten, existieren nur wenige bedeutende Überreste. Gleichwohl haben Töpferei und Metallbearbeitung ein hohes künstlerisches Niveau erreicht und profitierten von dem Austausch mit peruanischen Handwerkern, der sich – je nach Epoche – mehr oder weniger intensiv gestaltete. Leider gibt es keine schriftlichen Zeugnisse oder verlässliche historische Daten über diesen Zeitraum, sodass unsere Kenntnisse von den Völkern, die im Andenraum lebten, noch sehr gering sind. Es bleibt zu hoffen, dass künftige Studien die Lücken füllen werden.
Die präkolumbische Geschichte Ecuadors gliedert sich unter Berücksichtigung der archäologischen Funde in verschiedene Epochen: paläo-indianische Epoche, archaische Epoche, Formativum, Epoche des Regionalismus, Epoche der Integration und Inkazeit. An dieser Stelle soll die Entwicklung verschiedener Kulturen ab dem Formativum (um 4000 bis 200 v. Chr.) im Vordergrund stehen. Man unterteilt diese in drei Phasen. Die erste Phase (um 4000/3500 bis 1500 v. Chr.) steht in Zusammenhang mit der Valdiviakultur, deren Existenz der Archäologe Emilio Estrada 1956 nachwies. Die wichtigsten Funde dieser alten ecuadorianischen Kultur sind die Tonfigurinen, die als „Venus von Valdivia“ bekannt sind. Einige Jahre nach ihrer Entdeckung datierten Estrada und andere Forscher sie auf ca. 3000 v. Chr. Besondere Bedeutung kam ihnen zu, weil sie zum damaligen Zeitpunkt die ältesten Fundstücke der Neuen Welt darstellten. Erst 1990 entdeckte die Archäologin Anna Roosevelt deutlich ältere Terrakottafragmente im brasilianischen Marajódelta, die man auf ca. 6000 v. Chr. datiert.
1960 jedoch konnten Estrada und seine Kollegen die Existenz einer „formativen“ Kultur an der ecuadorianischen Küste belegen, die man dort bis dahin nicht vermutet hatte. Nach langjährigen Untersuchungen zum Typ und Stil der Valdiviafigurinen kamen Emilio Estrada und seine Kollegin Betty Meggers zu folgendem überraschenden Ergebnis: Die ecuadorianischen Tonwaren hatte man nicht vor Ort produziert, sondern sie waren vielmehr durch Kontakte zwischen ecuadorianischen Völkern und japanischen Seeleuten, die Gefäße der Jomonkultur transportierten, über den Pazifik in die Neue Welt gelangt. Natürlich widersprachen viele Wissenschaftler dieser Theorie, obgleich Estrada und Meggers ihre Behauptungen überaus sorgfältig und genau dokumentiert hatten.
Zu den Gegnern gehörte auch der berühmte Archäologe Donald Lathrap: Er hob den autochthonen Charakter der Fundstücke hervor, der nach seiner Auffassung direkt mit der bäuerlichen Valdiviakultur in Verbindung stand. Nachgrabungen und weitere Funde im Umland haben schließlich Lathraps Auffassung einer eigenständigen Entwicklung belegt.
Man geht davon aus, dass die Valdiviakultur in den fruchtbaren Tälern des Guayas und anderer kleiner Flüsse entstand, wenngleich es hierfür bis heute keine gesicherten Belege gibt. Dort stieß man jedoch auf Hütten und Löcher, in denen einst Pfähle gesteckt hatten. Man nimmt deshalb an, dass

72 oben Diese wundervoll gearbeiteten weiblichen Figurinen mit ausgefallener Frisur halten Säuglinge in den Armen. Das Thema der Mutterschaft wurde in der Bahiakultur relativ häufig aufgegriffen.

72 unten Dieser Kopf ist ein erlesenes Beispiel der Töpferkunst von La Tolita. Er wirkt schlicht, aber die Gesichtszüge wurden perfekt modelliert.

73 Diese eigentümliche Keramikfigur wird der ecuadorianischen La-Tolita-Kultur zugerechnet, deren Zentrum auf einer Insel im Mündungsbereich des Río Santiago lag. Darstellungen von Menschen und Göttern findet man häufig bei den hochwertigen Tongefäßen von La Tolita. Diese sitzende Figur stellt eine Art Schutzgott der Schlangen dar.

der bewohnte Bereich in einer ovalen Umfriedung lag und vollständig aus vergänglichen Materialien wie Gräsern und gestampfter Erde bestand. Für das Dach band man vermutlich Palmblätter zusammen.
Überreste eines Dorfes der gleichen Kultur entdeckte man auch in Rio Alto. Die Siedlung umfasste sieben Gebäude, einen Platz und zwei künstliche Aufschüttungen, die vermutlich kultischen Zwecken dienten. Die Bewohner von Valdivia und Rio Alto jagten, fischten und fingen Weichtiere. Später bauten sie auch Mais, Kürbisse, Bohnen, Baumwolle und Yucca an, sodass man die Dörfer als erste bäuerliche Gesellschaften Ecuadors bezeichnen kann.
Die Machalillakultur entstand in Ecuador während der zweiten Phase des Formativums, zwischen 1500 und 1200 v. Chr. Diese Kultur produzierte Tongegenstände wie Töpfe mit Rand, die sich von den einfachen kürbisförmigen, mit Rauchschwärztechnik verzierten Gefäßen der Valdiviakultur deutlich unterschieden.
Aus der Machalillakultur stammen die ersten ecuadorianischen Beispiele für Gefäße in Tier- oder Pflanzenform, die jenen der peruanischen Mochekultur nicht unähnlich sind. Über den Ursprung von Machalilla streiten die Forscher noch immer: Man fand Tongefäße aus der Machalillakultur in einer Schicht direkt über Tonwaren aus der Valdiviakultur, was auf ein chronologisches und stilistisches Kontinuum schließen lässt.
Dennoch glauben einige Wissenschaftler, dass die Gefäße aus der Machalillakultur von einer anderen Kultur importiert wurden. Estrada, Meggers und Lathrap vertreten zum Beispiel die Auffasung, dass sie aus Mesoamerika stammen, doch steht bis heute noch nicht fest, ob die Kultur- und Handelskontakte über den See- oder den Landweg zustandekamen.
Der Stil der Gefäße der Machalillakultur entwickelte sich während der letzten Phase des Formativums (1200 bis 200 v. Chr.) weiter und floss dann in die Chorrerakultur ein.
Diese entstand in der Küstenregion und verbreitete sich von dort über die

74 Das Bild zeigt ein fein gearbeitetes Tonobjekt aus der Jama-Coaque-Kultur. Es handelt sich um einen pyramidenförmigen Tempel, auf dem eine Frau, vielleicht eine Priesterin, thront. Die Außenseite wurde mit eleganten Reliefverzierungen bedeckt, die ursprünglich farbig bemalt waren.

Sierra. Die organisierte bäuerliche Gesellschaft unterhielt Handelsbeziehungen bis ins weit entfernte Chavín de Huántar in Peru und zur kolumbischen Calimakultur. Zu den wichtigsten Tauschwaren gehörten Klappmuscheln. Sie galten als Nahrungsmittel der Götter und als Fruchtbarkeitssymbol. Die Chorrera lebten in Dörfern mit Häusern, die auf künstlichen Aufschüttungen standen und sich um einen großen freien Platz gruppierten, auf dem man Märkte und religiöse Zeremonien abhielt. Die Töpfer entwickelten die Formen und Gefäßtypen der Machalillakultur weiter; sie vergrößerten die Bandbreite symbolischer Bilder und perfektionierten die Darstellung menschlicher Köpfe und Körper.

Während der Epoche des Regionalismus (300 v. Chr. bis 500 n. Chr.) bildeten sich einige für Ecuador typische kulturelle Charakteristika heraus. Zunächst entstanden zahlreiche kleine Reiche, in denen Angehörige einer Eliteschicht die Herrschaft übernahmen. Anschließend entwickelten sich Kultformen, die in den Dörfern mehr und mehr zu einer institutionalisierten Religion mit Ritualen und Zeremonien wurden. Schließlich begannen die Handwerker, Metall zu bearbeiten und schufen damit die Grundlage für die Schmuckproduktion, die zu den wichtigsten Ausdrucksformen der ecuadorianischen Kunst zählt.

Bis heute entdeckte man eine Reihe größerer Zentren und viele Begräbnisstätten aus jener Zeit. Die Grabbeigaben zeigen, dass eine soziale Hierarchisierung stattgefunden hatte und auch die Handwerke sich nunmehr in unterschiedliche Bereiche gliederten. Auf einer Insel im Mündungsbereich des Río Santiago stieß man auf die Ruinen des bedeutenden Zeremonialzentrums La Tolita. Hier entwickelte sich gegen Ende des Formativums und zu Beginn der Epoche des Regionalismus die gleichnamige Kultur. Zahlreiche Funde weisen auf den großen Einflussbereich der La-Tolita-Kultur hin, der sich von der Nordküste Ecuadors bis zur Südküste von Kolumbien erstreckte, dort allerdings die Bezeichnung „Tumaco" erhielt.

Andere Zeremonialzentren in der mittleren Küstenregion von Ecuador werden verschiedenen Kulturen zugerechnet, unterhielten jedoch Handelsbeziehungen zu La Tolita. Zu

75 oben *Dieses elegante Gefäß im Mantena-Stil zeigt eine männliche Figur in wirklichkeitsgetreuer Darstellung. Sie trägt einen wuchtigen Kopfschmuck und hat mandelförmige Augen und eine große Nase. Geometrische Motive, die an Tätowierungen oder rituelle Bemalungen erinnern, bedecken die rechte Körperhälfte.*

75 unten *Dieses schildkrötenförmige Gefäß stammt aus der Chorrerakultur, weist aber große Übereinstimmungen mit Tonwaren von der Nordküste Perus auf. Archäologen konnten nachweisen, dass bereits zu einem sehr frühen Zeitpunkt Kultur- und Handelskontakte zwischen Peru und Ecuador existierten.*

ihnen gehörte zum Beispiel die Jama-Coaque-Kultur. Zur Bahia-Kultur zählten einige halbstädtische Zentren mit großen künstlich angelegten Plattformen, auf denen sich vermutlich Tempel erhoben.
Deutlich wirkte sich der Stil der Küste auf Cerro Narrio, eine der Sierrakulturen, aus. Die Zeremonialzentren dieser Kultur, die während der Epoche des Regionalismus blühte, betrieben intensiv Handel miteinander und entfalteten künstlerische und ökonomische Aktivitäten, die die Wirtschaft ankurbelten. Im Lauf der Jahrhunderte gestalteten sich die Verbindungen immer intensiver, bis die typischen politischen und sozioökonomischen Strukturen der Epoche der Integration Form annahmen.
Diese Ära (550 bis 1480) verdankt ihren Namen einem charakteristischen politischen Phänomen: Die zahlreichen kleinen Küstengemeinschaften, die bis dahin der Verwaltung von Kaziken unterstanden, schlossen sich nun zu größeren Königreichen zusammen, während die Siedlungen der Sierra nunmehr komplexe, straff organisierte Zentren unter der Führung eines einzelnen Herrschers bildeten.
Einige spanische Chroniken illustrieren diese bedeutende Entwicklung, die sich insbesondere an drei Neuerungen manifestierte: Zum einen begann man, Tributzahlungen in Form

Die kleinen Staaten Puruha und Canarí in der Sierra, die große Steinkonstruktionen errichteten, mussten sich 1490 als Erste gegen den Ansturm der Inkatruppen wehren. Nachdem Tupac Yupanqui mehrere vergebliche Eroberungsversuche unternommen hatte, gelang es Huáyna Cápac nach einer langen und blutigen Belagerung, diese Völker zu unterwerfen. Die Inka etablierten sich dadurch als Hegemonialmacht, die fast 40 Jahre lang über Puruha, Canarí und die benachbarten Reiche herrschen sollte. Das weitläufige Gebiet, das heute zu Ecuador gehört, war zum damaligen Zeitpunkt ein kleiner Teil des gewaltigen Inkareiches.
Zu dieser Zeit entstanden mehrere wichtige Zentren und Festungen, wie zum Beispiel Cápac Nan, Tomebamba und die berühmte Burg von Inga Pirca in der Gegend von Canarí. Quito, die heutige Hauptstadt von Ecuador, erlangte große strategische und religiöse Bedeutung, doch gibt es aus jener Zeit keine aussagekräftigen Spuren.
Bekannt ist lediglich, dass in der letzten Phase des Inkareiches zwei Könige regierten, wobei Atahualpa Stellung in Quito bezog und sich zum Herrscher über die Stadt erklären ließ.

77 ***oben*** *Diese Figur eines dicken Mannes, ein* poporo *aus der Quimbayakultur, trägt eine einfache Kopfbedeckung und Schmuck, unter anderem den für die präkolumbische Kulturen von Peru typischen Nasenschmuck, die* nariguera. *Solche Figuren sind meist nackt, wie es dem Ritual entsprach, das sich mit dem Genuss der Kokablätter verband.*

77 ***unten*** *Diese goldene Maske der Quimbaya diente ursprünglich als Gefäß. Von den Schmuckstücken, die die dargestellte Person einst zierten, sind nur die* nariguera *und die Kopfbedeckung mit dem kleinen Jaguar erhalten. Die Linien auf Kinn und Wangen sind Spuren von rituellen Opferzeremonien.*

76 *Die kolumbische Quimbayakultur brachte künstlerisch und handwerklich hochwertige Goldschmiedearbeiten hervor, die trotz ihrer komplexen Symbolik leicht und fein wirken. Der abgebildete Brustschmuck bildet einen Kontrast zu den üblichen Darstellungen des* tumi, *obwohl die typischen Elemente – der ausladende Kopfschmuck, die anthropo-zoomorphe Gestalt mit Flügeln und die kleinen Begleiter – nicht fehlen.*

von Arbeit oder Nahrungsmitteln an die jeweils Regierenden zu entrichten, zum anderen bildete sich ein Verbund von Kaufleuten, die zur See fuhren und mit ihren Waren die gesamte Pazifikküste bereisten; und schließlich baute man große Plattformen aus Erde, so genannte *tolas*.
Viele Wissenschaftler sind der Meinung, dass diese strukturellen Veränderungen die Basis für einen Staat schufen, der entstanden wäre, wenn die Inka nicht nach Ecuador vorgedrungen wären und den Prozess dadurch gestoppt hätten.
Die wichtigste Kultur der Epoche der Integration war die Mantenakultur, die sich über die gesamte Küstenregion ausdehnte und viele Zeugnisse, insbesondere Steinskulpturen, Schmuck und Stoffe hinterließ. Im Hinterland der Küste entwickelte sich die ebenfalls bedeutende Milagro-Quevedo-Kultur, die „Geldäxte“ als Tauschmittel im Handel verwendete.

Alltag, Kunst und Religion der Andenvölker

78–79 *Die Goldschmiede der ecuadorianischen La-Tolita-Kultur schufen kraftvolle Objekte wie diese Maske aus gehämmertem Goldblech. Vermutlich hängte man sie in einem dem Sonnengott geweihten Zeremonialbereich frei schwingend auf und sorgte auf diese Weise für die symbolische Anwesenheit des Sonnengottes.*

Wirtschafts- und Gesellschaftsstruktur

__80 oben__ Dieses Tongefäß der Chimú zeigt einen Flötenspieler mit einem jungen Lama auf dem Rücken. Lamas Hunde und Meerschweinchen zählten zu den wenigen Haustieren der präinkaischen Zeit.

__80 unten__ Diese bemerkenswerte Tonflasche stammt aus der Nazcakultur und hat die Form einer Frau mit bemaltem Gesicht. An einer Schnur führt sie ein Lama mit sich.

Über Peru gibt es aus der Zeit vor der Inkaherrschaft keine schriftlichen Quellen. Deshalb kann man über den Alltag der Andenvölker jener Zeit nur Vermutungen anstellen. Gleichwohl lassen die Verzierungen der verschiedenen Keramiken Rückschlüsse zu, die das tägliche Leben, Behausungstypen und Bekleidung, insbesondere die Kriegsausrüstung, betreffen.
Die in diesem Zusammenhang aufschlussreichsten Funde stammen aus den Kulturen der Nazca und der Mochica, die sich zwischen 200 und 800 an der Süd- bzw. Nordküste von Peru entwickelt haben. Die auf den Gefäßen dargestellten Personen und Szenen stehen meist mit religiösen Riten und Kulten in Verbindung, es gibt jedoch auch einige Bilder von Männern und Frauen, die häusliche Arbeiten verrichten oder ein Handwerk ausüben.
Viele Gefäße der Mochica zeigen Krieger und Gefangene, dagegen wird das Thema Krieg auf den Keramiken der Nazca in erster Linie über so genannte Trophäenköpfe wieder-

80–81 *Der bemalte hölzerne Keru aus der Gegend des Titicacasees veranschaulicht, wie die Inka ihre Felder bestellten. Kerus waren typische Zeremonialgefäße der Inkazeit.*

81 oben *Auf dieser Abbildung schaut eine stilisierte Figur aus einem Gefäß heraus, das die Form eines Kürbisgewächses hat.*

81 unten *Diese Inkafigurine hat die Form eines Mannes, der einen* aryballo, *eine Art Amphore, auf dem Rücken trägt. In diesen Gefäßen transportierte man Wasser oder andere Getränke, zum Beispiel* chicha, *ein bierähnliches Gebräu. Über der Brust des Mannes hängt ein weiterer Behälter, vielleicht für Kokablätter.*

gegeben. Sie zeugen von einem Kult, dessen wichtigster Bestandteil die rituelle Enthauptung von Opfern war. Besonders häufig stößt man auf Bilder von Fischern mit Fischen oder Netzen. Sie verweisen auf die wichtigste Einnahmequelle und Lebensgrundlage der Küstenvölker. Es gibt jedoch durchaus auch Darstellungen von Jägern, die für die Jagd von Hirschen oder Wölfen ausgerüstet sind, sowie von Schäfern mit ihren Lamas. Interessant sind auch Szenen mit Musikanten, in der Regel mit Blasinstrumenten, und vor allem die seltenen Bilder, die die Mutterschaft illustrieren. Oftmals bereitet es Schwierigkeiten, religiös-rituelle Aspekte von alltäglichen Situationen zu unterscheiden.

Diese kurze Zusammenfassung ist natürlich nicht vollständig und beleuchtet lediglich einen kleinen Ausschnitt des Lebens innerhalb der antiken andinen Gesellschaften.

Zur Inkazeit gibt es dagegen geradezu eine Überfülle von historischen Quellen, denn die spanischen Chronisten des 16. Jahrhunderts haben das „Reich der vier Weltgegenden“ bis ins kleinste Detail beschrieben. Dabei haben sie nicht nur den Hof und das Leben der herrschenden Elite berücksichtigt, sondern auch die unteren Klassen mit ihren Sitten und Bräuchen ins Visir genommen. Wenn man ihre Texte liest, insbesondere die von Garcilaso de la Vega und von Guamán Poma de Ayla, so mag man sich darüber wundern, wie straff das Imperium in sozialer und ökonomischer Hinsicht gegliedert war und welche Autorität die Untertanen dem Herrscher, dem Gesetz und den staatlichen Organen zuerkannten. Eine zentralistische Regierung kontrollierte das Privatleben jedes Einzelnen, aber auch die Arbeit, mit der er seinen Lebensunterhalt verdiente und zum Allgemeinwohl beitrug. Viele Wissenschaftler vergleichen aus diesem Grund das politische System des Inkareiches mit dem totalitärer sozialistischer Staaten.

Keimzelle der Gesellschaft war die Familie, vor allem aber der *ayllu,*

82 oben *Auf dieser Zeichnung übergibt ein junger Inka der Familie seiner zukünftigen Gattin Geschenke. Für das einfache Volk galt das Gesetz der Monogamie.*

eine Art patrilinearer Clan. Er bestand aus einer Gruppe von Familien mit einem gemeinsamen Stammvater, die zusammen lebte und arbeitete.
Die Wirtschaft der Inka ruhte vorrangig auf der Landwirtschaft. Es gab zwar kein Geld, doch die Erträge und Produkte gelangten durch Tauschhandel und vor allem durch die Tribute, die man dem Herrscher und seinen hohen Beamten zu entrichten hatte, in die verschiedensten Teile des Reiches.
Bei seiner Heirat erhielt jeder männliche Erwachsene ein Stück Land, ein *topo*. Seine Größe hing unter anderem von der Fruchtbarkeit des Bodens ab und wurde nach Auskunft von Garcilaso de la Vega bei der Geburt eines oder mehrerer Söhne jeweils erweitert.
Wenn sein Gesundheitszustand es zuließ, konnte der Bauer das Land nutzen, bis er 50 Jahre alt wurde. Das Familienoberhaupt durfte einen Teil der Ernte behalten, um davon seine Familie zu ernähren, doch ging das Feld selbst nie in seinen Besitz über. Alles Land gehörte zu jeder Zeit ausschließlich dem Inka, der auch der Hauptnutznießer der Erträge blieb. Der Tribut wurde entweder in Form von Naturalien oder als Fronarbeit entrichtet.
Im *ayllus* herrschte ein starkes Gemeinschaftsgefühl: Alle Männer bauten zusammen die Hütten für frisch

82 unten *Auf diesem Bild bestellt eine Familie das Land, das der Inka dem Familienvater zugeteilt hat. Im Inkareich gab es keinen Privatbesitz, sondern nur staatliches Eigentum, das kollektiv bewirtschaftet wurde.*

verheiratete Paare, und wenn einer von ihnen Wehrdienst leisten oder an öffentlichen Arbeiten teilnehmen musste, waren die übrigen Mitglieder des Clans verpflichtet, seine Aufgaben zu übernehmen und für seine Familie zu sorgen. Die Männer bewirtschafteten die Felder mit einem primitiven Gerät, einer Art Handpflug, *taclla*. Auch nach der Eroberung durch die Konquistadoren weigerten sich die meisten Bauern, Pflug und Ochsen einzusetzen.
Niemand im Tauantinsuyu war ohne Beschäftigung, zumal es fast unmöglich war, sich den permanenten strengen Kontrollen der zentralen Verwaltung zu entziehen. Nur Kranke und Behinderte blieben von der harten

Feldarbeit verschont und erhielten Hilfe und Unterstützung.
Neben den Bauern gab es noch eine andere Gruppe von Tributpflichtigen: die Handwerker. Goldschmiede, Weber, Töpfer und andere Handwerker mussten einen Teil ihrer Waren abgeben, waren aber ansonsten von allen Verpflichtungen gegenüber dem Herrscher befreit.
Die prosperierende Wirtschaft des Inkareiches, die im Wesentlichen auf der Landwirtschaft beruhte, mag auf den ersten Blick nicht weiter erstaunen, wenn man die gewaltige Ausdehnung des Gebietes bedenkt. Man darf jedoch nicht vergessen, dass sich große Teile des Territoriums nicht zur Bebauung eigneten, weil sie unwegbar, steinig oder nicht zu bewässern waren. Außerdem verwendeten die

83 links *Nach der Ernte im Juli brachten die Bauern einen Großteil des Ertrages zu Fuß oder mit dem Lama zu den Speichern des Inka. Nur eine kleine Menge durften die Familien für den eigenen Bedarf behalten.*

83 rechts *Die Landwirtschaft bildete die Haupteinkommensquelle und Lebensgrundlage der Inka. Auf diesem Bild sieht man Männer, die landwirtschaftliche Produkte zu den staatlichen Speichern bringen. Alle erwachsenen Familienoberhäupter waren tributpflichtig. In der Bildmitte ist ein Beamter zu sehen, der das Geschehen beobachtet, damit kein Bauer zu wenig abliefert.*

TRAVAXOS
PAPA ALLAIMITAPA
tha pento haucay ausqui quilla
labrador
pachaca

Inka, wie bereits erwähnt, nur sehr primitive Geräte, und sie hatten keine Werkzeuge aus Eisen. Gleichwohl gelang es ihnen, dieser Probleme Herr zu werden, zum einen dank ihrer straffen Arbeitsorganisation, zum anderen aufgrund ihrer Fähigkeit, Terrassenbau und Bewässerungstechniken, die man meist von älteren Kulturen übernommen hatte, weiter zu entwickeln.
In den vorangegangenen Kapiteln wurden bereits die ausgefeilten Bewässerungssysteme der Mochica und der Huari erwähnt, auf die die Inka zurückgriffen, um die größtmögliche Fläche ihres Territoriums in kultivierbares Land zu verwandeln. Die wichtigsten Nutzpflanzen, die auch die Ernährungsgrundlage der Bevölkerung bildeten, waren Kartoffeln, Mais, Quinoa (fälschlich auch „Bergreis" genannt) sowie Bohnen, Kürbisgewächse und Schoten wie Paprika und Peperoni. Die Kartoffel, von der es heute rund 300 Arten gibt, stammt vermutlich aus der Region des Titicacasees. Sie gedeiht in bis zu 4000 Metern Höhe und ist relativ frostbeständig. *Chuno,* die Trockenkartoffel, zählt auch heute noch zu den Hauptnahrungsmitteln im Andenraum.
Mais verträgt das raue Klima der Hochebenen dagegen nicht und wur-

84 *Auch die Frauen eines* ayllu *verrichteten schwere Feldarbeit. Ein Teil der Ernte diente dem täglichen Bedarf, den Rest musste die Gemeinschaft dem Inka als Tribut zahlen.*

85 oben *Guamán Poma de Ayala berichtet ausführlich von der Landwirtschaft und geht dabei auf jeden einzelnen Monat des Jahres ein. Diese Zeichnung gehört zum Januar und zeigt Bauern bei der Feldarbeit. Sie benutzen kurze Sicheln, die zum Teil auch heute noch in Peru verwendet werden.*

85 Mitte links *Dieses Bild von Guamán Poma de Ayala bezieht sich auf den Oktober. Ein mit einer Schleuder bewaffneter Mann versucht Vögel aus dem Maisfeld zu vertreiben, auf dem die jungen Pflanzen keimen. Der Kleidung zufolge handelt es sich nicht um einen Bauern, sondern vermutlich um einen Schamanen.*

85 Mitte rechts *Aufgrund der geographischen Gegebenheiten legten die Inka ihre Felder oftmals terrassenförmig an.*

85 unten *Hier bewässert eine Bäuerin ihr Land während der bäuerlichen und religiösen Festlichkeiten, die alljährlich im November stattfanden. Durch ein Rohr strömt das Wasser aus dem Speicher.*

86 oben links *Hier bringt ein Krieger dem Sonnengott Inti das traditionelle Trankopfer dar, bevor er in die Schlacht zieht.*

86 oben rechts *Dieses wundervolle Gefäß aus der Sicánkultur zeigt zwei Figuren, die* chicha, *ein bierähnliches Gebräu aus vergorenen Maiskörnern, zubereiten. Um den Gärungsprozess zu beschleunigen, wurden die Körner lange Zeit gekaut.*

86 unten links *Dieser schön gestaltete Teller mit Griff wurde bei speziellen Zeremonien verwendet, die vermutlich mit dem Fruchtbarkeitskult in Verbindung standen. Auf dem Teller liegen Maiskolben aus der Inkazeit.*

de deshalb vor allem in den wärmeren Talregionen angebaut, wo er besser reifte. Genau wie die mesoamerikanischen Völker räumten auch die Menschen in Peru diesem Gewächs eine Bedeutung ein, die weit über seine bloße Funktion als Nahrungsmittel hinausging, knüpfte sie doch an uralte Mythen und heilige Riten an. Aus Mais braute man auch eine Art Bier, die *chicha,* die man in der Regel zum Abschluss der Mahlzeiten trank.

Bereits kurz nach ihrer Ankunft in der Neuen Welt erfuhren die Spanier von einem eigenartigen Gewächs, der *cuca,* die geradezu magische Eigenschaften besitzen sollte. Es han-

87 oben rechts *Diese kleine beschnitzte Holzplatte stammt aus der Tiahuanaco-Huari-Kultur. Man gab das Pulver von Pflanzen, die Halluzinationen hervorriefen, darauf und schnupfte es über einen Halm oder über einen dünnen Schlauch.*

87 unten rechts
Auf diesem Bild von Guamán Poma de Ayala kauft ein an seiner Kleidung erkennbarer hoher Würdenträger Kokablätter von einem Händler. Für den Genuss von Kokablättern galten strenge Regeln.

86 unten rechts
Mais war die am weitesten verbreitete Kulturpflanze im Andenraum. Auf der Zeichnung bringt eine Bäuerin die Ernte ein, während ein Mann die Vögel von den Pflanzen vertreibt. Aus Maiskörnern bereitete man auch ein schwach alkoholisches Getränk, die chicha, *die man bei festlichen Anlässen reichlich genoss.*

87 oben links *Dieses wollene Täschchen, diente zur Aufbewahrung von Kokablättern. Im mittleren Teil sind die langen Fransen mit kleinen stilisierten Lamas verziert. Die Andenvölker kauten Kokablätter bei bestimmten Zeremonien. Um die berauschende Wirkung zu steigern, mischten sie die Blätter mit Kalk.*

delte sich um die Kokapflanze, die verschiedene Völker bereits vor Urzeiten in den feuchten und heißen Regionen von Peru anbauten. Ihre Blätter enthalten stimulierende Substanzen; kaut man sie, so vertreiben sie Hunger, Durst und Müdigkeit.
Die Würdenträger und Priester des Inkareiches durften diese Droge konsumieren, ein Privileg, das man dem einfachen Volk nur in Ausnahmesituationen gewährte. Zahlreiche archäologische Funde belegen, wie alt die Tradition des Kokagenusses im Andenraum ist: Keramiken präinkaischer Kulturen, zum Beispiel der Mochica, zeigen Gestalten mit geweiteten Pupillen und dicken Wangen. Vermutlich handelt es sich um Schamanen, die halluzinogene Stoffe zu sich nahmen, um sich in Trance zu versetzen. Diese Sitte wurde bis zum späten Horizont beibehalten.
Als die Spanier nach dem Fall des Inkareiches herrschten, liberalisierten sie den Konsum von Kokablättern. Jeder kam nun – gegen Bezahlung – in den Genuss der Droge, die sich für die Spanier zu einer einträglichen Ware entwickelte.
Neben dem Ackerbau betrieben die Andenvölker der Hochebene auch Viehzucht, vorrangig mit Kamelarten wie Lama, Alpaka und Vikunja. Ob-

88 links *Dieser Jäger macht mit der Schleuder Jagd auf Vögel. Die Jagd spielte eine bedeutende Rolle, da sie die Fleischversorgung der Menschen sicherte.*

88 oben rechts *Mit den Spaniern gelangten viele bisher unbekannte Haustiere wie Schweine, Rinder, Pferde und Schafe nach Amerika. Auf diesem Bild sieht man zwei Lamas, die von den Peruanern als Fleischlieferanten, vor allem aber wegen ihrer Wolle gezüchtet wurden.*

gleich das Fleisch dieser, von den Spaniern als „Peruschafe" bezeichneten Tiere köstlich schmeckt, züchtete man sie in erster Linie der Wolle wegen. Zum Lasttier eigneten sie sich kaum, denn es fehlte ihnen die Kraft und Ausdauer von Eseln oder Maultieren, sodass man sie nur mit leichter Fracht beladen konnte.
Im Küstengebiet und an den Ufern des Titicacasees deckten die Menschen ihren Eiweißbedarf durch den Verzehr von Meeresfrüchten und Fisch; anderenorts verspeiste man Meerschweinchen und Enten, die man als Haustiere hielt. Diese beiden Tierarten waren bisher in Europa unbekannt und gelangten erst mit den Spaniern im 16. Jahrhundert in die Alte Welt.
Viele Pflanzen und Tiere bildeten nicht nur die unverzichtbare Lebensgrundlage der Andenvölker, sie hatten auch eine magische und religiöse Bedeutung, die der Kultur und Mentalität der Menschen im präkolumbischen Amerika entsprach. Auf den Keramiken der ältesten Kulturen sieht man sie häufig in ihrer eigentlichen Gestalt oder als Götter. Einige Pflanzen,vor allem der Mais, stehen oft in Verbindung mit anthropomorphen Monsterwesen, bei denen es sich vermutlich um die Schutzgötter der Pflanze handelt. Das Bild des Kürbisses verknüpft sich mit dem der peruanischen Erdmutter Pacha Mama, einer Natur- und Fruchtbarkeitsgöttin.
Bis heute rätselt die Wissenschaft über die Rolle der Frau in der Inkagesellschaft. Es gibt zwar verschiedene Theorien zu diesem Thema, doch gehen die meisten davon aus, dass zwischen Männern und Frauen eine Art von Gleichberechtigung herrsch-

te. Vermutlich hüteten die Frauen nicht nur das Haus, sondern beteiligten sich an allen Tätigkeiten. Gemeinsam mit den Männern bestellten sie die Felder, webten oder stellten handwerkliche Produkte her. Lediglich in den letzten Monaten der Schwangerschaft waren die Frauen von den schwersten Arbeiten befreit, blieben aber nicht untätig. Die Geburt eines Kindes war bei den Inka ein bedeutendes Ereignis, denn jedes Kind stellte eine potenzielle Arbeitskraft dar, von der alle profitierten. Abtreibung galt dementsprechend als schweres Verbrechen, das mit dem Tod bestraft wurde. Häufig unterstützte der Ehemann seine Frau bei der Entbindung moralisch, indem er fastete und betete. Zur Niederkunft suchte die Schwangere in der Regel ohne Begleitung einen abgelegenen Ort auf; unmittelbar nach der Geburt wusch und reinigte sie sich und das Neugeborene in fließendem Gewässer. Einige Zeit später fand ein großes Familienfest statt, bei dem man dem Säugling Nägel und Haare schnitt. Das Kind erhielt Geschenke von Verwandten und Freunden, die ihm gute Wünsche für die Zukunft mit auf den Weg gaben.

Auch den Übergang vom Kind zum Erwachsenen beging man feierlich: Für die Jungen fiel dieses Ereignis mit dem 14. Geburtstag zusammen, der im Rahmen einer offiziellen Zeremonie zelebriert wurde. Für die Mädchen veranstaltete man dagegen zu Hause ein Fest mit Freunden und Verwandten, sobald sie zum ersten Mal menstruierten.

Im Unterschied zu den Azteken, bei denen auch Kinder der unteren Klasse die Schule besuchten, hatten im Tauantinsuyu nur die Mitglieder der Elite Zugang zum Bildungssystem. Die Aufgabe der Übrigen erschöpfte sich darin, von ihren Eltern zu lernen, wie man das Feld bestellte oder ein Handwerk ausübte. Der Inka vermied jede Aufweichung der rigiden Klassenstruktur: Er befürchtete, Bildung und Wissen könnten Rebellionen auslösen und letztlich seine Macht untergraben.

Zwischen den Schichten bestanden jedoch noch weitere grundlegende Unterschiede. Unter anderem galt für das Volk das Gesetz der Monogamie, während man stillschweigend duldete, dass die Mitglieder der Oberschicht polygam lebten. Eheschließungen waren natürlich erwünscht, weil man durch sie Land zum Bewirtschaften erhielt. Nur selten waren die jungen Männer älter als 25, wenn sie sich eine Frau nahmen; die Mädchen heirateten meist mit 15 bis 20 Jahren. In einigen Gebieten des Reiches durften Paare unverheiratet zusammenleben, weil dies als eine Art „Ehe auf Probe" galt. Verstanden sich die jungen Leute nicht, trennten sie sich wieder. Gemeinsam gezeugte Kinder blieben bei der Frau und ihrer Familie. Die Jungfräulichkeit eines Mädchens wurde nicht besonders hoch geschätzt, im Gegenteil, sehr junge Mütter standen in hohem Ansehen, denn jedes Kind bedeutete eine wertvolle Arbeitskraft für den Inka.

Den Eltern fiel die Aufgabe zu, eine Braut oder einen Bräutigam für ihren Sohn oder ihre Tochter auszuwählen. Gab es Unstimmigkeiten, übernahm ein Priester diese Aufgabe. Auch bei der Hochzeit übte der Staat eine gewisse Kontrolle aus. Die Eheschließungen wurden im Rahmen einer offiziellen Zeremonie vollzogen, die zu einem festgelegten Datum stattfand.

Innerhalb eines derart straff organisierten Systems konnte jedes äußere und nicht kalkulierbare Ereignis wie zum Beispiel ein Krieg den gesamten Staat ins Wanken bringen. Die Feldzüge kosteten stets vielen Männern das Leben, sodass es nach Kriegsende immer einen starken Frauenüberhang gab. Einige von ihnen kamen im Aclla Huasi, dem „Haus der erwählten Frauen" in Cuzco unter, andere arbeiteten anstelle der Männer als Weberinnen oder Töpferinnen, während eine dritte Gruppe in wohlhabenden Familien als Dienstmädchen tätig war.

88 unten rechts *Dieses interessante Gefäß der Mochica zeigt, zum Teil in Flachrelieftechnik, eine komplexe Szene. Der Gott Ai Apaec scheint Wasserungeheuer zu fischen.*

89 oben *Die Zeichnungen von Guamán Poma de Ayala stellen eine wichtige Quelle dar, die Auskunft über die Sozialstruktur und das Leben im Inkareich gibt. Hier liegt ein frisch verheiratetes Paar in einem Ehebett, das aus einer Matte und einer Decke besteht.*

89 unten links *Auf diesem Bild ist ein typisches Gebäude der Inka, ein Aclla Huasi („Haus der erwählten Frauen"), zu sehen. In der Mitte spinnen Frauen Wolle; rings um sie sitzen jüngere Frauen, aus denen der Inka seine Konkubinen wählte.*

89 unten rechts *Nach Guamán Poma de Ayala lernten die Menschen im Verlauf der dritten historisch-mythologischen Epoche, wie man solide Häuser baut, webt und spinnt.*

90 rechts *Die Privathäuser der Inka waren aus Holz oder anderen vergänglichen Materialien erbaut, deshalb gibt es heute keine Überreste mehr. Keramikfunde zeigen jedoch eine große Bandbreite unterschiedlicher Baustile. Das abgebildete Modell entspricht dem Cupisnique-Stil.*

90 oben links *Dieses Gefäß könnte aus dem Kulturkreis der Chimú stammen. Es stellt ein U-förmiges Haus mit vier Fenstern dar. Das überhängende Dach ist typisch für die Gebäude der Sierra oder anderer Gebiete mit häufigen Niederschlägen. Der Kamin des Hauses diente als Ausguss. Der Bau ist mit geometrischen Motiven und Fischgrätmuster verziert.*

90 unten links *Dieses hübsche Doppelgefäß aus der Inkazeit besteht aus zwei identischen Häusern mit überhängendem Dach, einem für die regenreiche Gebirgsregion typischen Architekturstil. Die Adobegebäude an der Küste hatten dagegen Flachdächer.*

Im Zuge archäologischer Grabungen legte man eine Vielzahl von Tempeln frei, die präinkaische Kulturen erbaut hatten. Wohl am bedeutendsten sind die Sonnen- und die Mondpyramide der Mochica und der Tempel Huaca del Dragón in der Nähe von Chan Chan aus der Chimúkultur. Auch in Tiahuanaco, Cerro Purgatorio und Pachacamac fand man Überreste mächtiger Gebäude. Wie in den ältesten Zeremonialzentren der präkeramischen Epoche und des Formativums bestanden die Tempel auch an diesen Stätten aus mehreren terrassenförmig angelegten Stufenplattformen, und jeder Sakralbau hatte eine genau festgelegte Bedeutung.
Die Form des heiligen Ortes, an dem man Riten und religiöse Zeremonien durchführte, sollte an einen Berg erinnern. Auf diese Weise sollten die Menschen, die die Pyramidenspitze erklommen, das Gefühl haben, dass sie sich den Göttern näherten.
Als Baumaterial verwendete man Adobe, von Hand geformte, sonnengetrocknete Lehmziegel. Man geht davon aus, dass sich der eigentliche Tempel auf der obersten Pyramiden-

stufe erhob und aus Holz oder anderem vergänglichen Material bestand. Vermutlich hatten nur die Priester Zugang zu diesem Allerheiligsten. Die einzigen Belege, die diese These bis heute untermauern, sind kleine Tonmodelle. Einige der Tempel waren bunt bemalt, so zum Beispiel der Tempel El Brujo aus der Mochekultur in Pañamarca.
In der überaus trockenen Küstenregion benutzte man jahrhundertelang Adobe als Baustoff. Das am besten erhaltene Zentrum dieser Region ist Chan Chan, die alte Hauptstadt des Chimúreiches und größte präinkaische Siedlung.
Die robusten Adobemauern, die insgesamt zehn Zitadellen umschließen, sind an der Basis mindestens 4, im oberen Bereich immerhin noch 1,5 Meter dick. Besonders faszinierend wirken die herrlichen Flachreliefs, die die Wände der Paläste und *huacas* (Kultorte) zieren. Die dargestellten Symbole schuf man mithilfe zweier unterschiedlicher Methoden: Man formte den Ton entweder direkt an den Wänden oder man benutzte große Model. In vielen Fällen überputzte

91 oben *Dieses Modell zeigt ein dreistöckiges Haus mit zwei Portiken. Vor dem Eingang erkennt man Menschen und einen Hund, der vielleicht als Wachhund diente.*

91 unten *Dieses Gefäß der Chimú zeigt das Modell eines Hauses mit überhängendem Dach. Der zoomorphe Dekor in Flachrelieftechnik auf dem Dach des Hauses gehörte zu den typischen Merkmalen der Chimúkultur.*

man die Flachreliefs anschließend und strich sie grellbunt an. Farbspuren sind oftmals noch heute erhalten. Die ikonographischen Motive wurden stets symmetrisch und stilisiert gestaltet. Geometrische Muster bilden zum Beispiel häufig Wechselfolgen mit Tierfiguren. Die Meeresfauna erfreute sich großer Beliebtheit, ihre Darstellungen ähnelt denen auf Stoffen und Keramiken, die man vermutlich als Vorlage für die Flachreliefs verwendete.
Erst nach der Expansion der Inka benutzte man vorrangig Stein als Baumaterial. Die spanischen Eroberer wie auch die Wissenschaftler unserer Tage haben fasziniert vermerkt, wie präzise und mit welcher Vielfalt von Techniken die Inka und andere Völker des Andenraums Steine bearbeiteten. Auch die gewaltige Größe der Bauten beeindruckt, doch sollte man in diesem Zusammenhang erwähnen, dass die Inka keinesfalls als Erste solche mächtigen Komplexe errichtet haben. Imposante Beispiele für Steinarchitektur vorangegangener Jahrhunderte findet man unter anderem in Tiahuanaco am Ufer des Titicacasees. Aus diesem Gebiet kamen zur Zeit der Eroberung durch die Spanier auch die begabtesten Bildhauer und Steinmetzen. Einige der typischen städtebaulichen Konzepte, zum Beispiel die schachbrettartige Anlage, die das Zentrum in geometrische Wohnviertel unterteilte, hatten ihren Ursprung in der Huarikultur. Die Inka übernahmen Ideen und Techniken aus älteren Kulturen, entwickelten sie weiter und schufen so außergewöhnliche Bauten, die die Jahrhunderte überdauerten. Unter anderem gelang

92 *Diese von Rundmauern umfriedete Inkabehausung fand man bei einer Zitadelle in der Nähe des Dorfes Camar. Wissenschaftler gehen davon aus, dass die Inka die Architektur ihrer Städte und Festungen vom Huarireich übernommen haben, das Peru während des mittleren Horizontes beherrschte.*

92–93 *Dieses Bild stammt aus einem Atlas des 19. Jahrhunderts. Auf der Südamerikakarte ist ein Palast des Inka, ein callo, zu sehen. Die schachbrettartige Anlage entsprach der typischen Stadtstruktur jener Zeit. Der Rundturm im Hintergrund ist ebenfalls ein charakteristisches Merkmal der Inkazeit. Er erinnert an sein berühmtes Pendant in Machu Picchu.*

93 *Im Unterschied zu den Völkern, die sie eroberten, waren die Inka keine besonders begabten Künstler oder Handwerker. Dennoch hinterließen sie viele Beispiele monumentaler Architektur, für die sie riesige, schwere Steinblöcke benötigten. Bis heute konnte noch nicht abschließend geklärt werden, wie man das Baumaterial transportierte und mit welchen Techniken man es verarbeitete.*

es ihnen, Mauern und Bauten perfekt in die andine Landschaft einzupassen. Häufig verwendeten sie zu diesem Zweck künstliche Aufschüttungen, die man noch heute zum Beispiel in Machu Picchu oder in Ollantaytambo bewundern kann. Zwar existieren nur sehr wenige Spuren von den Behausungen des einfachen Volkes, doch veranschaulichen die Paläste, Verwaltungs- und Sakralgebäude, mit welch großer Kunstfertigkeit und Präzision die Handwerker der Inka Steine bearbeiteten.

Da es an der Küste selten regnet, behielten die Inka hier die traditionellen Flachdächer und Adobemauern früherer Kulturen bei, doch führten sie Fenster und trapezförmige Nischen als neue Bauelemente ein.

Die wenigen Überreste in Cuzco, die die Zeiten überdauert haben, belegen, dass die Inka geschickte Maurer und Baumeister waren. Wie gewaltige Puzzleteile fügten sie die mächtigen Steinblöcke ineinander, sodass nicht einmal eine Messerklinge in die Ritzen passte. Die Steinmetzen bearbeiteten die Felsbrocken mit Werkzeugen aus Stein und Bronze und rieben sie so lange aneinander, bis sie sich perfekt zusammenfügten. Die beachtliche Qualität der Bauten der Inka und der Komplexe in Tiahuanaco beeindruckt auch heute noch viele Forscher, und man fragt sich noch immer, wie es den Menschen gelang, die gewaltigen Steinblöcke ohne Karren oder Rollen zu transportieren.

94 links *Diese seltsame Tonfigur stammt aus der ecuadorianischen Jama-Coaque-Kultur. Sie könnte einen Schamanen in Trance oder einen Schlangengott darstellen.*

Trotz des hohen Alters der Figur – sie entstand vermutlich um 500 v. Chr. – zeugen die fein gearbeiteten Formen und der erlesene Stil von der großen Kunstfertigkeit des Töpfers.

94 rechts *Diese weibliche Figurine ordnet man der ecuadorianischen Bahiakultur zu. Die hohe Kopfbedeckung, die* nariguera *und andere Schmuckstücke weisen darauf hin, dass es sich bei der Gestalt um eine hochrangige Frau oder Priesterin handelt.*

95 links *Dieser Flötenspieler aus der Paracaskultur wurde geschickt geformt und farbig bemalt. Die Töpfer der Paracas verzierten ihre Gefäße in der Regel nach dem Brennen.*

Die ältesten peruanischen Scherben werden auf ca. 1800 v. Chr. datiert. Zu diesem Zeitpunkt waren Terrakottagefäße in Ecuador längst in Gebrauch. Neuere Forschungen legen die Vermutung nahe, dass man in vorgeschichtlicher Zeit in Peru keine Tonwaren kannte, sondern die Technik erst später, vermutlich aus Ecuador, übernahm. Bei den eingangs erwähnten Fragmenten handelt es sich um Teller, Flaschen und Krüge, deren Fertigungstechnik und Dekor eine gewisse Tradition vermuten lassen. Die peruanische Tonkunst lässt sich in zwei Grundtypen gliedern, wobei die erste einfache, grob gearbeitete Gefäße für den täglichen Gebrauch umfasst, während es sich bei der zweiten um elegante, erlesene Stücke handelt, die bei Bestattungszeremonien Verwendung fanden. Nahezu alle heute untersuchten, ausgestellten und katalogisierten Objekte gehören der zweiten Kategorie an, denn sie fand man in Grabkammern oder Tempeln, das heißt an weitgehend geschützten Orten. Vermutlich dienten sie als Behälter für Votivgaben oder Trankopfer oder sie begleiteten ganz einfach einen Verstorbenen auf seiner letzten Reise. Bis heute entdeckte man im Andenraum keine Gefäße, die Asche von Toten enthielten, deshalb geht man davon aus, dass die dortigen Kulturen ausschließlich Erdbestattungen vornahmen.
Die Bandbreite der Töpferwaren reicht von einfachen Formen bis zu merkwürdigen und eleganten Gefäßen, deren Ursprung den Forschern noch immer Rätsel aufgibt. Zu den eher schlichten Objekten gehören die in Mesoamerika weit verbreiteten, in Peru jedoch seltenen dreifüßigen Gefäße. Lediglich im Virútal und im kulturellen Einzugsgebiet von Cajamarca stieß man auf einige Beispiele dieses Typs aus der frühen Zwischenzeit. Da es sich um wenige Funde aus einem eingegrenzten Gebiet handelt, geht man davon aus, dass die Stücke durch Tauschhandel mit anderen Völkern in diese Gegenden gelangten.

95 rechts *Diese weibliche Figurine stammt aus Curayaco in der Region von Lima. Die Hohlfigur wurde während des frühen Horizontes geformt. Sie ist einfach gearbeitet und wirkt stark stilisiert, doch verleihen ihr die präzise modellierten Gesichtszüge und Haare einen Hauch von Eleganz und Harmonie.*

96 oben Die Nazca schufen zylindrische Gefäße in Form von Menschenköpfen. Man geht davon aus, dass diese Darstellungen mit dem Kult der Trophäenköpfe verknüpft waren.

96 Mitte Dieses hübsche Gefäß der Nazca in Form eines Wasservogels ist mit bunten Fischen bemalt. Motive aus der Meeresfauna und -flora spielten in der Kultur der Mochica und der Nazca eine große Rolle, denn das Meer bildete die Lebensgrundlage dieser beiden Küstenvölker.

Der am häufigsten vertretene Gefäßtyp zeichnet sich durch seinen Steigbügelhenkel aus. Auch diese Form stammt vermutlich ursprünglich aus Ecuador, wahrscheinlich aus der Machalillakultur, deren Einfluss sich südwärts bis zur Nordküste von Peru ausdehnte.
Besonders viele und ausgesuchte Steigbügelhenkelgefäße brachten die Chavín-, die Moche-, die Sicán- und die Chimúkultur hervor. Sehr schöne Stücke förderte man auch in Kotosh zutage. Hier konnte man bei Grabungen zwei Typen unterscheiden: Der ältere mit Gefäßen, in die Motive eingeritzt wurden und die nach dem Brennvorgang farbig verziert wurden, und der jüngere Typ, der sich durch eingeritzte Motive und Steigbügelhenkel auszeichnete.
Natürlich stellt sich die Frage, wie die Töpfer derart komplizierte Gefäße – oder auch andere mit zwei Ausgüssen und flachem Verbindungssteg – produzieren konnten, obwohl sie die Töpferscheibe nicht kannten, die erst mit den Europäern nach Amerika gelangte.
Die peruanischen Handwerker arbeiteten mit zwei grundlegenden Techniken. Sie formten die Gefäße entweder mit der Hand oder sie benutzten, besonders im Bereich der Nordküste, Model. Es gibt auch einige wenige Beispiel für den gleichzeitigen Einsatz beider Techniken.
Da man in Peru keine Überreste von Brennöfen fand, gehen die Forscher davon aus, dass die Töpfer ihre Ware unter freiem Himmel brannten, wobei sie das Brennmaterial über die

96 unten Die Gefäße der Nazca sind bunter verziert als die anderer Kulturen. Anders als die Töpfer der Paracas brachten die Nazca die Farben vor dem Brennen auf. Diese Abbildung zeigt ein dreifüßiges Bandhenkelgefäß mit doppeltem Ausguss und Verbindungssteg.

97 oben *Die Gefäße aus der Sicánkultur bilden häufig Modelle aus Gold oder Silber exakt nach. Bandhenkelgefäße wie das hier abgebildete zeichnen sich durch zwei Ausgüsse mit Verbindungssteg aus. Die Oberfläche ist mit Flachreliefs verziert, die Hummer und den Kopf des Stammvaters von Sicán, Ñaymlap, zeigen.*

97 unten *Die Chavínkultur brachte monochrome Gefäße mit stilisierten religiösen Motiven hervor, die in die Gefäße geritzt wurden und an die Steinskulpturen dieser Kultur erinnern. Die Steigbügelhenkel, die während des frühen Horizontes aufkamen, wurden von späteren Kulturen, insbesondere an der Nordküste, übernommen.*

Gefäße schichteten. Dieses Verfahren bezeichnet man als gedeckten Brand. Auch für das Aufbringen des Dekors kannte man verschiedene Methoden. Manche Kulturen bemalten ihre Gefäße vor, andere dagegen nach dem Brennen bemalte Gefäße, und wieder andere ritzten oder schabten Motive ein, verzierten sie mit Relieftechnik oder sogar dreidimensional. Es gibt Beispiele für zweifarbig, dreifarbig oder in mehreren Farben bemalte Tonwaren.
Am meisten überrascht jedoch die Vielfalt der Motive, mit denen die altperuanische Töpferei aufwartet. Becher, Schalen, Flaschen und andere Gefäße wurden mit zoomorphen und anthropomorphen Figuren, Dämonen und Göttern in den seltsamsten Formen verziert. Aufgrund der Tatsache, dass es aus dieser Zeit keine schriftlichen Zeugnisse gibt, stellen die Gefäße eine wichtige historische Quelle dar, die über die Götterwelt aber

98 oben *Die Töpfer der Vicús- und der Mochekultur schufen oft Gefäße in Form von Körperteilen wie die hier abgebildete Hand. Vermutlich dienten sie als Votivgaben.*

98 unten *Bereits von einem sehr frühen Zeitpunkt an stellte man an der Nordküste Perus Gefäße in der typischen Kugelform her. Eindeutig maß man der Form mehr Bedeutung zu als einer breiten Farbpalette, sodass monochrome oder zweifarbige Gefäße vorherrschen. Diese elegante Flasche aus der Vicúskultur stellt einen Vogelkopf dar. Am schlanken Ausguss sitzt ein dünner Henkel.*

99 oben *Dieses von Hand geformte Gefäß stammt aus der Huarikultur. Bemerkenswert ist das Gesicht, dessen Zeichnung an ein Jaguarfell erinnert, und die zylindrische Kopfbedeckung, die zugleich als Ausguss dient. Die Schachbrettmusterverzierung des Ausgusses ist ein charakteristisches Merkmal des mittleren Horizontes.*

99 Mitte *Dieses schöne Modell eines Hauses stammt aus der Chavínkultur. Das Gefäß zeichnet sich durch eine einfache und stilisierte Form und Struktur aus. Bei dem Gebäude, zu dem auch eine kleine Figur gehört, könnte es sich um einen Tempel handeln.*

99 unten *Flaschen der Nazca erkennt man an ihrer bunten Bemalung. Das abgebildete Beispiel zeigt ein Frauengesicht mit langen, zu Zöpfen zusammengebundenen Haaren.*

auch über Sitten und Bräuche der Kulturen Auskunft gibt.
Glücklicherweise haben nahezu alle peruanischen Kulturen bemerkenswerte Beispiele ihrer Tonkunst hinterlassen. Die interessantesten und erlesensten stammen aus der Produktion der Nazca und der Mochica, zweier Kulturen, die zwischen 200 und 800 die kulturelle und politische Herrschaft innehatten.
Während man in der nördlichen Küstenregion vor allem kugelförmige Gefäße mit Steigbügelhenkel, langem, schmalen Ausguss und vielfältigem Dekor produzierte, maß man im Süden der Farbgebung eine größere Bedeutung bei.
Wissenschaftler, die die Töpferei der Mochica untersucht haben, konnten bestimmte Herstellungestechniken identifizieren. Viele Gefäße waren

100 oben *Bei dieser Figur handelt es sich um einen* cuchimilco. *Meistens waren die Votivfiguren weiblich, doch dieses Stück betont die männlichen Geschlechtsteile. Die Figurinen sind hohl, und kleinere Exemplare hatten Löcher, sodass man sie an die Wand hängen konnte, um böse Geister abzuwehren.*

100 unten *Die Chancaykultur brachte Keramikvotivfiguren* (cuchimilco) *hervor. Sie sind häufig groß, bekleidet und tragen einen Kopfschmuck. Das abgebildete Stück stammt aus einer Begräbnisstätte und hatte vermutlich eine magische oder religiöse Bedeutung.*

101 *Den für die Kunst der Chancay charakteristischen geometrischen Dekor findet man auch auf den Tonwaren wieder. Auf dieser Flasche ist eine Sonne mit einem Kreuz in der Mitte zu sehen. Zu beiden Seiten des Ausgusses sitzen zwei Affen, die bei den Andenvölkern als heilige Tiere galten.*

102 *Dieses elegante Porträtgefäß aus der Mochekultur zeigt einen Menschen mit strengem Gesichtsausdruck. Er trägt eine mit Fischwesen verzierte Kopfbedeckung. Vermutlich gehörten die porträtierten Personen der Oberschicht an, das heißt der politischen Elite oder der Priesterkaste.*

von Hand modelliert, doch überwogen solche, die man mit einem einfachen Model geformt oder aus zwei Hälften zusammengesetzt hatte. Für Farben interessierten sich die Handwerker wenig, sodass ein schlichter Dekor mit weißem Untergrund und roten Verzierungen vorherrscht. Durch den Brennvorgang änderte sich die Färbung des Tons je nachdem, wie viel Sauerstoff zugefügt wurde. Häufig trug man direkt nach dem Brennen aus organischen Stoffen gewonnene schwarze Farbpigmente auf bestimmte Stellen auf, um einzelne Details der dargestellten Gesichter oder der Kleidung zu betonen. Die Mochica verwendeten so viele unterschiedliche Motive, dass man Seiten um Seiten füllen müsste, wollte man sie alle genau beschreiben. Zu den charakteristischsten Tonwaren gehört die Figurkeramik, elegante Porträtgefäße in Form von Gesichtern, die sich alle voneinander unterscheiden und daher vermutlich wirkliche Menschen porträtieren. Auf den Gefäßen findet man Bilder von Kriegern, Gefangenen, Wesen, halb Mensch und halb Tier, Göttern, Dämonen und Priestern in Zeremonialgewändern ebenso wie Bilder von Tieren, Pflanzen, Musikinstrumenten oder kleinen pyramdienförmigen Tempeln.

103 *Zur Figurenkeramik der Mochica gehört auch dieses Beispiel. Jedes der Gefäße mit Steigbügelhenkel zeigt ein anderes Männergesicht. Aufgrund der realistischen Züge geht man davon aus, dass es sich um Porträts wirklicher Menschen handelt.*

104 oben *Viele Wissenschaftler haben versucht, die rätselhafte Symbolik dieses seltsamen Gefäßes der Mochica zu entschlüsseln. In dem Gebäude, vielleicht einem Tempel, sitzt ein Wesen mit Raubtierzähnen und geneigtem Kopf, das an seinem spitz zulaufenden Hut zieht. Eine kleinere Figur beobachtet die Szene. Es könnte sich dabei um ein Schamanenritual handeln, zum Beispiel um eine Art Tanz, über den noch nichts Genaueres bekannt ist.*

104 unten *Neben den geheimnisvollen Motiven, die viele Gefäße der Mochica auszeichnen, gibt es auch freundlichere und ruhigere Darstellungen. Dieses Gefäß hat die Form eines schlafenden Menschen.*

105 *Die Gefäße der Mochica zeichnen sich durch eine große Bandbreite an symbolischen Bildern aus, die oft nur schwer zu interpretieren sind. Die hier abgebildete Figur trägt eine hohe Kopfbedeckung, eine Tiermaske und spielt eine Art Flöte in Form eines Fisches. Vielleicht wird hier ein Schamane während einer religiösen Zeremonie dargestellt.*

106 oben *Dieses schöne Gefäß in Rot-Weiß-Dekor ist mit Mustern bemalt, die mit dem Tempel und der Sonne in Verbindung stehen und in der Kunst der Mochica häufig wiederkehren. Der Frosch, der unter dem Steigbügelhenkel sitzt, galt als Schutzgott des Regens und des Fruchtbarkeit spendenden Wassers.*

106 unten *Diese Flasche der Mochica zeigt einen Kondor, ein bedeutendes und symbolbehaftetes Tier des Andenraums. Die Menschen bewunderten die Kraft und die enorme Flügelspannweite des Vogels und glaubten, er stehe in direkter Verbindung zu den Göttern.*

106–107 *Diese Flasche der Mochica hat die Form einer Ente. Vermutlich domestizierten die Küstenvölker im antiken Peru diesen Vogel. Mit den Spaniern gelangte er schließlich im 16. Jahrhundert nach Europa.*

107 oben *Viele Gefäße der Mochica greifen Tiermotive auf. Das hier abgebildete Beispiel hat die Form einer detailreich gestalteten und bemalten Schnecke. Wandgemälde auf Häusern der Mochica zeigen elegant gekleidete Personen, die Schnecken sammeln. Vermutlich hatten die Tiere eine magische oder religiöse Bedeutung.*

107 unten *Die „Dämonenkrabbe" zählt zu den Hybridwesen der Götterwelt der Mochekultur. Krabbenkörper und -panzer paaren sich mit Menschengesicht und Raubtierzähnen und verleihen dem Ungeheuer ein Furcht erregendes Aussehen.*

gelöst von Ritualen oder kultischen Handlungen. Masturbation, Fellatio und vor allem Sodomie werden in diesem Zusammenhang relativ häufig thematisiert. Gerade während der Inkazeit gehörte die Sodomie zu den gängigen Sexualpraktiken, wie viele Chronisten immer wieder voll Abscheu betonen. Zuweilen tauchen auch bizarre, phallusförmige Figurinen mit menschlichen Gesichtszügen auf oder Skulpturen von Männern mit extrem langem Phallus.
Archäologen haben zahllose Theorien zu diesem Thema aufgestellt und sind nach wie vor bemüht, die bislang entdeckten Beispiele erotischer Kunst zu interpretieren. Einige Forscher glauben, dass diesen Objekten lediglich eine magisch-religiöse Bedeutung zukam, andere stellten fest, dass der Körper eines der beiden Geschlechtspartner häufig Spuren von Krankheit zeigte. Sie gehen davon aus, dass die Objekte Geschlechtskrankheiten abwehren sollten.

108 oben *In der Kunst der Mochica mangelt es nicht an erotischen Szenen, darunter vielen Fellatioakten. Die genaue Bedeutung und den Zweck dieser Darstellungen kennt man nicht, doch könnten sie in Verbindung mit magisch-religiösen Zeremonien stehen.*

Bei einem anderen Gefäßtyp ziehen sich die dargestellten Szenen rings um den Gefäßbauch. Häufig zu sehen sind rituelle Jagden, Fischer in ihren Booten, rennende Menschen (vermutlich die berühmten *chasqui,* die Boten der Inkazeit) sowie rituelle Enthauptungen von Gefangenen nach einer Schlacht.
Die interessantesten Gefäße mit erotischen Motiven aus der präkolumbischen Ära in Peru werden der Mochekultur zugerechnet. Die Vicús-, die Recuay- und die Chimúkultur stellten ebenfalls sexuelle Szenen auf ihren Gefäßen dar, doch deren Verbreitung beschränkt sich auf die nördliche Küstenregion.
Einfache symbolische Bilder männlicher oder weiblicher Geschlechtsorgane findet man im Andenraum schon zu einem sehr frühen Zeitpunkt. Wie in anderen Kulturen auf anderen Kontinenten stehen sie in Verbindung mit Fruchtbarkeitskulten. Die erotischen Darstellungen späterer Epochen sind dagegen durchaus los-

109 oben *Diese eigenartige Figur, ein Gefäß aus der Nazcakultur, trägt eine Katzenmaske und hält Maiskolben in den Händen. Hierbei könnte es sich um eine Fruchtbarkeitsgottheit handeln.*

108 unten *Ein weiteres Beispiel erotischer Kunst bietet dieses Gefäß der Mochica. Nicht nur Akte sexueller Vereinigung, auch Geburten waren ein beliebtes Motiv.*

109 unten *Diese sitzende männliche Gestalt, ebenfalls ein Gefäß der Nazca, gehört der Oberschicht an. Darauf verweisen die kurze, mit Rauten verzierte Tunika, der Lendenschurz und die Kopfbedeckung, eine Art Netz, das von einem doppelten Band gehalten wird. Gesicht und Lippen sind mit rituellen Zeichen bemalt.*

Auf dem aktuellen Stand der Forschung und aus dem Blickwinkel unserer westlichen Kultur betrachtet, lassen sich nur schwer Antworten auf die zahlreichen Fragen finden, die sich mit diesem Bereich der Kunst der Mochica befassen. Vielleicht erregen die Darstellungen auch aus diesem Grund mehr Aufsehen als andere Motive.
Weiter südlich entwickelten die Nazca völlig andere Gefäßtypen. Sie interessierten sich weniger stark für die Form der Tonwaren, widmeten der Farbgebung dafür aber umso größere Aufmerksamkeit.
Die Flaschen, Schalen und Behälter der Nazca greifen die typische Form der Bandhenkelgefäße der Paracas mit doppeltem Ausguss und Verbindungssteg auf. Die Gefäße der Nazca zeichnen sich durch dünne Wände aus, die man ausschließlich mit der Hand formte.
Bei der am weitesten verbreiteten Technik legte der Töpfer auf einer flachen, geraden Oberfläche Tonwülste spiralförmig übereinander, bis die gewünschte Höhe erreicht war. Dann drehte er die Basis langsam und modellierte dabei das Gefäß zur gewünschten Form. Diese Methode, die noch heute in vielen Teilen von Peru und insbesondere in der Gegend der Nazca verbreitet ist, darf man allerdings nicht mit dem Einsatz der Töpferscheibe verwechseln, denn diese gelangte erst mit den Spaniern in die Neue Welt.

110 *Gefäße wie die hier abgebildeten sind typische Produkte des Chimú-Stils. Ein flacher Henkel verbindet die kleinen Doppelgefäße, die während der Inkazeit entstanden sind, deren Dekor jedoch aus der Themenvielfalt der Nordküste schöpft. Der Affe auf dem Ausguss ist ein charakteristisches Merkmal der Chimú.*

110–111 *Die Chimú übernahmen viele Techniken und Symbole aus der Tonkunst der Mochica. Insbesondere griffen sie Tiermotive wie diesen Tukan auf, der an einer Frucht knabbert.*

Nachdem das Gefäß seine endgültige Form erhalten hatte, überzog man seine Oberfläche im Engobe-Verfahren mit einer glasurartigen, dünnflüssigen Tonmasse, in der Farbpigmente gelöst waren. Weißer oder ockerfarbener Ton wurde mit Eisenoxid (rot) oder Mangan (schwarz) gemischt, bis man feine Lösungen in verschiedenen Farbnuancen erhielt. Mit dem Engobe-Verfahren konnten die Künstler der Nazca bei niedrigen Brenntemperaturen insgesamt 13 Farben erzeugen, darunter Dunkelrot, Violett und Blaugrün.
Nach dem Brennvorgang ließ man die Ware ausglühen, bis die Glasur getrocknet war. Dann polierte man die Gefäße mehrmals.

111 *Gefäße vom* arybballos-*Typ waren im gesamten Andenraum nach dem Aufstieg des Inkareiches weit verbreitet. Es handelt sich hierbei um eine Art Amphore, die zum Transport von Wasser oder anderen Flüssigkeiten diente. Mithilfe einer Schnur befestigte man sie auf dem Rücken. Häufig wurden die Vasen mit geometrischen Mustern wie dem hier abgebildeten hübsch verziert.*

112 oben *Dieser Becher in Form eines Raubtierkopfes ist ein erlesenes Beispiel für einen Keru der Inka. Der Jaguarkult verlor nie an Bedeutung und die mit ihm verknüpfte Ikonographie überlebte bis zur Eroberung durch die Spanier.*

112 unten *Der hier abgebildete Keru ist auf der einen Seite mit einem stilisierten Menschenkopf in Flachrelieftechnik, auf der anderen mit einer gemalten Szene verziert. Die große Zahl symbolischer Bilder auf den Kerus vermittelt einen Eindruck vom Alltag und der Kleidung der Inka und von ihrer Kriegführung.*

Man geht davon aus, dass sich die Vorliebe der Nazca für leuchtend bunte Tonwaren nicht zufällig entwickelte. Vielmehr steht sie in der Tradition der herrlichen farbigen Webstoffe der Paracaskultur.
Der großen Bandbreite von Gefäßtypen, die die präinkaischen Kulturen im Lauf der Jahrhunderte entwickelt hatten, fügten die Inka nur wenig Neues hinzu. Immerhin kam während des späten Horizontes mit dem Keru eine neue Form auf, die ihren Ursprung vermutlich in der Tiahuanacokultur hatte und so ästhetisch und elegant wirkte, dass sie noch während der Kolonialzeit häufig produziert wurde.
Das Ketschuawort Keru bezeichnet ein zylindrisches Holzgefäß mit eingeritzter oder bemalter Oberfläche, das man ausschließlich für rituelle Trankopfer verwendete. Zur Herstellung benutzte man stets Holz des Chachacomo-Baumes (*Escallonia resinosa*).
Es gab zwei Grundformen des Keru, einen zylindrischen, zum oberen Rand hin ausgestellten Becher oder ein Gefäß in Form eines Menschen- oder Raubkatzenkopfes. Die Keros, die vor der spanischen Eroberung entstanden, waren mit einfachen geometrischen Mustern verziert, während man später, während der Kolonialzeit, polychrome Szenen aus dem Inkareich bevorzugte. Gerade diese Objekte stellen häufig eine wichtige

Informationsquelle für die Forschung dar. Man geht davon aus, dass der Keru im 16. Jahrhundert am weitesten verbreitet war. Zu diesem Zeitpunkt hatte die Oberschicht der Inka Zuflucht im Zentrum Vilcabamba, im Gebirge westlich von Cuzco gefunden und dort eine neue Gesellschaft aufgebaut.
Viele gemalte Szenen zeigen bewaffnete Krieger der Inka in herrlichen Uniformen, die gegen feindliche Urwaldvölker kämpfen. Andere Bilder illustrieren Jagd, Viehzucht und Landwirtschaft. Außerdem existieren eine ganze Reihe kleiner Modelle von Behausungen der Inka. Obwohl diese Kerus alle aus einer späteren Epoche stammen, vermitteln sie doch ein sehr genaues und aussagekräftiges Bild von den typischen Themen und Stilrichtungen der Inka.
Die Kerus der Kolonialzeit bemalte man in der Regel mit einer von den Europäern eingeführten Technik: Hierzu trug man eine spezielle Paste aus Mineraloxiden, Bienenwachs und Farbstoffen auf die hölzerne Oberfläche auf und verlieh den Gefäßen auf diese Weise einen besonders leuchtenden Glanz.

113 links *Vertikale Streifen mit kleinen Häusern, Menschen, Tieren und geometrischen Mustern zieren die Oberfläche dieses großen Keru. Zwei stilisierte Pumas bilden die Henkel des Gefäßes.*

113 rechts *Außer den* aryballos *führten die Inka auch den Keru als Gefäßform ein. Diese zylindrischen Behälter sind mit eleganten Szenen bemalt und dienten für Trankopfer. Der abgebildete farbige Keru zeigt das stilisierte Motiv eines Jaguars in Relieftechnik.*

114 oben *Die Kulturen, die sich an der Südküste von Peru niederließen, stellten die hochwertigsten Textilien her. Diese Abbildung zeigt den Ausschnitt eines Webstoffes der Nazca, der mit stilisierten Tiermotiven verziert ist.*

114 unten *Dieser Fund stammt aus der Inkazeit und zeigt eine weibliche, in bunten Wollstoff gehüllte Goldfigurine. Vermutlich handelt es sich um eine* mamacona, *eine Sklavin des Inka, die im Aclla Huasi, dem „Haus der erwählten Frauen" in Cuzco lebte und Stoffe webte.*

115 oben *Diese Federzeichnung von Guamán Poma de Ayala zeigt einen Weber der Inka mit dem typischen Gürtelwebgerät, das die Peruaner über Jahrhunderte benutzten. Weben zählte zu den wichtigsten künstlerischen Ausdrucksformen im präkolumbischen Peru.*

115 unten *Dieses Kleidungsstück aus Baumwolle entstand während der Inkazeit an der Südküste von Peru. Die rechteckige Tunika, ein* unku, *ist bunt gefärbt und mit horizontalen Streifen mit geometrischen Mustern, so genannten* tocapus, *verziert. Manche Forscher glauben, dass die Streifen eine Schrift darstellen.*

Detailreich beschrieben und illustrierten die spanischen Chronisten die Kleidung der Inka. Einfache Leute trugen eine schlichte Tunika aus grobem Stoff, meist Baumwolle oder Alpakawolle. Dieses Kleidungsstück nannte man *ahuasca*.
Der elegantere und besser verarbeitete *cumbi* war den Mitgliedern des Herrscherhauses oder privilegierten Personen vorbehalten. Er bestand aus feinen, bunt gefärbten Fasern, die man in Gobelin-Technik so verwebte, dass regelmäßige geometrische Muster entstanden. Die Beschaffenheit des *cumbi* erinnerte die Spanier an Seide.

Im Inkareich und insbesondere in Cuzco gab die Fülle der Muster Auskunft darüber, welcher Kaste der Träger des Gewandes angehörte. Einige Forscher glauben, dass die Muster Teil eines graphischen Systems waren und dass sich an sie eine piktographische oder phonetische Bedeutung knüpfte.
Die altperuanische Kleidung bestand nur aus wenigen einfachen Stücken. Männer trugen eine kurze Hose sowie eine ärmellose Tunika, *unku* genannt, die sie an den Seiten zusammenbanden. Frauen hüllten sich in einen *ascu,* der ähnlich wie der *unku* geschnitten, jedoch länger war. Bei großer Kälte zog man über diese Kleidungsstücke einen Umhang, der für Männer *llacolla,* für Frauen *lliclla* hieß. Hoch stehende Persönlichkeiten trugen darüber hinaus Schmuck, Sandalen, farbige Taschen und mit Federn geschmückte Kopfbedeckungen.
Textilien stellten eine Form des Tributs dar, den man dem Inka zu entrichten hatte. Jede Familie musste deshalb, neben den Erträgen aus der

116 oben Fardos, *Mumienbündel (in viele lange Stoffbahnen gehüllte Mumien), entdeckte man in zahlreichen antiken Begräbnisstätten in Peru. Dieses Bild zeigt einen* fardo *mit langer Halskette und falschem Kopf aus der Huarikultur. Die Mumie trägt eine farbige, mit komplexen Motiven verzierte Tunika.*

Feldarbeit regelmäßig Webstoffe für den Herrscher zur Verfügung stellen. Textilien verwendete man auch als Votivgaben, im Tauschhandel und als Geschenke, zum Beispiel um eine Hochzeit oder einen Vertrag zu besiegeln. Darüber hinaus galten sie als begehrte Kriegsbeute.
Gefäße aus der Mochekultur zeigen gefesselte und völlig nackte Gefangene. Offenbar zog man ihnen die Kleider aus, um sie besonders zu erniedrigen. Auch eine magisch-religiöse Bedeutung, deren Sinn bis heute nicht geklärt ist, könnte hinter dieser Sitte stehen.
In allen präkolumbischen Kulturen kam der Webkunst eine große Bedeutung zu, denn Kleider und Stoffe waren für die Andenvölker ebenso wertvoll wie Schmuck und andere kostbare Gegenstände.
Das geschickte Verweben von Pflanzenfasern war die früheste künstlerische Ausdrucksform im alten Peru und ging Töpferei und Metallbearbeitung deutlich voraus. In einer Höhle in Guitarrero entdeckte man Spuren gewebter Fasern, die auf ca. 5780 v. Chr. datiert wurden. Die ältesten erhaltenen Baumwollreste, die man an der Stätte Huaca Prieta im Chicamatal entdeckte, gehen auf etwa 2500 v. Chr. zurück.

116 unten *Die Ikonographie der Textilien der Paracas und der Nazca steht meist in Verbindung mit den mythisch-religiösen Vorstellungen, die auch andere peruanische Kulturen prägen. Auf diesem Stoffausschnitt ist der Zeptergott zu sehen, eine Gottheit, die nachfolgende Kulturen vermutlich aus der Götterwelt der Chavín übernommen haben.*

116–117 *Dieses Stück entdeckte man in einem Grab der Paracas. Es handelt sich um ein eine ärmellose Tunika mit tiefem V-Ausschnitt. Das Hybridwesen mit den Schlangen stellt den in Chavín und Tiahuanaco verehrten Zeptergott dar.*

117 *Stilisierte Figuren zieren dieses Kleidungsstück der Paracas. Es könnte sich um göttliche Wesen handeln. Einige Wissenschaftler glauben, dass die Bilder und Muster auf Kleidern und Stoffen Piktogramme sind, die noch nicht entschlüsselt werden konnten.*

Neuen Auftrieb erhielt die Webkunst, als man nicht mehr ausschließlich auf Pflanzenfasern und Baumwolle angewiesen war, sondern Lamas und Alpakas zu züchten begann. Die Andenvölker verwendeten sehr einfache Werkzeuge. Die ältesten Textilien aus Pflanzenfasern wurden mit der Hand geflochten. Zu diesem Zeitpunkt wurde noch keine Baumwolle angebaut. Mithilfe einer Spindel und eines Rockens spann man die Wolle. Die

Spindel bestand aus einem harten Stock, in der Regel verwendete man hierfür Holz des *chonta*-Baumes *(guilielma chiliata)*. Am zugespitzten Ende befestigte man einen Stein oder ein Stück Knochen als Wirtel. Zum Weben benutzte man meist ein Gürtelwebgerät, das im Andenraum bis heute in Gebrauch ist. Dieses einfache Instrument besteht aus zwei hölzernen Stäben sowie dem Kettbaum und dem Brustbaum. Den Kettbaum befestigte der Weber vor sich, den Brustbaum fixierte er mithilfe eines Gürtels auf dem Rücken. Einige Berichte und Bilder auf Tongefäßen deuten darauf hin, dass es auch vertikal aufgestellte Webrahmen gab, doch dafür gibt es bis heute keine Beweise.
Obgleich die Weber nur über eine primitive Grundausstattung verfügten, existierten doch zahlreiche verschiedene Webtechniken, mit denen Baumwolle oder Wolle verarbeitet werden konnte. Gewöhnlich verkreuzte man die Kett- und Schussfäden zu einer Leinenbindung, die die Grundstruktur des Stoffes legte. In der Chancaykultur fertigte man mit großem Erfolg Textilien in Gaze-Technik. Die erlesensten und feinsten *mantos* und Tapisserien, die überdies häufig bestickt sind, stammen aus der Nazca- und der Paracaskultur. Mit Mineral- und Pflanzenfasern färbten die Künstler die Textilien ein. Bei den Inka war für diese Aufgabe der *canticamayos* zuständig, der Kleidungsstücke für den Färbevorgang vorbereitete und sie anschließend einfärbte.
Mit Indigo erzielte man blaue, grüne, schwarze und violette Farbtöne, mit Chilca gelbe und graue Nuancen und mit dem Orleanstrauch Orangetöne. Rote Pigmente gewann man entweder aus den Wurzeln der Färberwurz

***118** Dieses Motiv auf einem* manto *aus der Paracaskultur hat seinen Ursprung in der Bildwelt der Huari, die die Völker der südlichen Küstenregion während der frühen Zwischenzeit unterwarfen. Das Ungeheuer mit anthropo-zoomorphen Zügen hält Schlangen in den Händen, eine kriecht sogar aus seinem Mund.*

***119 links** Farben- und Formenvielfalt zeichnen diesen Poncho von der Halbinsel Paracas aus. Ponchos waren kleiner als die* mantos, *in die man die Mumien hüllte. Die Webstoffe aus der Paracaskultur sind häufig mit einem Schachbrettmuster verziert, auf dem sich eine Figur in verschiedenen Farben wiederholt.*

***119 rechts** Dieses Bild eines aufsteigenden mythischen Helden gehört zu einem Stoff aus der Chimúkultur. Ähnlich symbolhafte Darstellungen findet man auch auf Tongefäßen, goldenen und silbernen Vasen. Die Weber der Chimú verzierten ihre Kleidungsstücke meist mit Federn und Metallschmuck.*

120–121 *Bunte Federn tropischer Vögel steckte man nicht nur auf feste Unterbauten, sondern man nähte sie auch auf Baumwollkleider. Mit raffinierten Techniken kombinierte man sie zu herrlichen Bildern. Auf diesem Gewand aus der Ica-Chincha-Kultur sind drei Figuren aus gelben und roten Federn auf blauem Untergrund zu sehen.*

120 oben *Häufig kombinierte man Federn und Stoffe, um Kleidung und Kopfschmuck zu verschönern. Diese Zeremonialkrone aus der Chancaykultur mit hölzernem Unterbau und Ohrscheiben ist mit gelben und türkisfarbenen Federn des Ararauna, einer Papageienart, verziert. Außerdem schmücken Anhänger, Goldkugeln und kleine aufgesteckte Vögel die Krone.*

120 unten *Auch diese zylindrische Zeremonialkrone stammt aus dem Kulturkreis von Chancay. Gelbe Federn stecken in einem Gerüst aus Holz, das mit mosaikartig angeordneten, starren Pflanzenfasern verkleidet ist. Besonderer Beliebtheit erfreute sich der Kopfschmuck mit Federn während der späten Zwischenzeit.*

121 *Seltsame rote und grüne Wesen aus kunstvoll zusammengenähten Federn erscheinen auf dieser Tapisserie der Chimú. Forscher vermuten, dass die Chimú die Tradition der Federkunst von ihren Vorgängern, den Mochica übernommen haben, obwohl die frühesten Beispiele dieser Ausdrucksform erst aus dem Huarireich stammen.*

oder aus Koschenilleläusen, den Parasiten der Feigenkakteen. Um den Farbstoff zu erhalten, trocknete man die Tiere in der Sonne und kochte sie anschließend, doch diese Methode kam erst in der Huarikultur auf. Purpur gewann man aus den Säften zweier Leistenschnecken, Brandhorn und Purpurschnecke.

Bis heute ist nicht bekannt, wie die Peruaner die Farben auf den Baumwollstoffen fixierten. Häufig verzierten sie die fertigen Kleidungsstücke mit Metallschmuck oder bunten Federn tropischer Vögel.

Die Andenkulturen der Nordküste entwickelten besonders bei der Metallbearbeitung eine hohe Kunstfertigkeit, während im Süden die Web- und Textilkunst stets im Vordergrund stand. Die elegantesten Zeugnisse sind in leuchtenden Farben gehalten und von exzellenter Qualität. Sie stammen zumeist aus den Begräbnisstätten der Paracas-, Nazca- oder Chancaykultur, einige fand man auch in Gräbern der Huari. In dem überaus trockenen Klima dieser Gebiete blieben empfindliche organische Materialien wie Baumwolle, Wolle oder Federn über Jahrhunderte erhalten. Die Mumien der Paracas waren in mehrere Schichten bunter und bestickter Stoffe, so genannte *mantos*, gehüllt, die Symbole des Wohlstands und hohen Ranges darstellten. Die meisten Textilien, die man in Gräbern entdeckte, waren reich mit geometrischen Mustern oder stilisierten zoomorphen Figuren verziert, darunter detailreich gearbeitete Fische, Vögel oder Insekten.

Die Künstler der Nazca verwendeten großformatige Vorlagen für ihre Tapisserien, die, ähnlich wie die Tongefäße, komplexe Szenen mit Ungeheuern, Göttern und religiösen Ritualen zeigen.

Bei Ausgrabungen in Stätten des Huarireiches förderte man Tuniken in großer Zahl zutage. Vermutlich waren sie für Angehörige der politischen und militärischen Führungsschicht bestimmt. Für die Fertigung dieser Kleidungsstücke benötigte man viel Zeit und Talent sowie Rohstoffe in großer Fülle. Für eine Tunika verbrauchten die Weber Fäden von zehn bis 14 Kilometern Länge. Am häufigsten verzierte man die Gewänder der Huari mit stilisierten Figuren, die mit dem Viracochakult in Verbindung standen oder mit anderen anthropozoomorphen Wesen, die auf dem Sonnentor in Tiahuanaco zu sehen sind.

Die standardisierten Muster, aber auch die Anzahl der Fäden und die einheitliche Größe der Tuniken aus der Huarikultur lassen vermuten, dass die Textilproduktion der staatlichen Aufsicht unterstand und der Herrscher diese und vermutlich auch andere Formen des künstlerischen Ausdrucks kontrollierte.

122 oben Diese Zeremonialbrustplatte besteht aus tumbaga, einer Legierung aus Gold und Kupfer, die in den Anden häufig verwendet wurde. Links und rechts von der Gottheit sind Seepferdchen zu erkennen.

122 unten Dieses hübsche Objekt aus der Taironakultur besteht ebenfalls aus tumbaga. Der Anhänger hat die Form eines Wesens mit Krokodilgesicht und ausladendem Kopfputz.

Die Zentralanden zwischen Ecuador und Bolivien gehören zu jenen Teilen der Welt, in denen das Metallhandwerk traditionell eine wichtige Rolle spielte und zu hoher Blüte gelangte. In dem kleinen Dorf Huayhuaca entdeckte man die ältesten Spuren peruanischer Goldschmiedekunst, dünne Goldblättchen, die man auf etwa 1900 v. Chr. datiert. Im Zentrum Mina Perdida entdeckte man Kupferblech aus dem 13. Jahrhundert v. Chr. Diese beiden isolierten Funde machen deutlich, wie lange das Metallhandwerk im präkolumbischen Peru bereits existierte. Vermutlich verbreitete sich die Goldschmiedekunst von diesem Gebiet aus bis in die übrigen Regionen des südamerikanischen Kontinents.
In Kolumbien, wo die Stücke ein besonders hohes künstlerisches Niveau erreichten, stammen die ältesten Zeugnisse aus dem frühen 6. Jahrhundert v. Chr.
Drei bedeutende Entdeckungen führten dazu, dass sich die Goldschmiedekunst von Beginn des frühen Horizontes an rasch weiterentwickelte. Zum einen kam man auf die Idee, Legierungen aus verschiedenen Metallen zu verwenden, wodurch sich die Schmelztemperatur verringerte, außerdem blieben weiche Metalle auf diese Weise besser in Form, und zum anderen erfand man die Technik des Lötens. Dabei wurden zwei Metallstücke miteinander verbunden, indem man eine mit Kupferoxid angereicherte Paste aus Kautschuk oder Harz auftrug und sie anschließend erhitzte. Durch das Löten konnte man dickere Bleche herstellen und sie in das gewünschte Objekt verwandeln. Schließlich begann man, das Gold auf einer harten hölzernen oder metallenen Oberfläche mit einer Art Hammer zu bearbeiten und erhielt so große Bleche, die man anschließend schneiden und mit Treibtechnik zu Reliefs formen konnte.
Goldartefakte im Chavín-Stil sind die ältesten, die man bis heute aus der

123 links *Das Furcht einflößende Erscheinungsbild dieses Anhängers der Calima wird durch die vielen halbmondförmigen Plättchen betont. Kolumbische Goldschmiede verzierten das Hauptelement ihrer Arbeiten häufig mit beweglichen Teilen, um interessante Spiegeleffekte zu erzielen.*

123 rechts *Bei dieser Goldfigur aus der Calimakultur verdecken die Accessoires das Gesicht der Gestalt. Der Anhänger, der an einem Halsband getragen wurde, zeigt eine Person, die eine Art Zepter hält, und einen Schild trägt, der mit einem Tierfell bespannt ist.*

präkolumbischen Zeit gefunden hat. Es handelt sich meist um zylindrische Kronen aus Goldblech, die mit Bildern des Zeptergottes verziert sind. Heute geht man davon aus, dass die Andenvölker Gold als Erstes zu bearbeiten lernten. Vermutlich fand man es relativ häufig in Form kleiner Nuggets in Flüssen. Aber auch andere Metalle wie Silber, Kupfer und Zinn wussten die frühen Kulturen zu bearbeiten. Letzteres entdeckte man im 6. Jahrhundert v. Chr. Bis zur Ankunft der Europäer spielte Eisen im Andenraum keine Rolle. Die Handwerker verwendeten normalerweise Legierungen, zum Beispiel Bronze, eine Mischung aus Kupfer und Zinn, und *tumbaga,* eine Gold-Kupfer-Legierung.

Die meisten Goldschmiede bedienten sich der Technik des Hämmerns. Auf diese Weise schufen sie herrliche Objekte wie Masken und Kronen, aber auch elegante Behälter, kleine Ornamente, Schmuckstücke und Figurinen, die sie punzierten oder gravierten.

Um Metallwerkzeuge wie Äxte, Hammerköpfe oder Messer herzustellen, gossen sie das Metall in einfache Gussformen. Nur die peruanischen Goldschmiede aus der Mochekultur verwendeten die in Kolumbien weit verbreitete Methode des Wachsausschmelzverfahrens: Man stellte ein kleines Modell des gewünschten Objektes aus Wachs her und bedeckte es mit einer dicken Tonschicht, wobei ein Loch im Boden blieb. Sobald der Ton getrocknet war, erhitzte man die Form, bis das Wachs aus dem Loch lief. Nun goss man das flüssige Metall, aus dem der Gegenstand bestehen sollte, in die Tonform und ließ das Metall abkühlen. Anschließend wurde der Ton abgeschlagen. Mit dieser Technik konnten die Mochica völlig ebenmäßige runde Figurinen und herrliche Zepterköpfe in Form von Skulpturen herstellen, die Kultszenen veranschaulichen.

Während des Inka-Horizontes, fertigten die Goldschmiede Figurinen aus Gold oder Silber nur noch selten mit dem Wachsausschmelzverfahren an. Stattdessen benutzten sie eine zweiteilige Gussform.

Besondere Kunstfertigkeit entwickelten die peruanischen Goldschmiede bei der Oberflächenveredelung metallener Objekte. Hierzu wandten sie zwei gut bekannte Techniken an. Entweder brachten sie eine dünne Goldschicht auf die Oberfläche eines Gegenstandes aus Silber oder Kupfer auf oder sie ließen das in einer Silber-Kupfer-Legierung enthaltene Gold austreten. Bei diesem Verfahren erhitzt und hämmert man das Metallblech, bis sich an der Oberfläche eine Kupferoxidschicht bildet, die sich mit einer schwachen Säure leicht entfernen lässt. So entsteht eine Silberschicht mit einem geringen Goldanteil. Wenn man das Objekt nun in ein pflanzliches Säurebad legt, löst sich das Silber und es bleibt eine glänzende vergoldete Oberfläche zurück.

Die Andenvölker schufen unglaubliche Mengen von Gegenständen und Schmuckstücken aus Legierungen, insbesondere aus *tumbaga*. Erst als die spanischen Eroberer die kostbaren Dinge einschmolzen, die Atahualpa ihnen als Lösegeld überlassen hatte, bemerkten sie zu ihrer großen Enttäuschung, dass es sich nicht um Objekte aus reinem Gold, sondern um vergoldeten Objekte handelte.

Die Bewohner des Tauantinsuyu hielten Gold für den „Schweiß der Son-

124 *Diese elegante goldene Brustplatte stammt ebenfalls aus der Calimakultur. Der getriebene Rand ist mit stilisierten Vogelmotiven verziert, die an Yotoco-Tongefäße aus der gleichen Epoche erinnern.*

125 links *Auch diese Goldnadel stammt aus der Calimakultur. Viele Elemente dieser Kultur lassen sich schwer einordnen, zumal sie einen langen Zeitraum einnahm. Ein kleiner Vogel mit vier Haarlocken ziert den Kopf der Nadel.*

125 rechts *Auf dem Kopf dieser Goldnadel aus der Calimakultur sitzt eine kleine stilisierte Gestalt mit kaum erkennbaren Gesichtszügen. Sie trägt ein Zepter und einen Zeremonialstab, Attribute die ihren hohen Rang unterstreichen.*

126 oben Poporos *(Behälter für Kalk, den man Kokablättern zusetzte, um die berauschende Wirkung zu verstärken) haben unterschiedliche Formen. Sie werden der Quimbayakultur zugerechnet, die die berühmtesten Goldobjekte Kolumbiens hervorbrachte.*

126 unten *Dieser Anhänger aus der Quimbayakultur besteht aus* tumbaga, *einer Kupfer-Gold-Legierung mit niedrigem Goldgehalt. Mit dieser Technik schufen die Kolumbier viele Objekte, die den Eindruck erwecken, als bestünden sie aus massivem Gold.*

ne" und Silber für die „Tränen des Mondes". Die Herrscher der Inka, die Schmuck, Edelsteine und andere erlesene Objekte überaus schätzten, holten sich Experten und berühmte Goldschmiede an den Hof, die nach ihren Wünschen zu arbeiten hatten. Die meisten von ihnen stammten aus dem Gebiet der Chimú.
Die Kulturen an der Nordküste übernahmen die Tradition der Chavínkultur und entwickelten sie bis zur Eroberung durch die Spanier weiter. Nicht nur die Mochica, auch die Chimú und die Handwerker der Vicúsund der Sicánkultur spezialisierten sich auf die Fertigung prächtiger Schmuckstücke aus Gold und Silber. Die Sicánkultur brachte außerdem große Totenmasken, Opfermesser *(tumi)*, Becher, Brustplatten und Ohrscheiben hervor.
Auch Tongefäße und Flaschen mit doppeltem Ausguss und flachem Henkel in Gold und Silber wurden nachgebildet. Die Archäologen gehen davon aus, dass diese Objekte nur für die Elite bestimmt waren.
Meist brachten die Goldschmiede das Metall durch Hämmern in die entsprechende Form und erzeugten so einen Reliefdekor, dessen plastische Wirkung sie verstärkten, indem sie verschiedene Elemente wie Mosaiksteinchen aus Türkis und Muscheln zufügten.

Die Chimú setzten die Tradition von Sicán fort und behielten das hohe technische und künstlerische Niveau bei. Tuniken und Tapisserien aus diesem Kulturraum sind häufig mit goldenen und silbernen Ornamenten sowie mit Federn zu hübschen Textilkunstwerken gestaltet.
Die Chimú waren es auch, die den berühmten Coricancha (Sonnentempel), den Haupttempel von Cuzco und Wohnsitz aller Götter, erbauten. Sie verzierten Wände und Gärten mit Gold. Der Coricancha galt als architektonisches Wunder, bis die goldgierigen Spanier ihn plünderten und zerstörten.

127 *Dieser goldene* poporo *liefert einen weiteren Beweis für die hohe Kunstfertigkeit der Goldschmiede der Quimbaya. In diesem Fall ziert ein Kazike den Bauch des Gefäßes. Nur Mitglieder der herrschenden Elite waren im Besitz solch kostbarer Gegenstände.*

128 links Dieser poporo *aus der Quimbayakultur hat die Form eines sitzenden Mannes. Er trägt ein kurzes Oberteil und eine Schärpe um die Taille und hält stilisierte Zepter in den Händen. Seine Genitalien sind deutlich sichtbar.*

128 rechts *Diese hohle Goldfigurine ist ein typisches Erzeugnis aus der Quimbayakultur. Auch hierbei handelt es sich um einen* poporo. *Die Mitglieder der Oberschicht verwendeten solch elegante Gefäße bei den Zeremonien, die sich an den Genuss von Kokablättern knüpften.*

129 *Diese* poporos *haben die Form nackter Männer. Die stehende Figur ist schlank und muskulös, die sitzende dagegen korpulent.*

130 links *Die Inka schätzten die Gold- und Silberschmiedearbeiten der Völker, die sie unterwarfen. Besonders begehrt waren die kunstfertigen Handwerker der Chimú. Sie wurden an den Hof von Cuzco beordert. Dort mussten sie Schmuck und andere Objekte fertigen. Dieses weibliche Idol aus dem Inkareich zeichnet sich durch große Ohrringe aus.*

130 rechts *In der Mitte dieses hübschen silbernen Schmuckstückes prangt eine lebendig wirkende Eule. Spanische Chronisten berichten, dass Eulen als göttliche Wesen verehrt wurden. Man brachte sie in Verbindung mit rituellen Opferzeremonien und hielt sie für Wächter des Totenreiches.*

130–131 *Diese kleine Katze entstand zwischen 700 und 500 v. Chr., zur Blütezeit der Chavínkultur. Sie belegt, welch hohes künstlerisches und technisches Niveau die Goldschmiede bereits während des frühen Horizontes erreicht hatten. Die ältesten peruanischen Arbeiten stammen aus dem 2. Jahrtausend v. Chr. Sie sind damit deutlich älter als alle Tongefäße, die man bis heute in dieser Region entdeckte.*

131 oben *Bereits zu einem frühen Zeitpunkt fertigte man an der Nordküste von Peru Objekte aus Metall und Halbedelsteinen. Diese herrliche Ohrscheibe aus der Mochekultur besteht aus Gold und einem Mosaik aus Lapislazuli, Türkis, Korallen und Muscheln. Es zeigt einen geflügelten* chasqui *mit Vogelmaske. Die Figur steht in Verbindung mit den Myhten und Glaubensinhalten der Mochica.*

131 unten *Dieser hübsche Anhänger stammt ebenfalls von den Mochica. Der Gott im Zentrum steht auf dem halbmondförmigen Körper einer zweiköpfigen Schlange. Das Motiv mit seinen magischen und religiösen Bedeutungen ziert viele Wände in Chan Chan, obgleich die Stadt erst mehrere Jahrhunderte nach dem Verschwinden der Mochekultur entstand.*

132 oben *Dieser zylindrische Goldbecher stammt aus der Sicánkultur und ist in Hammertechnik gearbeitet. Im Zentrum sieht man Ñaymlap mit seinem typischen ausladenden Kopfschmuck.*

132 unten *Dieses Goldblech aus der Sicánkultur hat die Form eines Jaguars mit Furcht einflößenden Gesichtszügen, herausgestreckter Zunge und gezacktem Rücken. An den Löchern konnte man das Objekt an einer Kette oder einem Kleidungsstück befestigen.*

132–133 *Eine Vielzahl von Metallgefäßen wie das hier abgebildete belegt die hohe Kunstfertigkeit der Goldschmiede von Sicán. Ein Bandhenkel verbindet die schmalen, spitz zulaufenden Ausgüsse. Die kleinen Figuren, die das Gefäß zieren, stehen mit dem Kult um den Stammvater der Sicánkultur, Ñaymlap, in Verbindung. Objekte wie dieses dienten nicht dem alltäglichen Gebrauch, sondern fanden ausschließlich bei bedeutenden Anlässen Verwendung.*

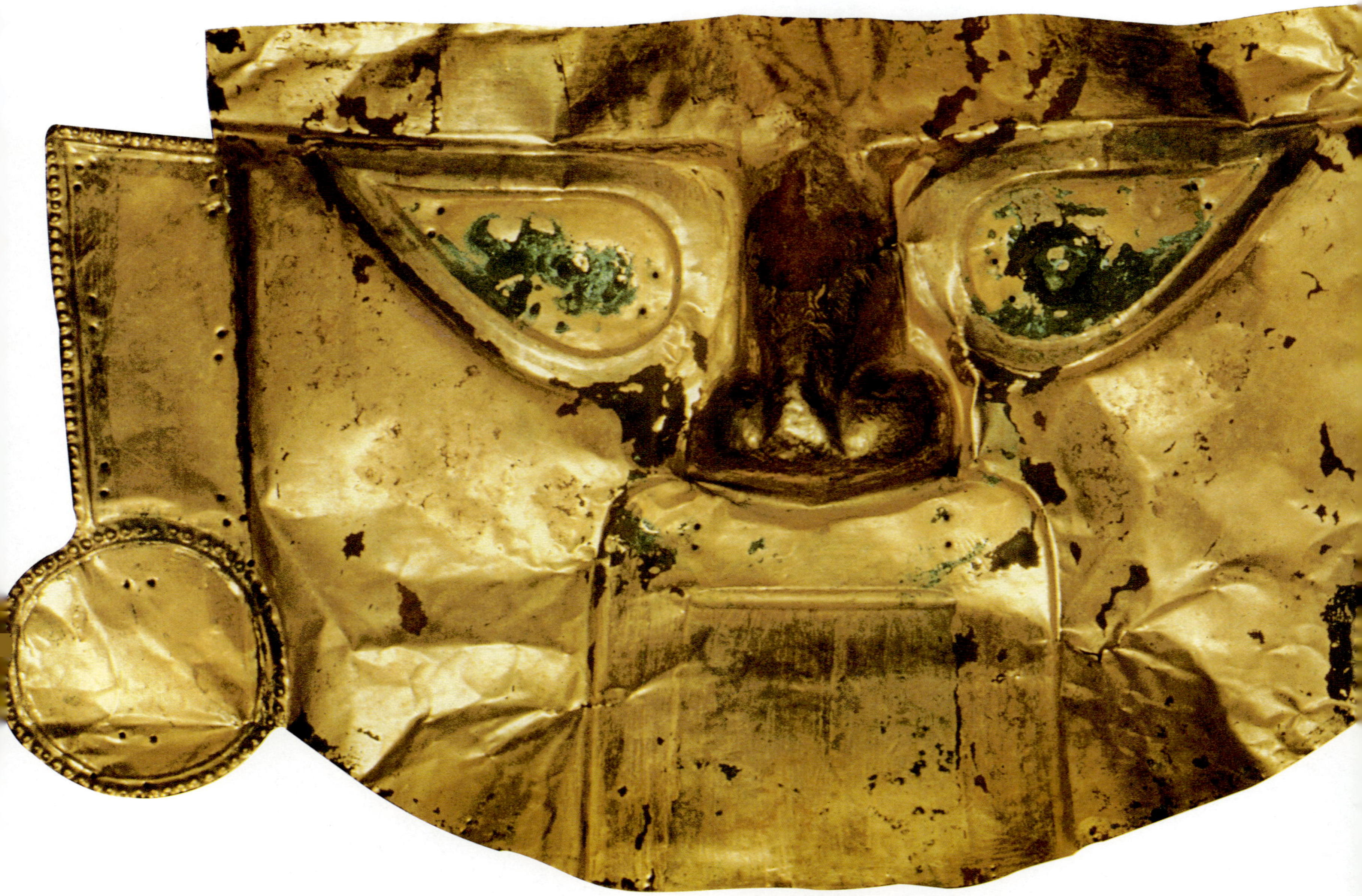

__134 oben__ Diese gehämmerte Goldmaske wurde in einem Grab der Sicánkultur entdeckt. An der Nordküste bestattete man die Angehörigen höherer Kasten mit wunderschönen Beigaben und legte dem Toten eine goldene oder silberne Maske auf das Gesicht.

__134 unten__ Dieser elegante zylindrische Goldbecher aus der Sicánkultur ist am Rand mit kleinen Türkisstückchen verziert. In der Mitte erkennt man den Kopf von Ñaymlap, der der Legende zufolge auf einem Floß über das Meer nach Peru kam und dort die Sicánkultur gründete.

__135 oben__ Diese Totenmaske ist äußerst aufwändig gearbeitet. Man erkennt rote und blaue Farbspuren sowie eine nariguera *und zahlreiche Ohranhänger.*

__135 unten__ In Gräbern an der Nordküste von Peru entdeckten Archäologen wundervolle Totenmasken aus Gold, Silber und tumbaga, *die aus der Zeit der Sicánkultur stammen. Die lang gezogenen, vogelflügelartigen Augen auf dieser Maske erinnern einmal mehr an Ñaymlap. Von der ursprünglich roten Farbe sind noch Spuren zu erkennen.*

136 *Dies ist einer der berühmtesten* tumi *aus der Sicánkultur, ein Meisterwerk der Goldschmiedekunst. Als* tumi *bezeichnet man ein halbmondförmiges Opfermesser, das die Völker der Nordküste während der späten Zwischenzeit verwendeten. Auf der Spitze dieses* tumi *steht eine mit Einlegearbeiten aus Türkis gestaltete Figur Ñaymlaps. Typisch sind die Augen, die an Vogelflügel erinnern, der halbrunde Hut und die Ohranhänger in Form kleiner Vögel. Auch die Rückseite der Gestalt ist verziert. Das Objekt gehörte einem hohen Würdenträger oder Herrscher der Sicánkultur.*

__137 links__ Dieses Objekt aus der Chimúkultur ist überaus kunstvoll gearbeitet. Es handelt sich um eine Zeremonialkrone mit Dekor in Hammertechnik; die Spitze bildet ein umgekehrter tumi. *Bei den Chimú verwendete man diesen ausschließlich zu rituellen Zwecken.*

__137 rechts__ Diese goldenen Zeremonialhandschuhe stammen ebenfalls aus der Chimúkultur. Sie sind mit geometrischen Mustern und anthropomorphen Motiven verziert. Auch Objekte dieser Art verwendete man nur für rituelle Zwecke.

138 links *Diese männliche Goldfigurine entstand zur Zeit des Inkareiches. Bemerkenswert sind die lang gezogenen Ohrläppchen. Im Inkareich galten sie als Zeichen eines hohen Ranges, deshalb deformierte man sie bereits im Kindesalter. Die Spanier bezeichneten sie als* orejones, *„Riesenohren".*

138 rechts *Goldene weibliche Votivfiguren aus der Inkazeit zeichnen sich durch gekreuzte Arme und langes Haar aus, das auf den Rücken oder die Schultern fällt.*

139 oben *Dieses Objekt veranschaulicht, mit welcher Kunstfertigkeit die Goldschmiede der Inkazeit Stoffe verzierten. Auf die Tunika aus Alpakawolle applizierten sie winzige gehämmerte Goldbleche. Das Kleidungsstück fand man in einem Inkagrab an der Südküste, in einem Randgebiet des Reiches.*

139 unten *Die Goldschmiede der Inka schufen nicht nur menschliche Figuren aus Silber und Gold, sondern auch Tiere wie das hier abgebildete Lama.*

Unterhaltung, Musik und Tanz

140 links *Diese Keramik der Mochica zeigt eine sitzende Gestalt mit gekreuzten Beinen. Sie spielt ein Blasinstrument. Betrachtet man das Gesicht genauer, so liegt die Vermutung nahe, dass der dargestellte Mensch blind ist.*

140 rechts *Diese seltsame Terrakottafigur aus der Nazcakultur zeichnet sich durch eigenartige Gesichtszüge und betonte Genitalien aus. Sie spielt auf einer Panflöte; neben ihrem Knie liegt eine Art Tamburin.*

Keramiken und andere, aus unterschiedlichen Materialien gefertigte Objekte veranschaulichen, welche Musikinstrumente die präinkaischen Kulturen kannten und benutzten. Mit Sicherheit begleitete Musik rituelle Tänze und Gesänge, die zu religiösen Zeremonien ebenso gehörten wie zu jahreszeitlichen oder bäuerlichen Festen. In vielen Gräbern der Nazca-, Moche- und Huarikultur entdeckten Archäologen reich verzierte und bunt bemalte Musikinstrumente aus Terrakotta. Die Instrumente, insbesondere Flöten und Trommeln, hatten bereits die gleiche Form wie jene, die die Inka Jahrhunderte später verwendeten. Einige Objekte zeigen Trommelspieler, auf anderen sind Hirten zu sehen, die eine kleine Panflötenart spielen.

Die ältesten Bilder von Tänzern entdeckte man auf Wandmalereien oder Graffiti frühzeitlicher Jäger- und

Sammlerkulturen. Auf einem Fels, der aus der Zeit der Chavínkultur stammt, ist ein Kriegstanz zwischen zwei Kämpfern dargestellt. Die meisten Quellen im Bereich von Musik und Tanz beziehen sich jedoch ebenfalls auf die Inkazeit.
Chronisten berichten von Festen und Zeremonien, denen sie selbst als Augenzeugen beiwohnten. Trotz aller Kolonisierungsbestrebungen leben viele dieser Rituale und Stücke bis heute in der peruanischen Volkstradition fort.
In den Berichten steht unter anderem, dass Feste grundsätzlich erst begannen, nachdem die Priester mit Riten und Opfern der Götter gedacht hatten. Danach folgte ein Trinkgelage mit *chicha,* dem alkoholhaltigen Maisgebräu der Indianer.
Pedro Cieza de León erzählt in allen Details von dem berühmten Inti Raimi, der Sonnenwendfeier der Inka. „Nachdem sie gegessen und getrunken hatten, waren sie alle berauscht, selbst der Inka und der Priester. Glücklich und erregt versammelten sich die Männer am Nachmittag, um

141 links *Archäologen entdeckten Beispiele erlesener, bunt bemalter Terrakottainstrumente aus der Nazcakultur. Die Abbildung zeigt drei Flöten, darunter eine in Form eines Fisches und eine mit einem Menschengesicht.*

141 rechts *Zu den ältesten andinen Darstellungen, in denen die Musik eine Rolle spielt, gehört dieses Gefäß aus der Vicúskultur. Eine seltsame Gestalt mit deutlich erkennbaren Geschlechtsteilen spielt die Panflöte, das auch heute noch am weitesten verbreitete Blasinstrument Südamerikas.*

142 *Bei diesen außergewöhnlichen Objekten aus der Mochekultur handelt es sich um Terrakottatrompeten. Ihre gebogene Form erinnert an europäische Jagdhörner. Das Ende des einen Instrumentes besteht aus einem Tierkopf, am Ende des anderen prangt eine Gestalt mit einem halbmondförmigen Hut, vielleicht eine Gottheit.*

Lieder und Balladen zu singen, die sie von ihren Vorvätern gelernt hatten."

Wenn man den Chroniken Glauben schenkt, so spielten während der Feierlichkeiten Rivalitäten zwischen unterschiedlichen Ethnien keine Rolle. Die Bewohner des Tauantinsuyu vergaßen alle Feindseligkeiten, tanzten und sangen gemeinsam.

Jede Provinz des Reiches besaß ihre eigenen rituellen Tänze. In der Regel wurden sie von Klagegesängen eingeleitet, die so lang und jammervoll waren, dass die Zuhörer dadurch in eine Art Trancezustand versetzt werden konnten. In der Region Callao gab es besonders viele Tänze, die die Feste begleiteten. Bei einem trugen die Tänzer Masken und Häute, bei einem anderen bemalten sowohl die männlichen als auch die weiblichen Tänzer zunächst ihre Gesichter und schmückten Ohren und Nasen mit Gold- oder Silberbändern.

Die Inka begleiteten ihre Lieder und Tänze mit den unterschiedlichsten Blas- und Schlaginstrumenten. Man kannte zum Beispiel mehrere Trommeln (in Ketschua *huancar)*, wobei die kleineren in der Regel von Frauen geschlagen wurden. Guamán Poma de Ayala berichtet sogar von einer bestimmten Trommelart, die man mit den Skalphäuten feindlicher Krieger bespannte.

Zu den Instrumenten, die von den peruanischen Kulturen seit Urzeiten benutzt wurden, gehörte auch der *pututu,* eine Art Trompete oder Bügelhorn, von dem man zahlreiche Exemplare fand. Der *pututu* bestand

143 oben links *Diese Figurine stammt aus der Icakultur im Süden von Peru. Die dargestellte Gestalt trägt einen langen, zylindrischen Hut und spielt auf der Flöte, einem typischen Musikinstrumente der Andenregion.*

143 oben rechts *Die Federzeichnung von Guamán Poma de Ayala illustriert einen Teil des Festes, das die Völker des Contisuyu, eines der vier Gebiete des Inkareiches, alljährlich feierten. Mit Vogelmasken und Federn geschmückt, tanzen die Männer, die Frauen folgen ihnen mit Tamburins.*

143 unten *Diese seltsam geformte Figur mit dem verzierten, unter dem Kinn befestigten Kopfputz ist ein typisches Beispiel aus der Kunst der Mochica. Die spitze Nase und die geweiteten Augen verleihen dem Gesicht einen vogelartigen Ausdruck. Die Gestalt, vielleicht ein Schamane in Zeremonialkleidung, schlägt ein Tamburin.*

aus einer bestimmten Meeresschnecke, der Fechterschnecke, die in den Gewässern vor der nordperuanischen und ecuadorianischen Küste wächst. Der tiefe Ton, den man dieser Schnecke entlocken kann, gab den Rhythmus für Gemeinschaftsarbeiten und heilige Zeremonien vor.
Es existierten aber auch *pututu* aus Terrakotta und einige Bilder aus der Mochekultur zeigen Musiker, die in das Mundstück des Muschelinstrumentes blasen.
Auch Flöten in den unterschiedlichsten Größen und Formen erfreuten sich großer Beliebtheit. Sie wurden aus Holz, Knochen, Bambus und gelegentlich auch aus Ton gefertigt. Mit am weitesten verbreitet war die Panflötenform mit mindestens fünf aneinander gebundenen Rohren. Die *quena* bestand dagegen aus einem einzigen Bambusrohr mit acht Löchern.
Bei den Festen erzählte man sich auch gerne Geschichten und Epen, begleitet von nostalgischen und romantischen Balladen, die man von Generation zu Generation weitergab.

Religion und Tod

Seit langem befasst sich die Wissenschaft nicht mehr nur mit der Gebrauchskultur im präkolumbischen Peru, sondern auch mit der Geisteswelt und den Glaubensvorstellungen der Andenbevölkerung. Natürlich stammen auch in diesem Bereich die umfassendsten Quellen aus der Inkazeit, denn viele spanische Chronisten widmeten sich intensiv dieser Thematik.
Um Informationen über die vorangegangenen Epochen zu erhalten, müssen die Wissenschaftler auf Schmuck,

144 oben *Durch die Keramik der Mochekultur erfährt man viel über die unterschiedlichen Architekturstile von Sakralbauten. Diese Stufenplattform hat eine runde Basis. Das kleine Haus an der Spitze ist das eigentliche Heiligtum, zu dem nur Anhänger des Kultes Zutritt hatten.*

144 unten *Dieser wertvolle Silbertempel stammt aus der Chancaykultur. Zwei Säulen stützen das Dach, von dem drei Reihen mit Glockenschnüren herunterhängen.*

Steinskulpturen oder die geheimnisvollen Bilder zurückgreifen, die man auf Gefäßen und Stoffen findet.
Bei archäologischen Grabungen legte man zahlreiche, von präinkaischen Kulturen errichtete Tempel frei. Am bedeutendsten sind die Sonnen- und die Mondpyramide der Mochica und der Tempel Huaca del Dragón aus der Chimúkultur nicht weit von Chan Chan.
Auch in Tiahuanaco, Cerro Purgatorio und Pachacamac liegen die Ruinen ehemals imposanter Gebäude. Wie in den ältesten Zeremonialzentren der präkeramischen Epoche und des Formativums handelt es sich hierbei um Stufenpyramiden mit mehreren, terrassenförmig angeordneten Stockwerken. Jedes dieser Gebäude hatte eine besondere Bedeutung. Die Form des heiligen Ortes, an dem Riten und Zeremonien stattfanden, sollte einem Berg ähneln, damit die Menschen,

145 oben *Zwar überdauerten nur wenige peruanische Tempel die Zeiten, doch dafür blieben zahlreiche Terrakottamodelle erhalten. Dieses wohlproportionierte Gefäß im Chimú-Stil zeichnet sich durch seine Flachreliefverzierungen aus. Zwei kleine Figuren, vermutlich Tempelwächter, stehen am Eingang.*

145 unten *Die Treppenstufen mit spiralförmigem Abschluss auf diesem Gefäß der Mochica lassen sich als stilisiertes Symbol eines Stufentempels deuten. Bei Ausgrabungen entdeckte man zahlreiche Strukturen dieser Art, die wie die Sonnen- und die Mondpyramide aus unverputzten Lehmziegeln bestanden. Die Stufenpyramide und das Motiv der Treppe sollten an Berge erinnern, jene Orte, an denen die Menschen den Göttern besonders nahe kommen.*

wenn sie bis zur obersten Plattform emporstiegen, das Gefühl hatten, sich den Göttern zu nähern.
Die Pyramiden bestanden aus Adobe, luftgetrockneten Lehmziegeln. Man nimmt an, dass sich der eigentliche Tempel auf der obersten Plattform erhob, aus Holz oder anderen vergänglichen Materialien bestand und nur den Priestern zugänglich war. Nur kleine Tonmodelle vermitteln heute noch ein annäherndes Bild dieser Strukturen. Einige der Gebäude, zum Beispiel der Tempel El Brujio der Mochica in Pañamarca, waren mit farbigen Wandgemälden verziert.
Zwischen der Religion und den Kulten der Inka und jener der anderen Andenkulturen gibt es einige Verbindungen, die jedoch so vage sind, dass sich ihr Ursprung heute nicht mehr mit Sicherheit nachvollziehen lässt. Während man in Mesoamerika viele Gottheiten identifizierte, deren

146 links *Furcht einflößende Züge und große Reißzähne kennzeichnen dieses Holzgesicht, das einen Spiegel der Mochica zierte. Archäologen haben die Gestalt als Ai Apaec identifiziert, den bedeutendsten Gott der Mochica, den diese vielleicht von der älteren Chavínkultur übernommen haben.*

Kult sich über Jahrhunderte bis zur Herrschaft der Azteken fortsetzte, blieben in Peru nur einige Bilder von übernatürlichen Wesen erhalten. Raubkatzen, Schlangen und Greifvögel, tauchen dabei immer wieder auf. Eine der ältesten Darstellungen befindet sich auf einem Stück Soff aus der präkeramischen Epoche, das man in Huaca Prieta entdeckte. Deutlich ist darauf ein Vogel mit Hakenschnabel – ein Kondor oder Adler – zu erkennen, der eine zusammengerollte Schlange im Leib trägt. Das berühmte Gipsrelief aus der frühen keramischen Epoche im Atrium des Tempels von Garagay zeigt Ungeheuer mit Raubtierzähnen, zahlreichen Beinen und seltsamen Rüsselnasen. Die Bedeutung dieser Bilder, auf die man in den ältesten Tempeln der peruanischen Küstenregion stieß, konnte bis heute nicht entschlüsselt werden. Offenkundig stehen sie in Zusammenhang mit den Kulten, die die ersten präkolumbi-

146 Mitte *Die Oberfläche der Raimondi-Stele in Chavín de Huántar ist mit Bildern des Zeptergottes, auch „Gott mit den Stäben" genannt, bedeckt. Abbildungen dieses Gottes, der die Züge eines Menschen, einer Raubkatze und einer Schlange vereint, findet man im gesamten Andenraum, insbesondere jedoch auf dem Sonnentor in Tiahuanaco.*

146 rechts *Das Bild eines Hybridwesens erscheint auch auf dem Tello-Obelisken, der Motive aus dem Amazonasurwald und von der Küstenregion zeigt. Teil der Symbolik, die sich an die Hauptgottheit knüpft, ist auch der Kaiman. Der Obelisk greift die Hauptthemen des Kultes auf, der in Chavín de Huántar praktiziert wurde, und mischt sie mit Aspekten anderer altperuanischer Kulturen.*

schen Bauern- und Fischergemeinschaften praktizierten.
Wer sich mit den Religionen der andinen Welt befasst, wird sich auch für Chavín de Huántar interessieren müssen, jenem Zentrum, das zusammen mit Tiahuanaco zu den berühmtesten in Peru gehört. Chavín de Huántar liegt in etwa 3000 Metern Höhe und blühte ab 700 v. Chr. Bis heute übt der Ort auf Besucher eine eigenartige Faszination aus, die vor allem von drei Steinstelen und den darin eingeritzten Motiven ausgeht. Die Deutung der dargestellten Kreaturen stellt die Forscher bis heute vor Probleme, doch gehören sie offensichtlich zur panperuanischen Religion, deren Einfluss sich im Süden bis zum Titicacasee und im Norden möglicherweise bis nach Kolumbien erstreckte.
Der älteste Tempel in Chavín de Huántar, das Castillo, wurde um einen zentralen Monolithen errichtet, den die Spanier seiner Form wegen Lanzón (Lanze) nannten. Eingeritzte Bilder bedecken den Stein. Sie gruppieren sich um ein Hybridwesen mit Furcht erregenden Zügen, das viele Wissenschaftler für den bedeutendsten Gott halten, der in Chavín de Huántar seit der Entstehung der Stätte verehrt wurde. Die anthropo-zoomorphe Gestalt mit Reißzähnen, Schlangenhaaren und Raubtiertatzen prangt auf der Ostseite. Sie reckt den rechten Arm nach oben, als wolle sie den Betrachter warnen oder grüßen.
Auch nachdem Chavín de Huántar seine Bedeutung als religiöses Zent-

147 links *Die Gottheit mit den Reißzähnen, den Zügen eines Jaguars und den Schlangenhaaren steht im Zentrum des Lanzón, eines eigentümlichen Monolithen, den man im Castillo von Chavín de Huántar entdeckte. Niemand weiß bis heute, woher dieser mysteriöse Kult und andere, ebenso geheimnisvolle Riten stammen, die Chavín de Huántar zu einem der berühmtesten religiösen Zentren des Andenraumes gemacht haben.*

147 Mitte *Das Bild der Raubkatze kehrt in der peruanischen Kunst immer wieder. Dieses Beispiel kommt aus der Mochekultur. Das Tier ist sehr realistisch, das heißt ohne die sonst üblichen übertrieben Furcht einflößenden Züge, dargestellt. Die Verehrung des Jaguars und der damit verknüpfte Kult wurzeln vermutlich in der Amazonasregion, in der das Tier lebt. Auf welchem Weg die Andenvölker es zum Gegenstand ihrer Verehrung machten, ist bis heute unklar.*

147 rechts *Zu den heiligen Tieren, die auf Gefäßen aus der Mochekultur häufig abgebildet wurden, gehört auch der Fuchs, hier in einer besonders realistischen Darstellung.*

148 oben *Sehr häufig stellte man im präkolumbischen Peru Priester und Schamanen dar, die gerade bestimmte Riten praktizieren. Dieses Objekt der Mochica zeigt eine Person von hohem Rang, wie Kopfband, Umhang und Kapuze belegen. Die Hände sind zum Gebet gefaltet.*

148 unten *Bei diesem eigentümlichen Objekt handelt es sich um ein Gefäß aus der Salinarkultur. Das tätowierte Wesen mit Gesichtsbemalung bearbeitet seine Kehle mit einem Messer. Es könnte sich um einen Selbstverstümmelungsritus handeln.*

rum verloren hatte, blühte der Kult des Raubtiergottes in ganz Peru weiter. Über seinen Ursprung rätseln die Archäologen allerdings bis heute. Einige vertreten die These, dass Verbindungen zwischen der Andenwelt und Mesoamerika bestanden und der Raubtiergott über Handelswege von den Olmeken aus nach Peru gelangte. Andere meinen, dass beide Kulturen einen religiösen Kult aus dem Amazonasgebiet übernommen haben, der einzigen Region Südamerikas, in der der Jaguar heimisch ist.
Zu einem unbekannten Zeitpunkt errichtete man in Chavín de Huántar eine weitere Stele mit noch komplexerer Ikonographie. Nach dem Archäologen, der die Bilder als Erster untersucht hat und zu interpretieren versuchte, trägt der Monolith den Namen Tello-Obelisk. Die eingeritzten Motive sind kompliziert und so miteinander verwoben, dass man die Darstellung geradezu als barock bezeichnen könnte. Unter anderem kann man zwei Kaimane, Schlangen, Jaguare und Vögel erkennen, alle mit Furcht einflößenden Zügen. Auch Pflanzen des tropischen Regenwaldes wie Erdnüsse und Maniok sind zu erkennen. Diese Bilder stammen eindeutig aus dem Amazonasgebiet, das von den Hochebenen der Anden weit entfernt liegt. Doch es gibt auch Motive, die man dem Küstengebiet zuordnen kann. Dazu gehören zum Beispiel die Klappmuschel und die Fechterschnecke aus Ecuador. Tello vertrat die Auffassung, dass der religiöse Kult von Chavín de Huántar im geographischen und kulturellen Umkreis des Amazonasgebietes wurzelt. Andere Archäologen halten dem entgegen, dass die Muscheln und Schnecken sowie der architektonische Stil der Tempel eher auf die Küstenregion verweisen. Möglicherweise trafen in Chavín de Huántar Glaubensinhalte aus verschiedenen Richtungen aufeinander und wuchsen zu einem neuen Kult mit veränderter Symbolik zusammen.
Während einer späteren Phase und zeitgleich mit dem Bau des Neuen Tempels errichtete man die Raimondi-Stele, die ebenfalls den Namen eines berühmten Archäologen trägt. Sie ist etwa 2 Meter hoch und zeigt das doppelte – aufrechte und nach unten gekehrte – Bild eines einzigartigen Wesens, das die Forscher als „Zeptergott", „Gott mit den Stäben" oder „Gott mit der Jaguarmaske" bezeichnen. Die Gottheit ist halb Tier,

149 oben *Dieses mit Fruchtbarkeitsriten verknüpfte Objekt ist eine* paicha. *Die vogelförmige Schale mit Loch im Boden sitzt auf einem langen Griff, durch den sie mit einem kleineren Vogel verbunden ist. Wenn man eine Flüssigkeit in die Schale goss, so floss sie durch den Griff zu dem kleineren Tier, durch dessen Schnabel in die Trinkschale und von dort wieder durch den Griff bis zum anderen Ende der* paicha. *Sowohl die Technik als auch der Dekor der* paicha *sind beeindruckend.*

halb Mensch, hat scharfe Reißzähne und Raubtiertatzen und hält in den Händen zwei Zepter, die Schlangen ähneln. Die Symbolik ist noch komplexer als die der anderen Stelen, da sich hier Elemente mischen, unter denen Jaguar und Schlange hervorstechen. Immer noch rätselt man darüber, wen das Doppelbildnis auf der Raimondi-Stele zeigt und in welcher Verbindung die Kreatur mit der natürlichen Umgebung, dem Volk von Chavín de Huántar, anderen peruanischen Kulturen oder benachbarten Regionen steht. Befriedigende Antworten auf diese Fragen gibt es bislang nicht, sondern lediglich eine Vielzahl von Hypothesen, die um das geheimnisvolle Wesen kreisen. Gleichwohl lässt sich der Kult, der im gesamten Andenraum verbreitet war, bis die Inka an die Macht gelangten, wenigstens ansatzweise beschreiben. Nachdem Chavín de Huántar um 300 v. Chr. seine bedeutende Stellung als Zeremonialzentrum verloren hatte, pflegten Völker späterer Jahrhunderte den Kult weiter. Hinweise darauf fand man bei den Mochica, den Nazca und bei anderen kleineren Kulturen, denn dort tauchen die aus Chavín bekannten Bilder einer Hybridgottheit mit den Zügen einer Raubkatze und einer Schlange ebenfalls auf. Ungeachtet der stilistischen Unterschiede, die sich aus der Verbindung des Motivs mit lokalen Traditionen ergaben, ist der fragliche Gott jeweils eindeutig eine direkte Ableitung des in Chavín de Huántar verehrten Wesens. Eine besondere Position nimmt in diesem Zusammenhang Ai Apaec ein, ein Gott aus der Mochekultur, den die Inka in ihre Götterwelt übernahmen.
In Tiahuanaco, jener Stadt, deren Ruinen am Ufer des Titicacasees liegen, wird das Erbe von Chavín de Huántar am deutlichsten. Die meisten Forscher gehen davon aus, dass Tiahuanaco um 100 v. Chr. gegründet wurde. Dort versuchte man den Kult des Zeptergottes neu zu beleben. In der Folge entwickelte sich die Stätte zum Sitz einer mächtigen theokratischen Elite. Auf dem Sonnentor verewigten die Bewohner von Tiahua-

149 unten *Diese Keramikfigurine aus der Inkazeit mit groben Gesichtszügen trägt mehrere Gefäße. Es könnte sich um einen Verantwortlichen des Wasser- und Quellenkultes handeln.*

naco den Hauptgegenstand ihrer Verehrung, jenes Wesen, das eindeutig dem Zeptergott ähnelt.
Mündliche Überlieferungen, die sich über 1600 Jahre bis zur Ankunft der spanischen Eroberer tradierten, nennen den Gott Viracocha, „den, der aus dem Schaum des Meeres auftauchte". Die Gestalt auf dem Sonnentor hat das Gesicht einer Raubkatze, die Haare laufen in Schlangen aus. Sie ist umringt von anderen geflügelten Wesen, vielleicht Dämonen oder Dienern, die ebenfalls antropozoomorphe Züge aufweisen.
Nicht nur in Tiahuanaco verehrte man Viracocha oder eine ihm ähnliche Gottheit, der Zeptergott spielte auch im gesamten Einflussgebiet der Huari und in den von ihnen eroberten Gebieten eine wichtige Rolle. Dies belegen zahlreiche Bilder auf Gefäßen oder Webstoffen.
Der Kult des Zeptergottes, den die Bewohner von Tiahuanaco verbreiteten, setzte sich überall rasch durch, sodass andere lokale Gottheiten in Vergessenheit gerieten. Die Inka huldigten dem Sonnengott Inti, gestatteten aber, dass ihre Untertanen Viracocha verehrten, der als höchster Schöpfergott und Schutzpatron des Wassers und der Fruchtbarkeit galt.
Darstellungen des Raubtiergottes und des Zeptergottes aus der präinkaischen Epoche findet man im gesamten Andenraum. In diesem Zusammenhang sollte man bedenken, dass in Peru – wie auch in Mesoamerika – die gesamte Natur, das heißt alle Tiere und Pflanzen, ähnlich wie Gottheiten verehrt wurden. Das Heilige, in Ketschua *huaca* genannt, existierte überall, und Wasser, Berge, Gräber und Tempel dienten in der Vorstellung der Menschen übernatürlichen Wesen, Göttern und Geistern als Wohnstatt.
Die Mochica, Nazca und Chimú verliehen Fischen, Vögeln, Muscheln, Füchsen und Hirschen oftmals das Aussehen von Menschen oder Ungeheuern. Nutzpflanzen wie Bohnen, Mais oder Kürbisse trugen ebenfalls menschliche Züge, denn man hielt sie für Wächter der Fruchtbarkeit. Der Pacha-Mama-Kult spielte noch zur Zeit der Inka eine wichtige Rolle. Pacha Mama war eine Art Erdmutter mit Menschengesicht und Kürbiskörper. Da es aus jener Zeit jedoch keine schriftlich fixierten Quellen gibt, bleibt alles Wissen über die Götter und Glaubensformen im alten Peru Stückwerk und basiert im Wesentlichen auf dem Dekor von Tongefäßen oder Webstoffen.
Die Chronisten berichten, dass die Inkaherrscher den Kult des Sonnengottes einführten. Sie zwangen ihre Untertanen, Inti anzubeten und bauten ihm mächtige Tempel wie den berühmten Coricancha, den Sonnentempel in Cuzco, dessen Wände mit Gold und Silber verkleidet waren.
Der Inka selbst, der eine den ägypti-

150 *Dieses Gefäß aus der Mochekultur zeigt einen Ruderer in einem fischförmigen Boot mit zwei Gefangenen. Der Schiffer mit Raubtierzähnen ähnelt Ai Apaec oder einem ähnlichen Gott, doch lässt die Szene sich nur schwer interpretieren. Eine These besagt, dass die Gefangenen einem Meeresgott geopfert werden sollen, doch gibt es hierfür keinen Beweis.*

150–151 *Auch dieses Gefäß der Mochica zeigt religiöse Elemente, deren Bedeutung unbekannt ist. Ein Drache mit Schlangenschwanz hält zwischen seinen Klauen einen Menschenkopf mit geschlossenen Augen. Die Szene steht vermutlich in Verbindung mit dem Trophäenkopfkult, einem in Peru weit verbreiteten Kult mit rituellen Enthauptungszeremonien. Das Motiv des Drachen bleibt rätselhaft. Es könnte aus der Recuaykultur stammen, in der unter anderem der Mond verehrt wurde.*

151 oben *Diese Keramikflasche zeigt ein typisches Motiv des Andenraumes, den Greifvogel. Man erkennt einen Adler, der eine Schlange im Schnabel hält. Beide Kreaturen gehören zur Glaubenswelt der andinen Kulturen. Sie galten als Verbindungsglieder zur Welt der Götter.*

151 unten *Die Mochica und andere präkolumbische Völker stellten Nachtvögel wie die Eule oft als Hybridwesen mit menschlichen und tierischen Zügen dar und ließen sie Opferzeremonien beiwohnen. Es existieren aber auch solch realistische Bilder.*

152 links *Dieses Keramikgefäß aus der Sicánkultur veranschaulicht den Totenkult. Vier Personen tragen den Verstorbenen, der auf einer Bahre ruht. Deutlich zu erkennen ist der leidvolle Gesichtsausdruck der Begleiter.*

152 rechts *Dieses Gefäß der Mochica zeigt vermutlich einen Priester mit einer Zeremonialmaske, die den Tod darstellt. Im Andenraum hatte er – wie bei vielen anderen Völkern – das Aussehen eines Skeletts.*

152–153 *Dieses Objekt aus der Chimúkultur zeigt einen Leichenzug, bei dem kleine Holzfiguren einen Sarkophag begleiten. Ähnliche Darstellungen findet man häufig in der Kunst der nördlichen Küstenregion. Sie veranschaulichen die Bedeutung des Totenkultes.*

153 oben *Auch bei den Inka spielte der Totenkult eine wichtige Rolle. Die Federzeichnung von Guamán Poma de Ayala zeigt ein Begräbnis der Inka mit dem dazugehörigen Wasserritual. In der Vorstellung der Inka wandelte sich der Mensch dabei zum göttlichen Wesen.*

schen Pharaonen vergleichbare Macht ausübte, galt als irdische Inkarnation der Sonne, seine Schwestergattin als Verkörperung des Mondes. Die meisten archäologischen Funde aus dem präkolumbischen Peru stammen aus den Beigaben unterirdischer Gräber. In dem überaus trockenen Klima, das besonders in der Küstenregion herrschte, blieben Gefäße, Schmuck und organische Materialien wie Stoffe, Federn, Nahrung und Knochen hervorragend erhalten. Alle Andenvölker praktizierten Erdbestattungen, wie die ältesten Kollektivgräber aus der präkeramischen Epoche belegen. Wie so viele andere antike Völker glaubten auch die andinen Kulturen an ein Leben nach dem Tod und verehrten ihre Ahnen. Sie versuchten, die Verstorbenen würdevoll beizusetzen, damit sie im Jenseits genauso glücklich und begütert leben konnten, wie zur Zeit ihres irdischen Daseins. Tradition und Glaube hatten zur Folge, dass die präkolumbischen Völker Perus einen Totenkult betrieben, der nicht nur die Geister der Toten betraf, sondern dem gesamten Menschen galt, den man vor dem Zerfall bewahren wollte. Natürlich richtete sich das Interesse vor allem auf die Mitglieder der herrschenden Elite. Dies belegen zahlreiche Gräber, darunter vor allem das erst in jüngster Zeit entdeckte Grab des „Señor de Sipán" aus der Mochekultur. Fürsten wie ihn begrub man nicht nur mit Schmuck, Waffen und anderen kostbaren Objekten; vielmehr mussten ihm auch Sklaven, Konkubinen und ein Hund in den Tod folgen, damit der mächtige Herr seine letzte Reise nicht ohne Begleitung antrat.

Die größten und interessantesten Gräberfelder befinden sich in Paracas. Sie reichen von eher bescheidenen bis zu überaus prächtig ausgestatteten Gräbern, je nachdem, welcher Schicht der Verstorbene angehörte. Die ältesten stammen aus dem 10. Jahrhundert v. Chr. Menschen einfacher Herkunft wickelte man in ein grobes Baumwolltuch, einen *manto,* und legte sie mit einigen einfachen Terrakottagefäßen in ein Grab dicht unter der Erdoberfläche. Angehörige der Oberschicht und Reiche erkannte man an der Zahl der Stoffschichten, die um die mumifizierten Körper gewickelt waren. Einige dieser Mumienbündel, *fardos,* türmen sich bis zu 2 Meter hoch auf. *Fardos* gehören zu den typischen Merkmalen der südperuanischen Küstenkulturen.

Man legte zunächst den Körper des Toten in Fötalstellung in einen Korb und umwickelte ihn anschließend mit Stoffbahnen, die aneinander genähten worden waren. Häufig dekorierte man die Mumienbündel mit einer Tunika aus farbigen Federn, einem ledernen Umhang oder einer Totenmaske mit Zepter. Einige Forscher behaupten, dass die Anzahl der Stoffschichten nicht auf Zufall beruhe, sondern sich an magische und religiöse Riten knüpft. Häufig stattete man die Mumienbündel mit erlesenen Beigaben aus, zum Beispiel mit Schmuck, Meerestieren, Federn, Gefäßen oder Tierhäuten. Die Gräber der ältesten Nekropole in Paracas haben die Form einer Flasche oder Birne, während jüngere in der Regel aus unterirdischen, quadratischen oder rechteckigen Kammern bestehen. Beide dienten als Kollektivgräber und enthielten bis zu 40 Mumienbündel, die zum Teil übereinander gestapelt waren.

Große Mumienbündel kommen seltener vor als kleinere, denn sie enthielten die sterblichen Überreste von Angehörigen der Oberschicht oder der herrschenden Elite. Analysen haben gezeigt, dass es sich bei den Verstorbenen um Männer handelt.

153 unten *Diese Mumie aus einer Nekropole in Paracas ist in ein hübsches Tuch gehüllt. An der Spitze des Zeremonialzepters prangt ein Menschenschädel, vermutlich ein Trophäenkopf. Das Zepter weist auf den Rang des Verstorbenen hin.*

154 oben links *Die vielen Mumienbündel, die man in Kollektiv- und Einzelgräbern fand, belegen die Bedeutung des Totenkultes für die präkolumbischen Gesellschaften von Peru. Auf diesem Bild ist eine Prozession zu sehen, die jedes Jahr im November zu Ehren der Verstorbenen stattfand.*

154 oben und unten links *In Gräbern andiner Kulturen fand man reiche Grabbeigaben, die den Verstorbenen auf seiner Reise ins Jenseits begleiten sollten. Die Abbildung zeigt zwei hölzerne Totenmasken aus der Kultur der Chancay. Sie ruhten auf dem Gesicht des Toten, um dessen Position anzuzeigen.*

Bei den Gräbern von Paracas und denen anderer Gebiete gilt das Interesse der Wissenschaft natürlich stets dem Zustand der Toten. Wie bereits erwähnt, konservierte das trockene, wüstenartige Klima der Küstenregion den Inhalt der Gräber. Im Jahr 1896 entdeckte der berühmte deutsche Ärchäologe Max Uhle bei Ausgrabungen in Pachacamac bei Lima ein Mumienbündel. Im Inneren des Korbes befand sich der mumifizierte Körper eines zwölfjährigen Mädchens, der über 500 Jahre perfekt erhalten geblieben war. Die Familie der Verstorbenen hatte den Körper nicht einbalsamiert, sondern ihn lediglich dem extrem trockenen Klima ausgesetzt. Viele Funde dieser Art zeigen, dass die Körper, wenn man sie in einfache Stoffbahnen einhüllte, ohne äußere Einwirkung auf natürliche Weise mumifiziert wurden.
Wissenschaftler konnten auch nachweisen, dass die ältesten Mumifizierungen in Peru und Chile auf das 4. Jahrtausend v. Chr. zurückgehen und sich zu einer Tradition entwickelten, die alle Kulturen bis zum Inkareich übernahmen. Bei diesen Völkern und auch bei den Toten selbst fand man bislang keinerlei Hinweise auf die Techniken, mit denen man die Lei-

154 oben rechts *Die Mumienbündel der Paracas-, Nazca- und Chancaykultur trugen oft falsche Köpfe, wie dieses Bild zeigt. Auf den Baumwollkopf applizierte man Augen, Nase und Mund und setzte ihm eine Kopfbedeckung aus Gold und Kupfer auf.*

155 oben *Diese Puppen aus Holz, Baumwolle und Pflanzenfasern stammen aus der Chancaykultur. Sie dienten als Votivgaben bei magischen oder religiösen Zeremonien.*

155 unten *Die Chimúkultur brachte diese hölzernen stilisierten Votivfiguren hervor, die eine magisch-religiöse Bedeutung hatten. Archäologen entdeckten sie in einer Begräbnisstätte der Chimú.*

chen einbalsamierte, wobei die Mehrzahl der Körper sowohl aus der präinkaischen Epoche wie auch aus der Inkazeit in der bereits beschriebenen Weise austrocknete. Nur einige wenige ethnische Gruppen balsamierten ihre Verstorbenen ein.

Die Völker, die die Natur walten ließen, wählten Begräbnisstätten mit besonders trockenem Klima und Boden. Um den Prozess zu erleichtern, legte man die Körper zunächst in der Nähe eines Feuers ab. Es existierten jedoch auch kompliziertere Techniken, bei denen man die Eingeweide entfernte und durch konservierende pflanzliche Substanzen ersetzte, ehe man den Körper mit speziellen Harzen und Balsamstoffen behandelte. Einmal mumifiziert, verehrte man die Herrscher, die hochrangigen Persönlichkeiten und auch die Gründerväter eines *ayllu* als *huacas,* als heilige Idole.

In regelmäßigen Abständen fanden in Cuzco religiöse Feiern mit Prozessionen statt, bei denen man die Mumien ankleidete, maskierte und durch die Straßen trug. Die hierfür bestimmten Mumien wurden niemals begraben, sondern in kleinen, kühlen Höhlen aufbewahrt. Dort brachte man ihnen das ganze Jahr über Gaben und Opfer dar. Garcilaso de la Vega und Guamán Poma de Ayala hinterließen interessante Berichte zu diesem Thema und konnten sich nicht genug über den außerordentlich guten Zustand, in dem sich die Mumien der Inka befanden, wundern.

Moderne Laborversuche mit andinen Mumien aus unterschiedlichen Epochen haben sich mit dem Gesundheitszustand der Menschen zum Zeitpunkt ihres Todes und mit ihren Krankheiten beschäftigt. Man untersuchte außerdem, wovon sich die präkolumbischen Menschen ernährt haben und ob sie zu Lebzeiten Kokablätter oder andere Drogen zu sich genommen haben.

In den Chroniken findet man widersprüchliche und zum Teil wirre Erzählungen von Menschopfern, die angeblich auf Anordnung der Inkaherrscher zu Ehren des Sonnengottes Inti durchgeführt wurden. In jüngerer Zeit entdeckte und untersuchte man die Mumien von Kindern und Jugendlichen, die im Verlauf makaberer Riten eines gewaltsamen Todes starben, deren Leichname jedoch in den eisigen Temperaturen der Andengletscher die Zeiten überdauerten. Diese Studien scheinen die historischen Quellen zu bestätigen.

KRIEGFÜHRUNG

Die Macht des Inkaherrschers basierte in erster Linie auf der schlagkräftigen Armee, denn nur mit ihrer Hilfe konnte er seine imperialistischen Eroberungspläne verwirklichen. Es gab zwei Arten von Soldaten, zum einen die Berufssöldner und zum anderen jene Krieger, die man zu jeder Zeit zur Verteidigung des Staates heranziehen konnte.

Diese Soldaten auf Abruf mussten ihre Feldarbeit sofort aufgeben, wenn man sie brauchte. Dadurch entstand jedoch stets ein schwerer wirtschaftlicher Schaden, der letztlich dem gesamten Land zum Nachteil gereichte.

Die Berufssoldaten rekrutierten sich in der Regel aus der Oberschicht.

Diese Offiziere kamen aus allen Provinzen des Reiches. Ihre Familien begleiteten sie, doch die Frauen nahmen niemals am Kampfgeschehen teil.

Die Truppen waren gut trainiert und bewaffnet. Je weiter sich das Reich ausdehnte, umso größer wurde die Armee. Sie benötigte eine straffe Struktur, um für Kriegszüge gerüstet zu sein und um die permanenten Revolten ethnischer Gruppen niederzuschlagen, die die Herrschaft des Inka nicht anerkannten.

Es existierte eine große Bandbreite von Waffen, doch ähnelten sie stets

156 links *Diese Zeichnung von Guamán Poma de Ayala zeigt eine Kriegsszene aus der Inkazeit. Der Inka Huáyna Capac steht auf einem eleganten Tragsessel und schickt sich an, einen Stein auf seine Feinde zu schleudern. Während des späten Horizontes waren diese Waffe, die in Ketschua* huaraca *genannt werden, weit verbreitet.*

156 rechts *Symbolische Motive der Mochica vermitteln einen Eindruck von der Kriegskleidung der Völker an der Nordküste von Peru. Dieses Gefäß zeigt einen Krieger mit auffälliger Kopfbedeckung, die vermutlich die Machtposition des Trägers unterstreicht. In einer Hand hält er eine Speerkeule, eine typische Waffe der präkolumbischen Ära.*

157 links *Unzählige peruanische Gefäße zeigen bewaffnete Krieger aller Art. Dieser kniende Soldat, ein Gefäß aus der Vicúskultur, trägt einen Schild und eine Speerkeule. Die Kopfbedeckung mit Band macht deutlich, welcher sozialen Schicht der Mann angehört.*

157 rechts *Dieser drohend blickende Krieger der Mochica aus Terrakotta ist mit Schild und Lanze bewaffnet. Ein dekoratives geometrisches Muster ziert Kopfbedeckung und Schild.*

denen, die auch die übrigen Andenvölker verwendeten. Ohne Zweifel war jedoch das Heer der Inka bis zur Ankunft der Spanier das am besten gerüstete im gesamten präkolumbischen Amerika.

Diese Armee profitierte auch von der effektiven Infrastruktur des Reiches, die eine gute Versorgung gewährleistete. Die Truppen konnten Tausende von Kilometern maschieren und dabei an verschiedenen Raststationen Halt machen, wo Nahrung und neue Waffen auf sie warteten. Auch Nachrichten gelangten über das weit verzweigte Wegenetz rasch von einem Ort an den anderen.

Die Offiziere unterschieden sich von den einfachen Soldaten durch ihre Kleidung. Sie trugen den *unku,* eine ärmellose Tunika, die als Zeichen eines hohen Ranges galt, sowie die *huara,* eine Art Lendenschurz, und *ojotas,* Sandalen. Als Statussymbol dienten auch mit Fransen verzierte

Knieschützer und ein hölzerner, mit Federn verzierter Helm.
Die Schlachten fanden auf freiem Feld statt, wobei in der Regel Mann gegen Mann kämpfte. Es scheint, als hätten die Inka Pfeil und Bogen gekannt, sie jedoch verächtlich als typische Waffen der Chuncos, der „Urwaldwilden", bezeichnet und deshalb abgelehnt.
Die wichtigste Waffe in der Schlacht war die *huaraca,* die Schleuder. Sie kam zum Einsatz, wenn die feindlichen Soldaten noch ein Stück voneinander entfernt waren. Beim Sturmangriff benutzte man dagegen einen Speer mit hölzerner oder metallener Spitze und im Nahkampf versuchten die Krieger den Schädel des Gegners mit einem Knüppel zu zertrümmern. Auf einer dieser Keulen war ein Kupferball mit Spitzen befestigt, andere bestanden aus Holzgriffen mit einem sternförmigen Ende aus Stein oder Kupfer. An die Stelle des abgerundeten Keulenkopfes trat häufig auch eine T-förmige Axtklinge.
Zu ihrer Verteidigung trugen die Krieger kleine, mit dem Symbol des Inka verzierte Schilde. Den Kopf schützten sie mit einem Helm aus Holz, ihren Körper mit wattierter Kleidung.

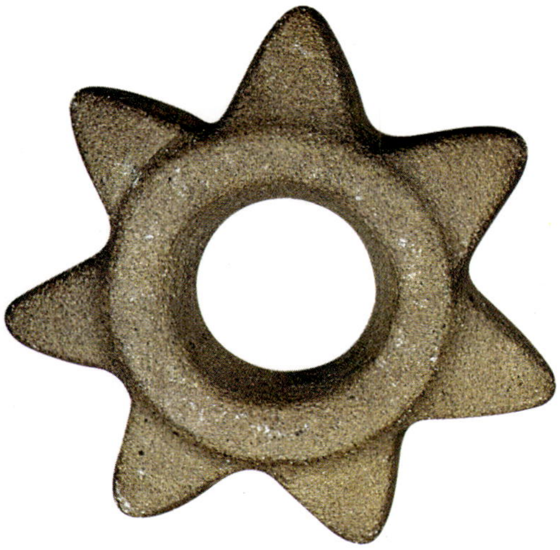

158 *Diese auf Holz gemalte Szene zeichnet sich durch ihre Farbenvielfalt und die Fülle der Details aus. Drei Frauen mit nacktem Oberkörper, die einen einfachen Rock tragen, nähern sich dem Inka, der auf seinem Thron sitzt. Die Hände der Frauen sind gefesselt. Weibliche Gefangene mussten entweder Sklavenarbeit verrichten oder sie wurden ins Aclla Huasi, ins „Haus der erwählten Frauen“ aufgenommen.*

158–159 *Diese Szene ziert einen hölzernen Keru aus der Kolonialzeit. Links ist eine hochrangige Persönlichkeit zu sehen, vermutlich ein Krieger der Inka, der mit seiner Axt auf einen Gefangenen einschlägt. Der Soldat hat seinen Feind an den Haaren gepackt. Dies entspricht der typischen Ikonographie des Andenraumes.*

159 links und oben Mitte *Die hier abgebildeten Waffen stammen aus der Inkazeit. Zu sehen sind sternförmige und abgerundete Keulenenden sowie eine T-förmige Axtklinge aus Stein. Die Keulendenden steckte man in Holzstöcke, die Äxte band man an lange Holzkeulen.*

159 oben rechts *Dieses Bild illustriert mit viel Liebe zum Detail die Kriegskleidung der Inka. Hier kämpfen Fußsoldaten der Inka gegen einen spanischen Reiter. Die Eingeborenen tragen Federhelme, rechteckige Schilde und Äxte mit T-förmigen Klingen, die an langen Holzstäben befestigt sind.*

159 unten Mitte *So sahen die Waffen der Inka aus: eine Axt mit T-förmiger Klinge aus Bronze und hölzernem Griff und eine Steinkeule. Die Andenvölker kannten bis zur Ankunft der Europäer kein Eisen.*

159 unten links *Dieser Keru zeigt den Inka in eleganter Kriegskleidung. Der Herrscher hält Lanze und Schild; er trägt eine Kopfbedeckung, die mit Federn verziert ist, eine Tunika und einen farbigen Umhang. Schmuck aus Federn galt als Zeichen von Macht und Einfluss.*

160 oben *Bilder aus unterschiedlichen Andenkulturen belegen, welches Schicksal die gefangenen Feinde erwartete. In dieser makaberen Szene reißt man einem hohen Würdenträger die Augen heraus. Vermutlich bezichtigte man ihn des Verrats am Inka.*

160 unten *Dieses eindrucksvolle Gefäß aus der Mochekultur zeigt einen verängstigten nackten Gefangenen. Er ist an mehrere Pfähle gefesselt, die in zoomorphen Figuren enden. Die Forschung geht davon aus, dass die Mochica viele ihrer Gefangenen opferten.*

Nach dem Kampf nahm man die Überlebenden des feindlichen Heeres gefangen und brachte sie nach Cuzco, wo man sie während der Siegesfeiern demütigte und quälte. Der Inka entschied, ob sie getötet, geopfert oder zur Zwangsarbeit verpflichtet wurden. Als die Spanier den Andenraum eroberten, hatten sie aufgrund der Pferde, Schwerter und Gewehre, die sie mit sich führten, leichtes Spiel. Allein der Anblick erschreckte die Eingeborenen sehr. Im Verlauf der Schlacht versuchten sich die Indios mit der Bola (Wurfkugel) zu verteidigen. Diese alte Waffe bestand aus drei mit gezwirbelten Seilen zusammgebundenen Wurfkugeln, die man so schleuderte, dass sie sich um die Beine der Pferde oder Fußsoldaten wickelten und sie zu Fall brachten. Es existieren auch ältere Darstellungen von bewaffneten Kriegern, die vor dem späten Horizont entstanden. Viele Gefäße aus der Mochekultur zeigen Soldaten mit Helmen, die Keulen und Schilde in unterschiedlichen Formen tragen. Auf anderen sind nackte gefesselte Gestalten zu erkennen, offenbar Gefangene, die man opferte, erniedrigte oder Zwangsarbeiten verrichten ließ. Die Kunst der Nazca veranschaulicht darüber hinaus eine in dieser Kultur übliche Sitte, die auch mit dem Krieg in Verbindung stand: Der Trophäenkopfkult sah vor, dass die Sieger ihre Feinde enthaupteten und ihre Köpfe aufbewahrten. Trophäenköpfe fand man auch in Gräbern direkt neben den Mumien verdienter Krieger.

161 *Keramiken der Mochica zeigen oft Darstellungen von Gefangenen. Hier ist ein sitzender Gefangener mit gekreuzten Beinen und auf dem Rücken gefesselten Händen zu sehen. Um den Hals trägt er einen Strick. Die deutlich sichtbaren Genitalien lassen vermuten, dass man ihm die Kleider abgenommen hat, um ihn noch mehr zu erniedrigen.*

Archäologischer Rundgang durch Südamerika

162–163 *Dieses architektonische Detail ist Teil eines Flachreliefs am Tempel Huaca del Dragón in der Nähe von Chan Chan. Rings um die Zweiköpfige Schlange, deren Bild in der Chimúkultur weit verbreitet ist, gruppieren sich anthropozoomorphe Wesen.*

Auf den Spuren versunkener Kulturen

Als die spanischen Eroberer die prächtigen Städte der Inka entdeckten, wunderten sie sich über die Perfektion der architektonischen Strukturen und darüber, dass andere Völker, von denen die Inka wenig oder gar nichts wussten, bereits Jahrhunderte zuvor ebenfalls urbane Zentren errichtet hatten. Schon zur Zeit der Inka waren diese Orte zu Ruinen zerfallen, über die einige aufmerksame spanische Chronisten Beschreibungen hinterließen.
Die Route, der dieses Kapitel folgt, verläuft über die Hochebene der Anden und an der peruanischen Küste entlang, wobei die berühmtesten und wichtigsten Stätten dieser Region genau beschrieben werden. Einige dieser zum Teil hervorragend erhaltenen Orte waren immer bekannt und zogen – wie das Heiligtum von Pachacamac – im Lauf der Jahrhunderte stets Besucher an. Andere haben Archäologen erst vor kurzem von Sand und üppigem Pflanzenbewuchs befreit.
Der Rundgang beginnt in rund 4000 Metern Höhe an der Stelle, an der sich das wichtigste religiöse Zentrum des frühen Horizontes, Chavín de Huántar, einst erhob. Die Mauern der Galerien und Tempel zeigen immer wieder bedrohlich wirkende Darstellungen des Jaguargottes und anderer Monsterwesen, die zu den Grundelementen der andinen Kulturen gehören.
Eine sehr alte Stätte, die bis heute noch nicht genau datiert werden konnte, ist Cerro Sechín mit eigentümlichen Flachreliefs, die die Forschung über einen längeren Zeitraum beschäftigten.
Von hier aus geht es weiter zur tiefer gelegenen nördlichen Küstenregion bis nach Moche, dem Hauptsitz der Mochica, einem Zentrum, in dem sich einst mächtige Tempel erhoben. Die Überreste der Sonnen- und der Mondpyramide zeugen von einer reichen und fortschrittlichen Kultur, die sich hier während der ersten Jahrhunderte n. Chr. entwickelte.
Heute hat die Wüste von den Tälern des Küstengebietes Besitz ergriffen, doch in früheren Jahrhunderten haben die hier lebenden Völker das Land mithilfe ausgeklügelter Bewässerungssysteme in fruchtbaren Ackerboden verwandelt. Zwei wichtige Städte, Chan Chan und Paramonga, gilt es in diesem Zusammenhang besonders hervorzuheben. Chan Chan zeichnete sich durch herrliche, überputzte und farbig bemalte Adobeflachreliefs aus und stieg zur Hauptstadt des Chimúreiches auf, das zu den mächtigsten im präkolumbischen Peru gehörte. Noch heute sind die Spuren des weiträumigen urbanen Zentrums deutlich zu erkennen. Leider bestand es zum größten Teil aus vergänglichen Materialien und befindet sich daher in einem äußerst schlechten Zustand.
Paramonga wirkt wie eine Festung, denn zur Zeit der Inka besann man

164 oben *Die Ruinen von Chavín de Huántar liegen in einer schwer zugänglichen Bergregion. Das Zeremonialzentrum zählt zu den ältesten und geheimnisvollsten Komplexen im präkolumbischen Peru.*

164 unten *Die Nazca verstanden es, kargen Wüstenboden in fruchtbares Ackerland zu verwandeln, und ihre Städte über ein Kanalsystem und zahlreiche Aquädukte mit dem nötigen Trinkwasser zu versorgen.*

164–165 *Tiahuanaco ist das eindrucksvollste Beispiel präinkaischer Monumentalarchitektur im Andenraum. Dieses Foto zeigt einen Abschnitt des halbunterirdischen Tempels und im Hintergrund das große Portal der Kalasasaya.*

165 unten *Die Inka errichteten Tambo Colorado als Küstenposten des Tauantinsuyu. Heute gilt er als besterhaltene Inkastätte, doch es sind auch noch Spuren einer älteren Küstenkultur zu erkennen.*

166 oben Vermutlich übernahmen die Inka die Technik des bewässerten Terrassenbaus von den Huari und anderen älteren Kulturen. Nur mithilfe dieses Systems gelang es den Inka, die Versorgung der Bewohner ihres riesigen Reiches zu sichern.

166 unten An Berghängen legten die Inka die für sie typischen Terrassenkulturen an. Die Landwirtschaft bildete die ökonomische Grundlage des Tauantinsuyu.

sich auf die Stätte und baute sie wieder auf. Vermutlich handelt es sich ebenfalls um ein Zentrum der Chimú, doch rätselt die Wissenschaft noch immer über seine genaue Bedeutung und bemüht sich bisher vergeblich, es zeitlich exakt einzuordnen.
Wenn man sich an der Küste weiter südwärts wendet, gelangt man nach Tambo Colorado, zu jenem Außenposten, den die Inka errichteten, um ihre Militär- und Verwaltungsmacht zu dezentralisieren. An keiner anderen Stätte gingen architektonische Elemente des späten Horizontes eine derart gelungene Verbindung mit typischen Strukturen und Traditionen des Küstengebietes ein.
Noch weiter südlich erstreckt sich die Pampa del Ingenio. Ihre Oberfläche ist von gigantischen Scharrbildern gezeichnet die die Wissenschaft der Nazcakultur zuschreibt. Die mysteriösen Figuren, die die Nazca der Nachwelt hinterließen, sind so riesig, dass man sie nur aus großer Höhe erkennen kann. Einige Wissenschaftler halten die Scharrbilder jedoch für wesentlich älter als die Begräbnisstätten und Gebäude aus der Zeit der Nazca. Von der Küste aus führt der Rundgang in die Berge an die Grenze zwischen Peru und Bolivien. Die Gegend um den Titicacasee bildete den Einflussbereich der alten Stätte Tiahuanaco. Vermutlich befand sich hier das Zentrum eines mächtigen theokratischen Reiches, das den Kult des „Gottes mit den Stäben" im gesamten Andenraum verbreitete. In der Nähe von Tiahuanaco stehen die *chullpas* von Sillustani, seltsame Grabtürme der Collakultur, die die Inka erneut verwendeten.
Gräber ganz anderer Art stellen die Tonsarkophage auf den Felsen von Ulasa im Amazonasurwald dar. Diese Sarkophage wurden erst in jüngster Zeit entdeckt und sind vermutlich dem kriegerischen Volk der Chachapoya zuzurechnen, die zu den erbittertsten Feinden der Inka gehörten.
Nachdem bisher Zeremonialzentren und Städte unterschiedlicher Kulturen im Blickpunkt waren, richtet sich das Augenmerk zum Schluss auf die Inka, die Herrscher des Tauantinsuyu. Sie ließen massive und eindrucksvolle Paläste und Tempel errichten, die einige Chronisten als „Werke der Götter" bezeichneten. Zunächst werden die Inseln im Titicacasee vorgestellt, und anschließend wird Cuzco, der „Nabel der Welt" und Hauptsitz des Inkareiches untersucht. Diese Stadt mit ihren Palästen, Straßen und Wasserleitungen galt als Inbegriff der Macht und des Reichtums der Inka. Heute zeugen von ihrer Größe nur noch einige Mauerreste, über die die Spanier Gebäude im Kolonialstil errichteten. Unverzichtbar ist auch der Besuch der imposanten Festung Sacsayhuamán unweit von Cuzco, wo einst der Sonnenkult blühte.
In Kenko und Tambo Machay findet die Begeisterung der Inka für verzierte Felsen und Steine ihren deutlichsten Ausdruck.
Zu den bedeutendsten heiligen Stätten im präkolumbischen Peru zählt zweifellos der Tempel von Pachacamac, Kultstätte des Gottes Pachaca-

166–167 *Diese Ruinen gehören zur Stätte Sillustani, die in der Nähe der heutigen Stadt Puno liegt. Es handelt sich um Überreste einer* chullpa, *eines Grabturmes, von denen viele am Titicacasee errichtet wurden. Später verwendeten die Inka die Türme erneut.*

167 *Das Urubambatal galt bei den Inka als heilig. Mächtige Steinruinen erheben sich in den Bergen zu beiden Seiten des Flusses.*

mac und ein wichtiger Wallfahrtsort. Bereits Jahrhunderte vor den Inka, wanderten Pilger nach Pachacamac, und auch während der Herrschaft der Inka blieb es eine bedeutsame Stätte. Zyklopenmauern, riesige Treppen und seltsame Monolithe prägen das Bild von Ollantaytambo und Pisac, zwei strategisch bedeutsamen Orten in den Bergen unweit von Cuzco. Zwar fehlt es nicht an Theorien zur Bedeutung dieser Städte, doch mangelt es an Beweisen.
In Racchi liegen die Ruinen eines mächtigen Tempels, der vermutlich dem höchsten Schöpfergott Viracocha geweiht war. Von hier aus führt der Weg in die bewaldeten Berge, wo sich die unzugänglichste Stadt der Neuen Welt, Machu Picchu, erhebt. Noch immer fasziniert sie alle Besucher, ob Touristen oder Wissenschaftler. Wenn man entlang der Mauern streift, durch die Gebäude geht oder auf die Türme und Terrassen der Stadt steigt, die die Bewohner möglicherweise bei der Ankunft der Spanier verließen, so begreift man, warum bis heute trotz unzähliger Studien und Untersuchungen so wenig von der Welt der Inka bekannt ist.
Der Rundgang findet seinen Abschluss in Sipán, wo Archäologen in den letzten Jahren Gräber mit herrlichen Beigaben zutage förderten. Walter Alva, der die Grabungen leitete, erzählt selbst die Geschichte des Ortes und erläutert die wichtigsten Funde.

168 oben *Zu den eindrucksvollsten Steinmonumenten der Inka gehört der berühmte Sayhuite, eine Monolithskulptur, die in 3500 Metern Höhe unweit des Ortes Curahuasi steht. Der 2,5 Meter hohe Vulkanstein hat einen Umfang von 4 Metern. In den oberen Teil sind etwa 200 Tier- und Pflanzenmotive eingeritzt, die mit dem Wasser- und Fruchtbarkeitskult der Pacha Mama in Verbindung stehen könnten.*

168 unten *Eines der besten Beispiele für die massive Architektur der Inka stellt die hier abgebildete Stadt Pisac dar. Ihre Ruinen erheben sich über den Terrassenhängen des Urubambatals.*

168–169 *Auf diesem Bild sind die mächtigen Mauern von Sacsayhuamán zu erkennen, einer geheimnisvollen Stätte unweit von Cuzco. Man bezeichnet sie zwar als Festung, doch diente sie wahrscheinlich als religiöses Zentrum und Observatorium, das mit dem Sonnenkult in Verbindung stand.*

169 unten links *Diese Ruinen einer ehemals komplexen Anlage der Inka, der Roten Festung, befinden sich in Puca Pucara, in der Nähe von Cuzco. Es sind noch Spuren der Räume, Terrassen und Treppen zu erkennen.*

169 unten rechts *Die Stufentempel von Ollantaytambo wirken geheimnisvoll. Vermutlich befanden sich hier früher ein Tempel und ein Observatorium, die dem Sonnenkult geweiht waren.*

CHAVÍN DE HUÁNTAR
STADT DER STEINERNEN GÖTTER

170–171 *Das Castillo, auch Alter Tempel genannt, wurde zwischen 900 und 700 v. Chr. als erstes Gebäude des Zeremonialzentrums Chavín de Huántar errichtet. Der große U-förmige Tempel zeigt die typischen architektonischen Merkmale früher Küstenkulturen.*

171 oben *Dieser große Monolithkopf gehört zum Komplex des Neuen Tempels. Er hat die typischen Raubtierzähne und ähnelt Köpfen, die man auf den Wänden des halbunterirdischen Tempels in Tiahuanaco fand.*

171 Mitte *Diese Ansicht zeigt das alte Zeremonialzentrum Chavín de Huántar. Die Stätte liegt in etwa 3000 Metern Höhe im Tal des Río Mozna.*

171 unten *Das Flachrelief auf dem Architrav des Neuen Tempels zeigt eine der mythischen Kreaturen, die man in Chavín de Huántar verehrte. Es handelt sich um einen Raubvogel mit Raubtierzähnen und Furcht einflößenden Gesichtszügen.*

Chavín liegt in etwa 3000 Metern Höhe im nördlichen peruanischen Hochland, im Tal des Río Mozna. Das Zentrum der Stätte, Chavín de Huántar, dehnt sich auf einer riesigen terrassenförmigen Fläche aus und besteht aus U-förmigen Komplexen. Diese Zeremonialgebäude sind gekennzeichnet durch monolithische Tore und tief liegende Innenhöfe. Die Ikonographie der Steinskulpturen stellt eine Synthese der panperuanischen Glaubensinhalte dar, die bis heute Rätsel aufgeben.
Kunst und Architektur von Chavín de Huántar blühten im Verlauf von zwei Phasen: Die erste lässt sich auf etwa 700 bis 500 v. Chr. datieren, die zweite auf 500 bis 300 v. Chr. In Chavín de Huántar bildeten sich die stilistischen und kulturellen Grundmerkmale, die die Kulturen der Küstenregion prägen sollten. Es dauerte nicht lange, bis sich diese Aspekte mit Einflüssen aus dem Amazonasurwald und der Hochebene mischten und eine an geheimnisvolle Kulte geknüpfte Bildwelt entstehen ließen. Ab 900 v. Chr. entwickelte sich Chavín de Huántar zu einem religiösen Zentrum und einer Wallfahrtsstätte mit Orakel, deren Bedeutung in etwa der von Pachacamac an der Küste entsprach.
Zur Zeit der Eroberung berichteten Eingeborene den Spaniern von der Existenz eines alten Heiligtums, doch bereits damals konnte man nur noch die Ruinen verlassener Gebäude besichtigen. Zu den ältesten Bauten gehört der Alte Tempel, den die Spanier wegen seiner Größe „Castillo“ (Burg) nannten. Er erhob sich über einer weitläufigen, U-förmigen Basis mit drei übereinander gestuften Plattformen und einem kleinen eingelassenen Rundhof. Die Rückseite war ursprünglich 100 Meter lang, die Gesamthöhe betrug 15 Meter. Der Eingang lag in Richtung des Río Mozna. Hinter dem Tempel führte eine Handelsstraße vorbei, gesäumt von verschiedenen säkularen Bauten. Über eine steile Treppe gelangten Pilger und Adepten des Kultes zum Aller-

A La Galeria de la doble Mensula
B Los Cautivos
C Las Piedras Grabadas
D Las Columnas
E Los Murciélagos
F Las Alacenas
G Las Escalinatas
H Los Laberintos
I El Lanzón
J El Loco
K Los Laberintos
L El Campamento
M Las Caracolas
N Las Rocas

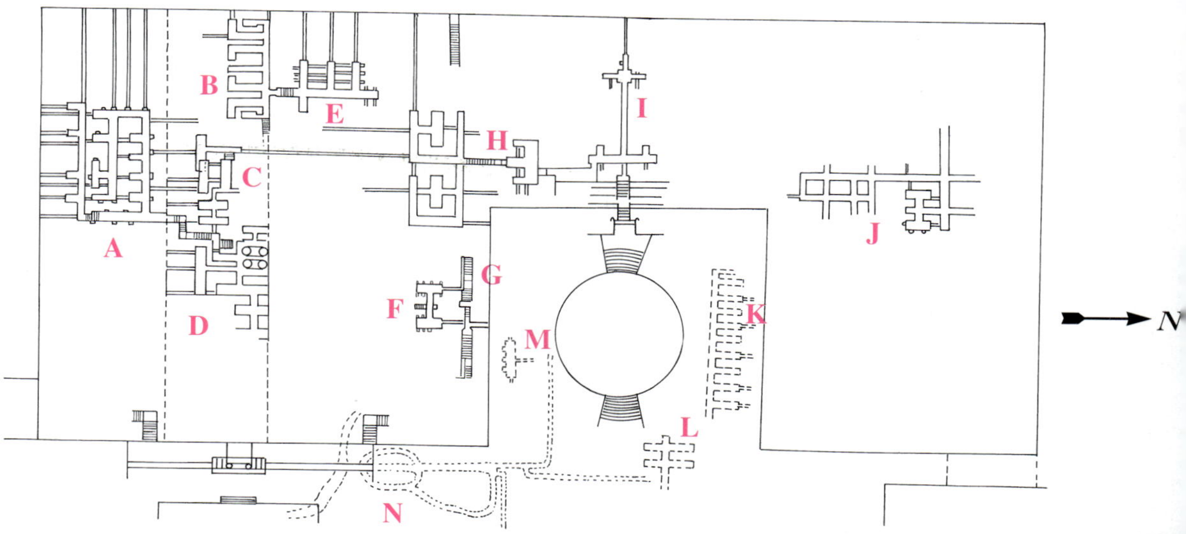

heiligsten empor. Der 2,5 Meter tief eingelassene Rundhof bot 500 Personen Raum und war auf der Innenseite mit Steinplatten verkleidet, die mit Flachreliefs verziert waren. Diese zeigten einen Tanz oder eine rituelle Prozession von Menschen und Raubkatzenwesen, vermutlich ähnlich jenen Kulthandlungen, die im Tempel selbst stattfanden. Um die Plattform verliefen zwei Umfassungsmauern, von denen heute nur noch wenige Reste erhalten sind. Galerien und Gänge bildeten im Tempel eine Art heiligen Pfad, der vielleicht symbolisch den Weg des Menschen von der Erde ins Jenseits oder zu den Göttern andeuten sollte. Das Labyrinth endete bei einer großen Skulptur, dem eigentlichen Zentrum des Gebäudes, um das sich der Komplex gruppierte. Der Lanzón (Lanze) ist eines der drei Schlüsselmonumente in Chavín de Huántar. Das monsterähnliche, Tier-Mensch-Wesen auf dem großen spitzen Monolithen stellt das älteste Kultobjekt des Heiligtums dar. Um 500 v. Chr. baute man den Alten Tempel unter dem Einfluss neuer kultureller Strömungen zum Teil um. Etwa zeitgleich kam ein anderer Gefäßtyp auf und die Bedeutung des religiösen Zentrums erreichte nun ihren Höhepunkt. Ein weiterer Zeremonialkomplex, der Neue Tempel, ersetzte das ältere Gebäude. Die Priester oder Machthaber von Chavín de Huántar veränderten die U-förmige Struktur, die nicht mehr dem Zeitgeist entsprach. Zwischen dem Fluss und dem Eingang des Neuen Tempels legte man weitläufige Plätze an. Der Tempel selbst erhielt einen mächtigen Eingang aus weißen und schwarzen Steinquadern. Die Plätze boten vielen Menschen Raum und belegen, dass die Zahl der Gläubigen, die sich hier zur Ausübung ihres Kultes versammelten, stetig stieg. 40 anthropo-zoomorphe Kopfskulpturen und zahlreiche skulptierte Platten zierten die Hauptfassade des Gebäudes.

Der alte Kult wurde jedoch ungeachtet der architektonischen Veränderungen und der Erweiterungen, die der Tempel erfuhr, nicht aufgegeben. In Chavín de Huántar weist nichts darauf hin, dass sich die herrschende Ideologie wandelte oder neue Götter an die Stelle der alten traten. Obgleich der Tello-Obelisk und die Raimondi-Stele später entstanden als der Lanzón, ähneln sich die dargestellten Elemente. Das Hauptmotiv des Jaguarmenschen verschmilzt mit anderen Symbolen, wie Greifvogel, Kaiman und Schlange, aber auch tropischen Pflanzen und Muscheln, und lässt sich daher nur schwer interpretieren. Nach Jahrhunderten der Blütezeit verlor Chavín de Huántar um 300 v. Chr. an Bedeutung. Man gab die Tempel und Plätze der ersten großen einenden Kraft von Peru auf und verlagerte das Kultzentrum möglicherweise an das Ufer des Titicacasees, doch die Götter von Chavín der Huántar lebten in allen nachfolgenden Andenkulturen weiter.

172–173 *Dieses Foto zeigt den Alten Tempel von Chavín de Huántar. Das Gebäude war ursprünglich 11 bis 15 Meter hoch; die Rückseite war 100 Meter lang.*

172 unten links *Die hier abgebildete lange Westmauer des Castillo zieren steinerne Köpfe von Ungeheuern. Sie erinnern an den geheimnisvollen Trophäenkopfkult, der in ganz Peru eine bedeutende Rolle spielte.*

172 unten rechts *Seltsame Flachreliefs schmücken die Mauern des Castillo. Auf der Westseite sind Voluten zu erkennen, die zusammen ein Monsterwesen bilden.*

173 links *Dieser 4,5 Meter hohe Monolith steht im Herzen des Castillo. Er wird Lanzón genannt, weil seine Form an eine Lanze erinnert.*

173 oben rechts *Diese Abbildung zeigt einen der Tunnelgänge im Inneren des Castillo, die Galeria de la doble Mensula (Galerie der doppelten Konsole).*

173 Mitte rechts *Diese beiden Steinköpfe stehen im Labyrinth, einem langen Zeremonialgang im Inneren des Castillo.*

173 unten rechts *Auch dieses Gefäß, das aus einem Grab in Chavín de Huántar stammt, zeigt die mit dem Jaguargott verknüpfte Ikonographie.*

174–175 *Auf diesem Foto ist einer der großen Steinblöcke an der Außenmauer des Adobetempels von Cerro Sechín zu sehen. Jeder Stein ist mit einem eingeritzten Bild verziert. Die Bilder zeigen zum Teil makabere Kriegsszenen oder Menschenopfer.*

174 *Dieses Foto zeigt eine Gesamtansicht des Adobetempels von Cerro Sechín. Es ist nicht genau bekannt, wann der Zeremonialkomplex erbaut wurde. Einige Forscher glauben, dass er bereits um 1700 v. Chr. entstand.*

Cerro Sechín
Monolithe und Opferszenen

Das größte Zeremonialzentrum des ausgehenden Formativums, Sechín Alto, befindet sich im Casmatal. Noch immer streitet die Wissenschaft über das genaue Gründungsdatum. Die ältesten Gebäude könnten um 1700 v. Chr. entstanden sein, die jüngsten gehen auf etwa 500 v. Chr. zurück. Sechín Alto ist nicht so sehr wegen seiner Größe interessant, sondern vielmehr wegen einer Vielzahl rechteckiger Plätze und eingelassener Rundhöfe, die von der Tempelplattform Cerro Sechín überragt werden. Ein rechteckiges Gebäude mit vielen Räumen erhebt sich auf der Spitze einer großen, zwölfstöckigen Terrassenstruktur. Der Archäologe Julio Tello, der die Stätte 1937 mit Kollegen untersuchte, hielt dieses Gebäude für das älteste Bauwerk am Ort.

Die etwa 51 x 51 Meter lange Mauer, die den Komplex umgibt, besteht aus reliefierten Steinplatten, die im Andenraum einzigartig sind. Die Reliefs erinnern den Betrachter an die „Tänzer" der mexikanischen Stätte Monte Albán, doch die Entfernung zwischen beiden Orten lässt Analogieschlüsse voreilig erscheinen.

Die großen, in den Stein geritzten Figuren stellen vermutlich Würdenträger und bewaffnete Krieger dar. Daneben sind halbnackte Gestalten, Tote, verstümmelte Menschenköpfe sowie Körper mit fehlenden Gliedmaßen und herausquellenden Eingeweiden zu erkennen.

Zur Bedeutung dieser makaberen und erschreckenden Bilder haben Wissenschaftler die unterschiedlichsten Thesen aufgestellt, von denen bis heute jedoch keine bewiesen werden konnte. Handelt es sich bei den nicht verstümmelten, bewaffneten und mit Zeptern ausgerüsteten Figuren um Würdenträger, Krieger oder Schamanen? Man kann nicht einmal mit Bestimmtheit sagen, ob sich die Szenen tatsächlich auf Schlachten oder vielmehr auf Opferrituale beziehen und somit mit dem Trophäenkopfkult in Verbindung stehen, der im gesamten Andenraum weit verbreitet war.

175 links *Diese beiden geheimnisvollen Figuren zieren ebenfalls die Steinplatten des Adobetempels. Dieses Detail stammt vom Tor der Krieger.*

175 oben rechts *Körper mit abgerissenen Gliedmaßen, abgeschlagene Köpfe und verstümmelte Menschen mit geschlossenen Augen gehören zu den grausamen Bildern der Monolithen auf der großen Tempelplattform Cerro Sechín. Einige Forscher glauben, dass in diesem Zeremonialzentrum vor allem Menschenopfer stattfanden.*

175 unten rechts *Die Figur auf diesem Monolith hält eine Art Zepter in der Hand. Man ist sich nicht sicher, ob es sich bei diesen Darstellungen, die unverletzte und unbewaffnete Figuren zeigen, um Würdenträger, Schamanen oder Krieger handelt.*

Einige Wissenschaftler bezeichnen die bewaffneten Gestalten als „Opferhüter", sie sind nie verstümmelt und tragen nicht nur Waffen und Zepter, sondern auch einen trapezförmigen Helm mit drei Federn und eine Art Lendenschurz, aus dem Stroh und andere Pflanzenfasern sprießen. Diese Darstellungen sind zwar einzigartig, doch einige Details weisen Parallelen zu Symbolen anderer Kulturen auf, die zeitgleich, wie zum Beispiel Moxeke und Caballo Muerto, oder später aufkamen. Bilder von verstümmelten Menschen findet man auch auf Tongefäßen der Mochica und auf Webstoffen der Chimú, während Abbildungen des Trophäenkopfkultes ein typisches Merkmal der Nazcakultur sind.
Zwei voneinander abweichende Grundhypothesen versuchen die Einritzungen auf den Steinblöcken von Cerro Sechín zu interpretieren: Einige Wissenschaftler halten die Gestalten für Soldaten, die sich in einer blutigen Schlacht befinden, andere gehen davon aus, dass hier Opferszenen gezeigt werden. Sie sind überzeugt, dass Cerro Sechín ein Zeremonialzentrum war, in dem die Priester grausame Menschenopfer vorgenommen haben, um die Götter gnädig zu stimmen und zugleich das Problem der Überbevölkerung auf zwar makabere, aber einfache Weise zu lösen.

176–177 *Diese Darstellung rekonstruiert, wie Cerro Sechín zur Zeit seiner höchsten Blüte ausgesehen haben könnte. Die Verzierungen waren vermutlich bunt bemalt, um die Wirkung der Bilder zu steigern. Weitläufige Terrassen und eine Reihe von Gebäuden, deren Bedeutung nicht bekannt ist, haben den Komplex umgeben.*

HUACA DEL SOL UND HUACA DE LA LUNA
GIGANTEN DER MOCHEKULTUR

178 unten links *Diese geheimnisvolle rote-gelb-schwarze Gottheit mit den Zügen einer Raubkatze und mit Haaren, die in Schlangen auslaufen, gehört zu den stilisierten zoomorphen Motiven eines Wandgemäldes der Mondpyramide. Die Grundelemente der Symbolik der Mochica findet man auch bei anderen Kulturen im Andenraum.*

178 rechts *Die Mondpyramide, Huaca de la Luna, ist mit eleganten, bunt bemalten Fresken verziert, die zahlreiche symbolische Motive zeigen. Auf dem Foto sind mehrere Wände mit Rautenmuster im Inneren der Plattform zu erkennen.*

179 *Diese Maske einer Gottheit mit Raubtierzähnen ziert ein Fresko in der Mondpyramide.*

178 oben links *Die große Sonnenpyramide, Huaca del Sol, befindet sich am Ausgang des Mochetals. Der imposante Komplex besteht aus Millionen von Adobeziegeln.*

178 Mitte links *Dieses elegante, stilisierte Schlangenmotiv ähnelt Mustern vieler Webstoffe der Mochica, kommt aber auch bei anderen peruanischen Kulturen häufig vor.*

Archäologischen Grabungen zufolge entwickelten sich die Sonnen- und die Mondpyramide ab etwa 450 zum Zentrum des südlichen Bereichs der Mochekultur. Die Pyramidenform der beiden Tempelkomplexe sollte an einen Berg erinnern, denn im Andenraum galten Berge als Orte, an denen man den Göttern besonders nahe war.
Die Sonnenpyramide, Huaca del Sol, gehört zu den größten präkolumbischen Bauten im südamerikanischen Raum. Sie besteht aus Millionen von Adobeziegeln. Obgleich Teile der Pyramide heruntergebrochen sind, ist sie noch immer etwa 40 Meter hoch und hat eine Länge von ca. 230 Metern.
Der Komplex besteht aus vier übereinander liegenden Terrassen, deren Spitze man über eine Treppe an der Nordseite erreicht. Archäologen konnten insgesamt acht verschiedene Bauabschnitte identifizieren, die sich unterschiedlichen Epochen zuordnen lassen. Die erste Phase geht auf das Ende des 1. Jahrhunderts zurück. Spuren der roten Farbe, die einst die Außenmauern der Pyramide zierte, sind noch immer zu erkennen. Die Bemalung lässt darauf schließen, dass dem Gebäude von Anfang an eine große Bedeutung zukam. Der eigentliche Tempel erhob sich vermutlich auf der obersten Plattform, er ist heute allerdings vollständig verschwunden.
Da am Fuße der Pyramide Überreste von erlesenen Gräbern und Häusern liegen, diente der Tempel vermutlich auch als Residenz und Grabstätte für die regierende Elite. Wahrscheinlich ließ ihn daher jede neue Herrschergeneration erweitern und verschönern.
Ohne einen direkten Bezug zu haben – denn bis heute weiß man nicht genau, zu Ehren welchen Gottes die Mochica das Heiligtum errichtet hatten – nannten die Spanier den Komplex „Huaca del Sol".
Ähnlich steht es um die Huaca de la Luna, die Mondpyramide, die ebenfalls Zentrum eines unbekannten Kultes war. Sie steht der Sonnenpyramide gegenüber am Fuß des Cerro Blanco jenseits des Río Moche.
Die Mondpyramide besteht aus drei asymmetrischen, miteinander verbundenen Terrassen, die eine gewisse Harmonie und Eleganz ausstrahlen und dem Gebäude ein palastähnliches Aussehen verleihen. Ursprünglich gruppierten sich rings um die Huaca de la Luna Häuser und Werkstätten, die zum Zeremonialzentrum gehörten.
Besonderes Merkmal der Mondpyramide sind die zahlreichen bunt bemalten und eingeritzten Muster auf weißem Grund im Inneren des Komplexes. Unter jedem Bild befinden sich weitere Schichten mit Symbolen, die vermutlich jeweils übermalt wurden, sobald sich die religiöse Ideologie veränderte.
Die Symbole haben in der Regel eine mythische oder kultische Bedeutung und ähneln den typischen Verzierungen auf Gefäßen der Mochekultur. Gleichwohl konnten die Wissenschaftler die Bedeutung der Bilder bis heute noch nicht eindeutig identifizieren.

Paramonga
Tempel oder Festung?

Ab dem 11. Jahrhundert siedelten die Chimú im Mochetal. Sie griffen auf das alte Bewässerungssystem zurück, dass ihre Vorgänger, die Mochica, einst erbaut hatten. Die Wissenschaftler glauben, dass die Chimú das Land so geschickt bewässerten, dass sich selbst Wüste in fruchtbaren Boden verwandelte und sie schließlich über das Doppelte der ursprünglichen Nutzfläche verfügen konnten. In der Folge entstanden in den neu gegründeten Oasen zahlreiche urbane Zentren, viele davon auf den Überresten alter Siedlungen der Huari. Beispiele hierfür sind Städte wie Pacatnamú, Tucumé oder El Purgatorio, in denen man nicht nur private Wohnhäuser entdeckte, sondern auch auf Ruinen von Verwaltungsgebäuden stieß. Welche Rolle Paramonga einst spielte, lässt sich nicht mit Sicherheit feststellen. Wie andere, ähnlich strukturierte Orte gehörte es vermutlich eher zu einem Gürtel von Festungen im Grenzgebiet des Reiches. In erhöhter Position überragt Paramonga die Küstenebene von Pativilca. Die Pyramide besteht aus vier übereinander gesetzten, künstlichen Terrassen. Man weiß zwar nicht, ob es sich wirklich um einen Grenzposten handelte, doch der quadratische Grundriss des Adobekomplexes und das rautenförmige Bollwerk in jeder Ecke erinnern an europäische Burgen des Mittelalters. Einige Experten vermuten, dass Paramonga der herrschenden Macht lediglich als Empfangszentrum oder als Tempel diente und keinerlei militärische oder strategische Bedeutung besaß. Andere bezweifeln sogar, dass die Chimú den Komplex erbauten, und ordnen ihn eher dem späten Horizont und den Inka zu. Vermutlich entstand die Anlage tatsächlich während der Herrschaft der Chimú und wurde später von den Inka umgebaut. Mit Sicherheit errichteten die Inka auf der Pyramide einen Tempel mit bunt bemalten Wän-

180 links *Die Archäologen sind sich nicht einige, wann mit dem Bau der Tempelfestung von Paramonga begonnen wurde. Manche glauben, dass sie zur Zeit der Inkaherrschaft entstand, dies behaupten auch die spanischen Chronisten, andere halten sie für ein Werk der Chimú.*

180 rechts *Paramonga überragt den flachen Küstenstreifen von Pativilca. Der seltsame Komplex wirkt aus der Ferne wie eine Burg.*

180–181 *Paramonga besteht aus vier Terrassen. Der quadratische Grundriss und die eigentümlichen, rautenförmigen Bollwerke verleihen dem Komplex das Aussehen einer Festung, doch könnte es sich auch um einen Tempel handeln.*

181 oben *Verschiedene spanische Chronisten berichten von der Stätte „Paramunca" und behaupten, die Inka hätten den Komplex errichtet. Vermutlich ist die seltsame Struktur jedoch deutlich älter.*

181 unten *Diese beiden turmartigen Strukturen rahmen den Eingang zur Tempelfestung von Paramonga ein. Vermutlich entstand der Komplex Mitte der frühen Zwischenzeit und wurde von den Inka umgebaut.*

182 oben Die breite, von Adobemauern gesäumte Treppe führt zur obersten Plattform empor, auf der sich das wichtigste Gebäude von Paramonga, vermutlich ein Tempel, erhob.

182 unten Dieses Bild zeigt die Überreste des Gebäudes auf der obersten Terrasse der Pyramide von Paramonga. Der Komplex ist im Inneren in Räume und Gänge untergliedert. Da von der einstigen Pracht kaum etwas geblieben ist, lässt sich die ursprüngliche Funktion nicht mehr bestimmen.

den, und bis vor wenigen Jahren existierte noch ein mit rot-weißem Schachbrettmuster verzierter Mauerabschnitt, doch dieser ist mittlerweile völlig zerfallen.

Man geht davon aus, dass die Inka die Festung den Bedürfnissen ihrer Herrscher anpassten.

Leider haben die Chronisten nicht viel zur Klärung des Ursprungs von Paramonga beigetragen, sondern mit ihren Berichten eher noch Verwirrung gestiftet. Pedro Cieza de León berichtet zum Beispiel, dass die Inka die mächtige Feste selbst erbaut haben, nachdem sie die Chimú und deren König unterworfen hatten. Garcilaso de la Vega, ein anderer Chronist scheint diese Ansicht zu teilen, wie der nachfolgende Abschnitt aus seiner Chronik belegt: „Und gerade was das Tal von Paramunca anbelangte, befahl der Prinz, dort eine Burg zu bauen, die an den Sieg über den König der Chimú erinnern sollte ..., und die Burg wurde mit festen Mauern erbaut und war herrlich anzusehen wegen der Gemälde und anderen schönen Dinge, die man dorthin brachte. Aber die Fremden zeigten keinen Respekt für das eine wie das andere, und sie scheuten sich nicht, die Burg völlig zu zerstören; und so blieben nur einige Reste zurück, die von ihrer einstigen Pracht und von der Wildheit derjenigen zeugen, die sie zerstörten."

182–183 Vier rautenförmige Bastionen sind das hervorstechende Merkmal der Tempelfestung von Paramonga. Der Komplex erinnert dadurch an eine mittelalterliche Burg der Alten Welt.

183 Auf der obersten Plattform der Pyramide von Paramonga stehen die Überreste eines Gebäudes mit breitem Eingangsportal. Einige Wissenschaftler sind überzeugt, dass es sich um einen präinkaischen Tempel handelt.

184–185 *Mächtig und geheimnisvoll überragt die Tempelfestung von Paramonga die Küstenebene von Pativilca. Zwar behaupten einige Chronisten, die Inka hätten den Komplex errichtet, doch stammt er vermutlich aus der Zeit der Chimú. Paramonga ähnelt zwar einer Burg, diente aber vermutlich als religiöses Zentrum.*

CHAN CHAN
FRIESE UND ZITADELLEN

A Squier
B Gran Chimú
C Velarde
D Bandelier
E Laberinto
F Tello
G Uhle
H Rivero
I Tschudi
L Chayuac

186 oben *Dieses Foto von der Tschudizitadelle zeigt den Eingang zum Hauptplatz durch das Südtor. Dieser wird von Adobemauern flankiert, die mit eleganten Lehm- und Stuckmotiven verziert sind.*

186 unten *Dieses Flachrelief kombiniert Treppen- und Fischmotive. Wassertiere findet man nicht nur auf Wänden, sondern auch auf Webstoffen und Tongefäßen aus der Chimúkultur.*

186–187 *Dieses mächtige Tor bot Einlass zur Nordseite der Tschudizitadelle, die sich durch Flachreliefs und Rundverzierungen auszeichnet, die das Treppenmotiv aufnehmen, ein mit dem Berg- und Tempelkult verbundenes Symbol.*

187 unten *Leider lässt der Zustand der Ruinen von Chan Chan zu wünschen übrig. Dennoch faszinieren die Flachreliefs und Rautenmuster, die Motiven auf Webstoffen ähneln und die Wände zahlreicher Gebäude zieren, jeden Besucher. Die Abbildung zeigt einen Abschnitt der Tschudizitadelle.*

Um das Jahr 1300 machten die Herrscher des Chimúreiches Chan Chan zu ihrer Hauptstadt. Das Zentrum lag im Tal des Río Moche in der Nähe der Küste an der Grenze zu einem Gebiet, das sich weder zur Bewässerung noch zur Landwirtschaft eignete. Unbekannte Völker hatten es um 900 gegen Ende des Huarireiches gegründet. Auf dem Höhepunkt ihrer politischen und ökonomischen Entwicklung verwandelten die Chimú das kleine, schachbrettartig angeordnete Zentrum in eine Metropole, die noch heute viele Rätsel aufgibt. Das Stadtzentrum bedeckte eine Fläche von ca. 6 Quadratkilometern; insgesamt dehnte sich der Ort über rund 18 Quadratkilometer aus. Nach dem heutigen Kenntnisstand war Chan Chan die größte Siedlung im präinkaischen Andenraum.

Das Stadtzentrum zeichnete sich durch seine komplexe, ungewöhnliche Struktur aus: Es bestand aus zehn geschlossenen Bereichen, die einige Wissenschaftler als Zitadellen bezeichnen. Um jedes Areal schloss

187 rechts *Wassertiere gehören zu den zoomorphen Wesen, die die Friese der Zitadellen von Chan Chan schmücken. Aber auch Vögel mit langen Federn sind häufig zu entdecken.*

sich eine bis zu 7 Meter hohe und etwa 1000 Meter lange Mauer. Zu jeder dieser architektonischen Einheiten gehörten Straßen, Wohnviertel, perfekt bewässerte Gärten, Adobepyramiden, eine Nekropole, Wasserspeicher und schmale Zellen, deren genaue Funktion bis heute unbekannt ist. Man geht davon aus, dass Wasser aus den Regionen über dem Río Moche durch ein ausgeklügeltes System künstlicher Kanäle in die Stadt geleitet wurde, die über keine weiteren Quellen verfügte. Die Anlage versorgte 30 000 Menschen mit

188 links *Dieses Detail an der Huaca del Dragón, ein anthropo-zoomorphes Wesen unbekannter Bedeutung, taucht in der Kunst der Chimú häufig auf.*

188 rechts *Seltsame Tiere und Hybridwesen bilden den Dekor der Zitadellen von Chan Chan und zieren die Mauern der benachbarten Zeremonialzentren. Dieser hübsche Vogel schmückt eine Adobemauer der Huaca del Dragón.*

dem benötigten Wasser zum Leben und zum Bestellen der Felder.
Die Chimúkultur ist vor allem für ihre elegante Architektur bekannt. Die Umfassungs- und Gebäudemauern bestehen aus Lehmziegeln, die mit Nischen und Flachreliefs verziert wurden, ehe man sie verputzte und farbig anstrich. Fische, Vögel, Mensch-Tier-Gottheiten und geometrische Muster zählen zu den typischen Motiven. Vielleicht ließen sich die Künstler, die den Wandschmuck schufen, wie andere Andenkulturen von Stoffmustern inspirieren.
Durch Plünderungen und ökologische Veränderungen verfiel Chan Chan im Lauf der Jahrhunderte immer mehr. Gleichwohl bestaunen die Besucher noch immer die eigentümliche Architektur und die interessanten Adobeverzierungen. Betrachtet man die Stadt in ihrer Gesamtheit, liegt die Vermutung nahe, dass sie nur langsam wuchs und nicht alle Teile zur gleichen Zeit bewohnt waren. Man nimmt an, dass sie stufenweise erweitert wurde und ihre maximale Ausdehnung zu Beginn des 14. Jahrhunderts erreichte.
Ein Bericht in der *Historia anónima de Trujillo* aus dem Jahr 1604 leistete den Archäologen wertvolle Dienste bei ihrem Versuch, die Geschichte und Ausbreitung des Chimúreiches und seiner Hauptstadt zu rekonstruieren. Der Überlieferung zufolge, die wahrscheinlich einen historisch wahren Kern enthält, kam der Gründervater der Chimú, Tacaynamo, mit einem Boot aus Balsaholz von Norden her in das Gebiet. In Chan Chan legte er den Grundstein des späteren Königreiches. Seine Söhne unterwarfen die Bewohner des Mochetals und der benachbarten Regionen. Insgesamt lösten sich sieben Könige auf dem Thron ab, bis schließlich Minchancaman regierte, bis die Inka die Stadt 1470 eroberten und den Herr-

188–189 *Archäologen glauben, dass die unter dem Namen Huaca del Dragón bekannte massive Konstruktion zu den bedeutendsten Kultzentren der Chimúkultur gehörte. Die Abbildung veranschaulicht den komplexen Dekor auf den Außenmauern des Tempels. Zu erkennen ist das Motiv der Zweiköpfigen Schlange, Symbol des Himmels und des Regenbogens.*

189 *Dieses Bild eines Menschen und eines Monsterwesens illustriert, welche Kreaturen die Vorstellung der Chimú bevölkerten. Die Motive findet man auch auf Metall- und Keramikgefäßen sowie auf Webstoffen.*

scher als Kriegsgefangenen nach Cuzco brachten. Die Aussagen in der *Historia anónima de Trujillo* und die archäologischen Daten stimmen in vielen Punkten überein.
Uneinigkeit herrscht unter den Archäologen bis heute über die Anzahl der Zitadellen. Einige identifizierten zehn, andere 12 verschiedene Komplexe. Außerdem lassen sich die Bauten nur schwer datieren und auf eine bestimmte Funktion festlegen. Es könnte sein, dass die einzelnen Herrschergenerationen und Würdenträger die Zitadellen jeweils nacheinander für sich erbauen ließen, wenn sie die Regierung übernahmen. Einige dienten vermutlich nicht als Residenz, sondern als Verwaltungs- oder Machtzentren. Neuere Untersuchungen haben ergeben, dass die Mitglieder der späten Chimúdynastien nach dem Tod des Herrschers weiter in der Zitadelle lebten und die Struktur somit in eine Art Mausoleum verwandelten.
Einer anderen Theorie zufolge könnten die deutlich gegeneinander abgegrenzten und voneinander isolierten Zitadellen jeweils einer bestimmten sozialen Schicht Wohnraum geboten haben, damit es nicht zu Vermischungen kam und jede Klasse ihren eigenen Lebensstil pflegen und ihrer Arbeit nachgehen konnte.
Vermutlich war Chan Chan jedoch nicht Sitz der Verwaltung eines einzelnen Königreiches, sondern vielmehr Zentrum mehrerer unabhängiger Kleinstaaten.
Die Chayuaczitadelle im Süden der Stadt ist vermutlich die älteste Zitadelle. Sie besteht aus mehreren Abschnitten mit hohen Mauern, hat nur einen Eingang auf der Nordseite und zeichnet sich durch nach Süden gerichtete Plattformen aus.
Andere rechteckige Aufwerfungen, die wenig später entstanden, ein T-förmiges Grab und weitere Begräbnisstätten hält man für Gräber von Königen oder Würdenträgern, die jedoch im Lauf der Zeit ihrer reichen Beigaben beraubt wurden. Um die Begräbnishügel fanden die Archäologen Stellen, an denen man Votivgaben für den Verstorbenen ablegen konnte. Allerdings gibt es hiervon deutlich weniger als bei den anderen Zitadellen, was darauf hindeutet, dass die Chayuaczitadelle aus einer Zeit stammt, als das Königtum noch in der Entwicklung war. Glaubt man dem Inhalt der *Historia anónima de Trujillo,* könnte die Chayuaczitadelle dem ersten König, Tacaynamo, als Palast gedient haben.
Die Uhle- und die Tellozitadelle zeigen hingegen viele architektonische und strukturelle Details, die darauf hinweisen, dass man sie für andere Zwecke benutzte. Die Zitadellen Laberinto und Gran Chimú entstanden später. Die vielen Speicher und Audienzsäle lassen vermuten, dass Chan Chan zu jener Zeit eine Phase der wirtschaftlichen Blüte und weiträumigen Ausdehnung durchlief. Gran Chimú ist mit 400 x 600 Metern die größte Zitadelle von Chan Chan

190–191 *Viele Beispiele der Goldschmiedekunst der Chimú sind bis heute erhalten. Zu den bemerkenswertesten Zeugnissen gehört dieses hölzerne Seitenteil einer Sänfte mit Gold- und Silberplättchen sowie Einlegearbeiten aus Muscheln und Türkis. Im oberen Teil sind menschliche Figuren und halbmondförmige Motive zu erkennen. Die Sänfte bot bei zeremoniellen Anlässen hohen Würdenträgern Platz.*

190 *Goldene und silberne Totenmasken aus der Sicán- und aus der Chimúkultur sind häufig mit dem Bild des Stammvaters Ñaymlap verziert. Deutlich erkennt man ihn an den lang gezogenen Augen, die an Vogelflügel erinnern.*

und weist alle Merkmale eines Königspalastes auf. Sie besteht aus mehreren Gebäuden, die den Glanz der herrschenden Elite unterstreichen sollten. Zu dieser Zeit nahm die Zahl der Wohngebäude für die Mitglieder einer immer mächtiger werdenden Beamtenschicht zwar zu, doch baute man auch einfache Häuser für Handwerker, die Luxusobjekte für die Oberschicht herstellen mussten.
Die Zitadellen aus der späten Chimúzeit stampfte man in immer kürzeren Abständen aus dem Boden. Am berühmtesten ist hier die Tschudizitadelle. Die Ansammlung von Gebäuden, Mauern und Straßen glich einem Irrgarten, mit dessen Hilfe man vermutlich den Zugang zu den Verwaltungszentren kontrollieren wollte. Außerdem hoffte man so zu verhindern, dass Diebe die Reichtümer der Herrscher an sich brachten.
Zu den bemerkenswerten Bauten der Chimú gehören auch die *huacas,* künstliche Plattformen und Kultstätten, die in der Nähe des Stadtzentrums lagen. Am bekanntesten sind die Huaca Esmeralda und die Huaca del Dragón, die in den 60er-Jahren des 20. Jahrhunderts restauriert wurde. Die Konstruktion umfasst eine Mauer, die zwei übereinander liegende, 3 bzw. 4 Meter hohe Plattformen einschließt. Der Name der Huaca del Dragón bezieht sich auf die Flachreliefs an den Wänden: Im Mittelpunkt erkennt man eine Zweiköpfige Schlange, das Symbol für Wasser und Fruchtbarkeit. Sie steht in Verbindung mit anderen Schlangenwesen, die vermutlich aus dem mythisch-religiösen Kosmos der Chimú stammen.
Der Stil ähnelt dem der Friese von Chan Chan. Die Symbole erinnern außerdem an die Motive, die man auf goldenen und silbernen Objekten und auf Stoffen dieser Kultur fand.
Noch immer rätseln die Forscher über viele Aspekte des Königreiches der Chimú. Seine hoch entwickelte Kultur und Struktur, aber auch die Schätze des Volkes, das die größte Stadt im Andenraum erbaute und karges Wüstenland in fruchtbaren Ackerboden verwandelte, faszinieren und erstaunen Wissenschaftler und Laien gleichermaßen. Aus historischen Quellen geht hervor, dass die Dynastie der Chimú auch nach der Unterwerfung durch die Inka weiter existierte und erst 1602 erlosch, als Chan Chan nur noch eine Geisterstadt war.

192–193 *So sah die Huaca del Dragón vermutlich um 1300 aus, als die Chimúkultur und Chan Chan, ihre Hauptstadt, die größte Ausdehnung erreicht hatten. Die Interpretation des Dekors auf den Außenmauern und Plattformen führte dazu, dass man dem Gebäude den Beinamen „Tempel des Regenbogens" gab.*

193 *Dieses Holzmodell stammt aus einem Grab und zeigt vermutlich eine Zeremonie im Inneren einer der Zitadellen von Chan Chan. Bemerkenswert sind die Fischzeichnungen und die Gestalt, die in der Mitte auf einer Art Thron sitzt. Offenbar handelt es sich um einen Herrscher oder Priester im Kreise seiner Würdenträger.*

194–195 *Obwohl die Bauten von Tambo Colorado aus Adobeziegeln bestehen, befindet sich die Stätte in einem ausgezeichneten Zustand. In Tambo Colorado sind die Architektur der Inka und Küstentraditionen zu einer perfekten Einheit verschmolzen.*

194 *Auf den beeindruckenden Mauern der Festung von Tambo Colorado erkennt man noch Spuren der ursprünglichen gelben, roten und ockerfarbenen Bemalung.*

TAMBO COLORADO
AUSSENPOSTEN DER INKA

195 oben *Das Bild zeigt die Adobemauern eines Palastes am Hauptplatz von Tambo Colorado. Die für Bauten der Inka typische trapezförmige Tür und die ebenso gestalteten Fenster bilden eine Ergänzung zum traditionellen Küstenstil. Auf dem Platz steht ein* ushnu, *ein Zeremonialaltar, den man in den meisten Städten des Tauantinsuyu findet.*

195 unten *Dieses Foto zeigt den Hauptplatz von Tambo Colorado. Die Inka erbauten die Stadt als Außenposten ihres Reiches, um die administrative und politische Macht von Cuzco zu dezentralisieren.*

In den Zentren, die die Inka in der Küstenregion errichteten, findet man Gebäude aus behauenem Stein im Stil von Cuzco, aber auch Häuser, die man lokalen Traditionen zuordnen kann und die aus Materialien wie Adobe oder Tapia (luftgetrocknete Lehmblöcke) errichtet wurden. Trapezförmige Türen waren in dieser Region ebenso wie Fensternischen unbekannt. Erst als die Inka dieses Gebiet eroberten, wurden diese Elemente eingeführt.
Zu den bedeutendsten Küstenstädten der Inka zählte ohne Zweifel Tambo Colorado. Die Stadt wurde vermutlich um 1450 im Pizcotal als Verwaltungs- und Versorgungszentrum gegründet. Manche Wissenschaftler sind allerdings überzeugt, dass sie bereits vor Beginn des späten Horizontes entstanden ist.
Pampa de Sechas war der Ausgangspunkt einer wichtigen Straße, die Huaytará kreuzte und an der Küste entlang bis nach Tambo Colorado führte. Diese Stadt ist eines der am besten erhaltenen Zentren im Küstengebiet und veranschaulicht sowohl die typische urbane Struktur der Inka als auch die Mischung lokaler Architekturstile mit Bautechniken des Tauantinsuyu. Tambo Colorado besteht aus einer Reihe von *kanchas,* von

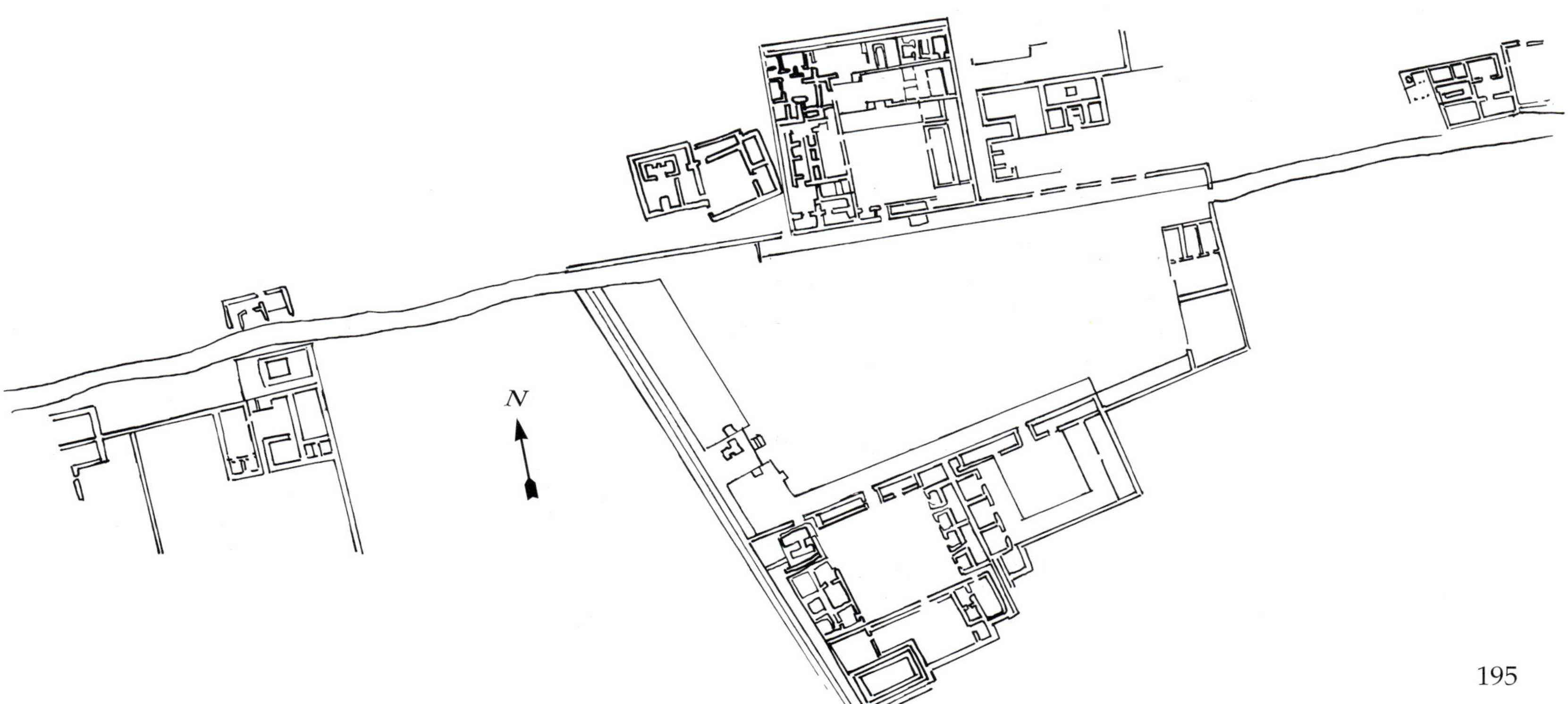

196–197 *Die ausgezeichnet erhaltenen Adobegebäude von Tambo Colorado liegen im kargen Pizcotal. An der Stadt führte eine wichtige Straße vorbei, die die Hauptstadt der Inka, Cuzco, mit den Küstengebieten des Reiches verband.*

196 links *Dieses Bild zeigt deutlich die trapezförmigen Fenster und Türen eines Palastes in Tambo Colorado. Die einzelnen Abschnitte des Militär- und Verwaltungspostens gruppieren sich um einen Hauptplatz. Die Struktur der Stadt erinnert an Anlagen der Huari.*

196 rechts *Dieses Foto zeigt eines der wichtigsten Gebäude von Tambo Colorado, die so genannte „Festung". In Wirklichkeit handelte es sich um ein Verwaltungsgebäude mit Seitenräumen, die als Vorratslager dienten.*

Mauern umschlossenen, unabhängigen Vierteln.
Truppenquartiere und Lagerräume gruppierten sich um einen großflächigen, trapezförmigen Platz. Einige Viertel dienten hohen Funktionären und Verwaltungsbeamten als Residenzen, in anderen befanden sich hingegen die Werkstätten der Handwerker. Hier verarbeitete man unterschiedliche Rohstoffe zu Objekten, die für den Hof in Cuzco bestimmt waren.
Aufgrund des imposanten Mauerrings wurde Tambo Colorado ursprünglich irrtümlich als Festung bezeichnet. Vermutlich deutet dieser Mauerring jedoch nur darauf hin, dass sich hier bereits zur Zeit der Tiahuanaco-Huari-Kultur ein bedeutendes Zentrum befunden hatte.
Die Mauern der Gebäude weisen noch deutliche Spuren der ursprünglich roten, orange- und ockerfarbenen Bemalung auf. Eine niedrige Plattform erhebt sich im westlichen Teil des Platzes. Vermutlich handelt es sich um den *ushnu,* einen Opferaltar, der in den meisten Städten der Inka zu finden ist.
Ebenso wie Cajamarca und Huanaco Viejo zählte Tambo Colorado zu einer Gruppe von Orten, die die Inka in den Randgebiet ihres gigantischen Reiches gründeten, um die Verwaltung zu dezentralisieren, die mit zunehmender Expansion stetig wuchs.

197 oben *Archäologische Grabungen belegen, dass viele Städte der Küstenregion, darunter auch Tambo Colorado und Chan Chan, über älteren Siedlungen errichtet wurden. Die Gebäude, Straßen, Terrassen und Bewässerungskanäle wurden zunächst von den Chimú, dann von den Inka wiederverwendet.*

197 unten *Die Fenster der Befestigungsmauern von Tambo Colorado haben die charakteristische Trapezform der Bauten der Inka.*

DIE SCHARRBILDER DER NAZCA
DAS RÄTSEL IN DER WÜSTE

• Nazca

1 Schwertwal
2 Delta-Flügel
3 Kleiner Kondor
4 Alcatraz
5 Clown
6 Spirale
7 Krokodil
8 Baum
9 Hände
10 Spirale
11 Spinne
12 Blume
13 Hund
14 Astronaut
15 Dreieck
16 Wal
17 Trapezoid
18 Stern
19 Pelikan
20 Kondor
21 Trapez
22 Kolibri
23 Trapez
24 Affe
25 Lama
26 Trapezoide

Die Pampa del Ingenio liegt in der Wüstenebene zwischen Nazca und Palpa im Süden von Peru. Zu Beginn des 20. Jahrhunderts entdeckte man hier eines der spektakulärsten Geheimnisse des amerikanischen Kontinents: die Scharrbilder der Nazca. Die Nazcakultur blühte in dieser Region um 300 bis 900. In dieser Zeit entwickelten sich in dem weitläufigen Gebiet zahlreiche regionale Kulturen, von denen jede eigene künstlerische Ausdrucksformen hatte, doch einte sie alle der religiöse Kult des Raubtiergottes.
Die Scharrbilder stellen die rätselhafteste Hinterlassenschaft der Nazcakultur dar. Sie bestehen aus Linien, geometrischen Mustern, wie Dreiecken oder Rechtecken, Tieren, darunter

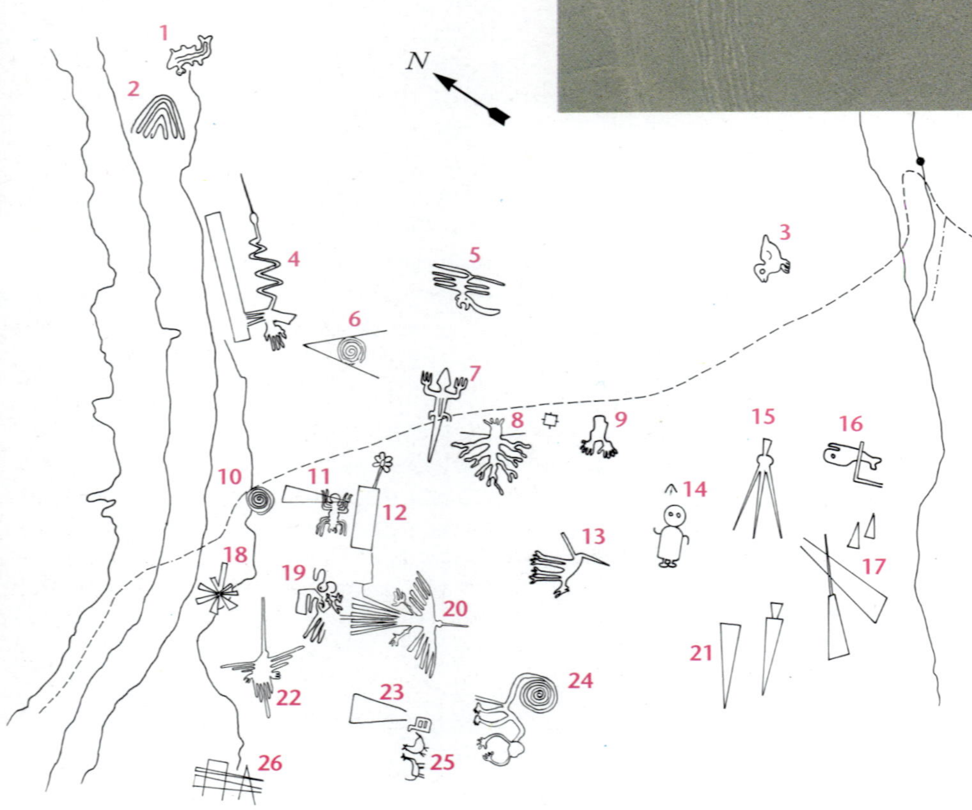

vielen Vögeln, und einer menschlichen Abbildung. Um sie zu formen, scharrten die Nazca die eisenoxidhaltige und dadurch rotbraune Oberfläche beiseite. Auf diese Weise entstanden 30 bis 40 Zentimeter tiefe Rinnen in der helleren Färbung des darunter liegenden Sandbodens. Das eigentlich Bemerkenswerte ist die gigantische Größe der Figuren: Die geraden Linien erstrecken sich zum Teil über 10 Kilometer; die Tierbilder sind zwischen 15 und 300 Meter groß. Aufgrund dieser imensen Ausmaße sind die Scharrbilder nur aus großer Höhe zu erkennen. Heute kann man die außergewöhnlichen Bilder, die

198 oben links *Diese Luftaufnahme zeigt die perfekt gestalteten Umrisse der Spinne, die zu den berühmtesten Scharrbildern der Nazca zählt. Bis heute ist es nicht gelungen, die Bedeutung der riesigen Bilder zu entschlüsseln, die die Nazca in den Boden der Pampa del Ingenio scharrten. Einige Wissenschaftler halten sie jedoch für Totem- oder Sternbilder.*

198 Mitte links *Wissenschaftler aus aller Welt haben versucht, das Rätsel der Scharrbilder der Nazca zu lösen. Einige halten die Bilder für eine große Himmelskarte und glauben, dass die Symbole für bestimmte Sternbilder stehen. Dieses Foto zeigt den Hund, der die gleichnamige Himmelskonstellation verkörpern könnte.*

198 unten links *Dieses Vogelwesen gehört ebenfalls zu den Scharrbildern der Nazca. Aufgrund ihrer Ausmaße erkennt man die Bilder nur aus großer Höhe.*

198 oben rechts *Noch weniger weiß man über die Bedeutung der Scharrbilder, die Bäume oder Hände darstellen. Die am rechten Bildrand verlaufende Straße verdeutlicht die Größe der Scharrbilder.*

198–199 *Unter anderem scharrten die Nazca einen Kolibri in den Wüstenboden. Viele präkolumbische Völker verehrten diesen Vogel als heiliges Tier. Sehr begehrt war er auch wegen seines bunten Federkleides.*

201 links *Auch ein Affe zählt zu den zoomorphen Figuren in der Pampa del Ingenio. Besonderes Aufsehen erregte der spiralförmige Schwanz . Wie der Hund, die Spinne und der Kolibri, so könnte auch der Affe ein Symbol auf einer Sternenkarte oder auf einem astronomischen Kalender sein.*

201 rechts *Die Scharrbilder der Nazca umfassen nicht nur Tiere und geometrische Symbole, sondern auch mythische, übernatürliche und monsterartige Wesen wie den Dinosaurier. Einige Wissenschaftler glauben, dass die Scharrbilder bereits lange vor den Nazca entstanden sind.*

wegen des überaus trockenen Klimas über Jahrhunderte erhalten blieben, während eines kurzen Rundfluges betrachten.
Niemand vermag bislang zu sagen, warum die Nazca die riesigen Figuren und Muster in den Wüstenboden scharrten. Man weiß nicht, weshalb sie Darstellungen in den Boden gruben, die sie nur erkennen konnten, wenn sie auf einen der umliegenden Hügel stiegen.
Als erster Forscher untersuchte Toribio Mejia Xesspe 1926 die Scharrbilder der Pampa del Ingenio systematisch. Er stellte die Hypothese auf, dass die Bilder, vor allem die geraden, an Landepisten erinnernden Linien, alte Zeremonialstraßen darstellten, auf denen die Nazca entlangtanzten, um unbekannten Göttern zu huldigen. Vielleicht war der Kult des Raubtiergottes bereits von der Hochebene bis zum südlichen Ende von Peru vorgedrungen, vielleicht verehrte man aber auch die mythischen Wesen, die immer wieder auf den Tongefäßen der Nazca auftauchen. Die Scharrbilder gerieten dann zunächst in Vergessenheit, bis Paul Kosok sie 1939 wieder entdeckte. Er analysierte die geometrischen Formen und Tiermotive und formulierte eine neue Theorie, die immer noch Anhänger findet: Er war überzeugt, die Nazca hätten die Pampa del Ingenio in einen riesigen astronomischen Kalender verwandelt. Die Figuren und Linien, so behauptete er, stünden in Zusammenhang mit Jahreszeit, Sternen und Planetenkonstellationen. Viele Wissenschaftler unterstützten diese Position, darunter die berühmte, 1998 verstorbene Nazca-Forscherin Maria Reiche, die den größten Teil ihres Lebens vor Ort mit Bodenforschungen verbrachte, um das Geheimnis der Scharrbilder zu lüften.
Trotz vieler Interpretationsansätze konnte das Rätsel um die Bedeutung der Scharrbilder der Nazca bis heute nicht gelöst werden, und so geht von den riesigen Bildern noch immer eine eigenartige Faszination aus. Einige Motive auf Gefäßen der Nazca ähneln den Darstellungen im Wüstenboden. Vielleicht hatten die Nazca oder ihre Vorgänger Wesen aus ihrer natürlichen Umgebung im Lauf der Zeit zu Göttern erhoben und huldigten ihnen mit den Kulthandlungen, die auf die ersten Einwohner des präkolumbischen Perus zurückgingen.

200 *Dieser „Kandelaber", der einem riesigen Dreizack ähnelt, prangt am Hang eines Wüstenhügels gegenüber der Küste und ist vom Wasser aus leicht zu erkennen. Mit der Symbolik dieses rätselhaften Bildes haben sich besonders viele Forscher auseinander gesetzt.*

200–201 *Auf dieser Luftaufnahme sind die Linien und geometrischen Figuren besonders gut zu erkennen, die wie riesige Landepisten wirken. Trotz aller Interpretationsversuche ist die wahre Bedeutung der Bilder bis heute ungeklärt.*

TIAHUANACO
STADT DER MEGALITHEN

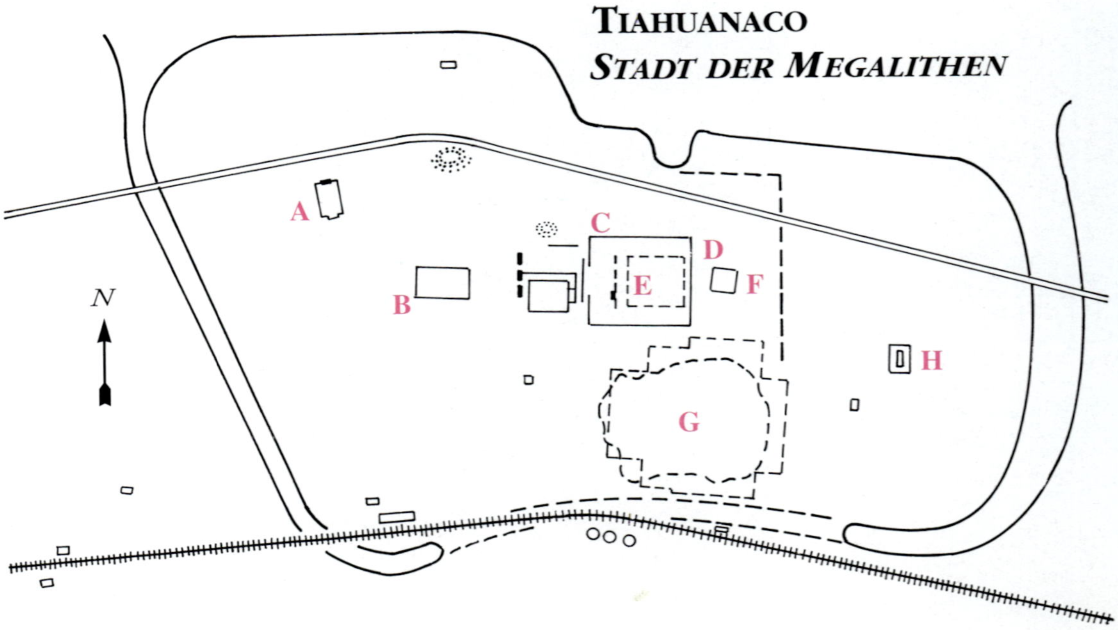

A Pantheon
B Palast
C Sonnentor
D Kalasasaya
E Innere Umfassungsmauer
F Osttempel
G Akapana
H Kantatayita

Die archäologische Stätte Tiahuanaco liegt in 4000 Metern Höhe 20 Kilometer südlich des Titicacasees im Hochland von Bolivien. Die Bauten von Tiahuanaco entstanden im Verlauf mehrerer Bauphasen. Einige Gebäude wirken unvollständig, als hätte die Kultur, die sie errichtete, ihre Pläne plötzlich aufgegeben. Aufgrund seines monumentalen Erscheinungsbildes halten die Archäologen Tiahuanaco für ein Zeremonialzentrum, in dem Götter verehrt und Kulte betrieben wurden, die mit der Beobachtung der Sterne in Verbindung standen. Sie glauben außerdem, dass Tiahuanaco an die Stelle von Chavín de Huántar trat, als dieses an Bedeutung verlor.
Die meisten Gebäude gehen wohl auf das 3. Jahrhundert zurück. Zu diesem Zeitpunkt war die Stätte vermutlich bereits seit 500 Jahren besiedelt. Das Kultzentrum entstand wahrscheinlich zu Beginn des 4. Jahrhunderts. Es umfasst steinerne Tempel, eingelassene Höfe, umfriedete Heiligtümer und Tore wie das berühmte Sonnentor mit eleganten Architraven, die typische Symbole der praktizierten Kulte zeigen. Ab dem 7. Jahrhundert expandierte die Stätte und entwickelte sich zu einer großen Stadt mit 20 000 bis 50 000 Einwohnern. Sie war Hauptsitz einer theokratischen Elite und eines Reiches, dessen Einfluss sich bis zum 11. Jahrhundert auf den gesamten Andenraum erstreckte. Bei neueren Grabungen konnte man die Grenze zwischen dem Zeremonialzentrum und der eigentlichen Stadtanlage identifizieren. Zu Letzterer gehörten kleine schlichte Häuser aus Adobe und Flusskiesel. Außerdem machten die Archäologen eine bemerkenswerte Entdeckung: Sie stell-

202 oben *Der Ponce-Monolith trägt den Namen seines Entdeckers. Er gehört zu den mit symbolischen Bildern verzierten Skulpturen von Tiahuanaco.*

202 unten *Steinerne Köpfe, die an die Kopfskulpturen in den Tempeln von Chavín de Huántar erinnern, zieren die Innenmauer des halbunterirdischen zeremoniellen Zentrums von Tiahuanaco. Mit Sicherheit bestanden Verbindungen zwischen den Kulten, die man in den beiden Heiligtümern ausübte.*

202–203 *Dieses Foto zeigt die Umfassungsmauer des Kalasasaya. Sie besteht aus Monolithen, die an prähistorische europäische Menhire erinnern. Der Begriff* kalasasaya *stammt aus dem Aymará und bedeutet „stehender Stein".*

203 *Zu dem halbunterirdischen Tempel im Vordergrund gehört ein vertiefter Platz oder Patio. Rings um ihn zieht sich eine Mauer aus großen Steinblöcken mit Kopfskulpturen. In der Mitte des Hofes stehen drei Monolithe. Im Hintergrund erkennt man den Kalasasayatempel mit dem Ponce-Monolithen im Zentrum des Portals.*

ten fest, dass es weder im Zeremonialbereich noch in den Wohnvierteln Lager oder Vorratskammern gab. Ebenso fehlen Verwaltungsgebäude, obgleich diese nötig waren, wenn man die Infrastruktur des großen Reiches aufrecht erhalten wollte. Noch streitet die Forschung über Bedeutung und Funktion verschiedener städtischer Gebäude. Zu den ältesten und wichtigsten Komplexen gehört der Akapana, eine breite, stumpfe Pyramide mit mehreren Plattformen, die man früher für einen natürlichen Hügel hielt. Sie ist 17 Meter hoch und 200 Meter lang und präzise nach den Himmelsrichtungen ausgerichtet. Die Terrassen bestehen aus Erde, Lehm und Steinen und waren ursprünglich mit verzierten Steinen verkleidet. Akapana bedeutet „künstliche Erhebung". Auf der obersten Terrasse befindet sich ein eingelassener, mit Andesit (Vulkangestein) gepflasterter Hof. Rings um diesen lagen Räume, die vermutlich von den Tempelpriestern benutzt wurden.

Die Überreste eines großen Zeremonialkomplexes, des „Puma Puncu", liegen in einem separaten Areal südöstlich des Akapana. Die nur 5 Meter hohe, U-förmige Struktur, die man ebenfalls für Kultzwecke nutzte, bestand aus drei Sandsteinterrassen mit eingelassenem Hof auf der Spitze. Skulptierte Tore und Architrave verschönern den Eingangsbereich.

In der Nähe des Akapana liegen die Ruinen weiterer Gebäude, darunter die des halbunterirdischen Tempels. Zu ihm gehört ein großer rechteckiger Hof, in den man über eine Treppe auf der Südseite gelangt. Runde Steinköpfe mit stilisierten menschlichen Gesichtszügen zieren die innere Umfassungsmauer aus Sandstein.

Im Norden des Akapana liegt die Kalasasaya. Hier säumen trapezförmige Steinblöcke, die an Menhire erinnern, die niedrige rechteckige 120 x 130 Meter große Plattform. Im Zentrum dehnt sich ein vertiefter Patio aus.

Im nordwestlichen Bereich der Kalasasaya steht eines der spektakulärsten Monumente von Tiahuanaco, das Sonnentor, das sich vermutlich früher an einer anderen Stelle befand. Es ist 12 Tonnen schwer und vor allem aufgrund der Motive berühmt, die den Architrav zieren. Flügelwesen, vielleicht Dämonen oder mythische Wesen, gruppieren sich um eine zentrale anthropo-zoomorphe Gestalt mit Haaren, die in Schlangen auslaufen. In jeder Hand hält sie ein schlangenförmiges Zepter. Zwischen diesem Wesen und dem alten Zeptergott von Chavín de Huántar besteht eine eindeutige Ähnlichkeit, sodass viele Wissenschaftler ungeachtet des zeitlichen und räumlichen Abstandes, der die beiden Kulturen voneinander trennt, eine Verbindung zwischen den religiösen Zentren unterstellen. Einige monolithische Skulpturen mit rätselhaften Zügen auf dem Sonnentor tauchen im Zeremonialzentrum von Tiahuanaco ebenfalls auf. Sie zieren zum Beispiel die nach ihrem Entdecker benannte Bennet-Stele, die ursprünglich im Zentrum des Puma Puncu stand, später jedoch auf die Plaza Mayor von La Paz umgesetzt wurde. Diese Stele, mit 7,5 Metern die höchste im Andenraum, diente vielleicht der Verherrlichung eines hohen Würdenträgers oder Priesters.

204 oben *Geflügelte Dämonen (vielleicht auch Engel oder Boten) umgeben auf dem Sonnentor den Gott mit den Stäben, den manche Forscher für Viracocha halten. Zahlreiche Hypothesen ranken sich um die Bedeutung der Figuren und des dazugehörigen Kultes.*

204 unten *Dieser Monolith ist unter dem Namen „El Fraile" bekannt. Er veranschaulicht den Stil der Bildhauerei von Tiahuanaco. Die Bedeutung der mit groben Zügen gestalteten Skulptur ist unbekannt, doch zierte sie ursprünglich die Mauer der Kalasasaya.*

204–205 *Das Sonnentor ist das Symbol von Tiahuanaco. Es steht heute im Nordwesten der Kalasasaya, befand sich aber ursprünglich vermutlich im Tempel des Puma Puncu. Die zentrale Gottheit auf dem Fries, die einige Forscher für Viracocha halten, ähnelt dem Zeptergott von Chavín de Huántar.*

205 *Zu den interessantesten Strukturen in Tiahuanaco gehört die Kalasasaya, eine Mauer mit Monolithen, die an europäische Menhire erinnern, umgibt diese Plattform mit tiefer liegendem Hof. Das Foto zeigt eine Ansicht der Kalasasaya mit dem Sonnentor im Hintergrund.*

206 Dieses Foto zeigt die Ruinen der alten Zeremonialplattformen des Puma Puncu. Tiahuanaco zeichnet sich durch seine megalthische Architektur aus, einen Baustil, den die Inka später übernahmen.

206–207 Nur noch die massiven viereckigen Säulen, die eine Art Einfriedung bilden, sind von diesem Zeremonialgebäude des Puma Puncu geblieben. Die Löcher in der Plattform füllten einst ähnliche Säulen aus, die den Tempel stützten.

Zwei weitere Monolithe, „El Fraile" und „El Ponce", ähneln der Bennet-Stele in Aussehen und Form. Es handelt sich weniger um Rundskulpturen als vielmehr um massive Säulen mit groben menschlichen Gesichtszügen, die an das Werk eines Kindes erinnern. Die Gesichter blicken streng, und Details der Kleidung sowie der Objekte, die die Figuren in der Hand halten, sind deutlich zu erkennen. Vielleicht wurden hier Herrscher verewigt, noch wahrscheinlicher jedoch Priester, die das Reich von Tiahuanaco gründeten und am Leben erhielten. Die Ruinen des Palacio und des Mondtores liegen ebenfalls im Bereich des Puma Puncu. Noch immer bemühen sich Wissenschaftler, die Bilder auf den Monolithen, Tongefäßen und Webstoffen zu interpretieren, die man bei Grabungen in Tiahuanaco und Umgebung entdeckt hat und die deutliche Parallelen zu Produkten der Huari aufweisen. Würde es gelingen, diese Motive zu deuten, dann wüsste man vermutlich endlich, in welcher Beziehung die beiden Reiche zueinander standen, die den Andenraum während des mittleren Horizontes beherrschten. Als die Spanier die Ruinen von Tiahuanaco entdeckten, waren sie vor allem von den riesigen Sandstein- und Basaltblöcken und der technischen Perfektion fasziniert, mit der diese Blöcke verziert und zusammengefügt worden waren. Die Chronisten stellten fest, dass man die Steine mit T-förmigen Krampen aus Kupfer oder Bronze miteinander verbunden hatte. Wie es den Baumeistern gelungen ist, die Steinquader von den Steinbrüchen über Hunderte von Kilometern zu transportieren, bleibt ein Rätsel. Die Inka schätzten die Steinmetzen von Tiahuanaco so, dass sie sie an ihren Hof riefen, damit sie ihre Traditionen und Techniken an die neuen Herrscher und deren Handwerker weitergaben.

207 links *Dieses Foto zeigt einen verzierten Mauerabschnitt des Puma Puncu. Im religiösen Zentrum von Tiahuanaco residierte vermutlich eine theokratische Elite, deren Weltbild und Glaubensinhalte andere Kulturen beeinflussten.*

207 rechts *Rautenförmige Treppenmotive zieren die Mauern des Puma Puncu. Dieses Motiv steht mit dem Sonnenkult in Verbindung, und man findet es auf vielen Mauern in Tiahuanaco, aber auch auf Webstoffen aus der Huarikultur. Gelegentlich taucht es auch in der Kunst der Inka auf.*

SILLUSTANI
TÜRME DES SCHWEIGENS

208–209 Die Grabtürme von Sillustani heißen in Aymará chullpas. *Vermutlich wurden sie von den Colla erbaut, die in der Gegend des Titicacasees siedelten. Man nimmt an, dass die* chullpas *als Kollektivgräber dienten und auch von den Inka als solche verwendet wurden.*

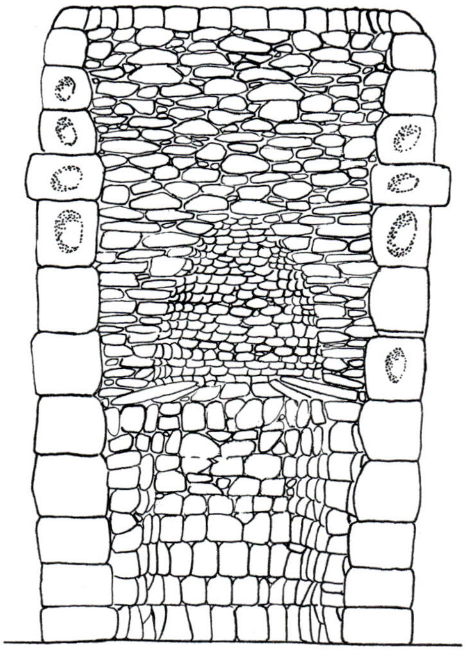

Dieser Querschnitt einer chullpa *verdeutlicht den inneren Aufbau des Grabturmes.*

Sillustani liegt etwa 20 Kilometer vom Titicacasee und fast 40 Kilometer von der Stadt Puno entfernt. Berühmtheit erlangte die Städte aufgrund einer Reihe von Grabtürmen, die in Aymará *chullpas* heißen und eine besondere Begräbnisform darstellen. Die Grabtürme von Sillustani stehen auf einer felsigen Halbinsel, die in etwa 4000 Metern Höhe in den Umayosee hineinragt. Auf den Hochebenen der Anden gibt es noch weit mehr dieser Grabtürme, doch sind sie in der Regel schlichter und weniger Aufsehen erregend.

Die meisten *chullpas* von Sillustani haben einen runden, einige wenige auch einen viereckigen Grundriss. Sie ruhen auf einer Art Plattform und sind im oberen Bereich breiter als an der Basis. Ein vorkragender Sims und ein mit der Technik des falschen Gewölbes erbautes Dach vervollständigen die Struktur im oberen Teil. Einer etwas verkürzten Theorie zufolge stellen die Grabtürme Phallussymbole dar. Dies sollen die am besten erhaltenen Exemplare, vor allem der Turm „El Lagarto" (Eidechse) belegen.

Jeder Turm wurde mit einer anderen Technik erbaut, einige der einfacheren bestehen aus unbehauenen Steinen, die man mit Lehmmörtel zusammenfügte, für andere benutzte man perfekte, rund behauene Steine und setzte diese fugenlos zusammen. Auch die eleganteren *chullpas* gestaltete man im Inneren aus rohen, unbehauenen Steinen und Lehmputz. Hier befindet sich die stets runde, mit einem Kraggewölbe geschlossene Grabkammer. Die Nischen, ursprünglich Bestandteil der Gruft, füllte man später mit Gips aus.

Die Grabkammer des El Lagarto hat einen Durchmesser von 6 Metern und ist genauso hoch. Auf allen Vieren gelangt man durch eine kleine Öffnung ins Innere. Es ist daher anzunehmen, dass man die Toten nicht im Freien, sondern erst in der Kammer selbst mit den dicken Stoffbahnen umwickelte, die die Archäologen bei ihnen fanden.

Der erste Forscher, der die Grabtürme von Sillustani Ende des 19. Jahrhunderts untersuchte, stellte fest, dass sie als Kollektiv-, nicht als Einzelgräber gedient hatten. Der Dominikanerpater und Indianerfreund Fray Bartolomé de las Casas berichtet in seiner *Historia general de las Indias,* dass man die kleine Tür genau wie anderenorts erst ein Jahr nach dem Begräbnis öffnete, wenn der Mumifizierungsprozess bereits abgeschlossen war.

Ein wissenschaftlicher Streit entbrannte wegen mehrerer großer Kreise, die man unweit der *chullpas* auf dem Boden entdeckte. Zunächst hielten die Archäologen sie für Sonnenkreise, heilige Plätze, an denen magische Rituale stattfanden. Heute geht man jedoch davon aus, dass hier weitere Türme geplant waren, die nie errichtet wurden. Bis heute ist auch unklar, welche Kultur die *chullpas* tatsächlich erbaute. Manche halten sie ausschließlich für ein Werk der Inka, doch der mehrheitlichen Meinung zufolge dienten sie als Begräbnisstätten für Würdenträger und Könige von Völkern, die bereits lange vor der Inkaherrschaft rings um den Titicacasee siedelten. Sollte dies den Tatsachen entsprechen, so übernahmen die Inka die Bestattungsriten der Menschen, die sie unterwarfen: Sie bauten Grabtürme nach deren Tradition und entwickelten die Technik in der Folge sogar weiter. Gleichwohl blieb das Modell der Grabtürme auf ein kleines Gebiet beschränkt. In Cuzco und anderen Gegenden des Tauantinsuyu fand es offensichtlich keine Verbreitung.

208 *Steinkreise wie diesen entdeckte man unweit der* chullpas *auf der Halbinsel Sillustani. Einige Archäologen halten sie für Kultplätze, andere glauben, dass es sich um die Grundmauern nicht vollendeter Grabtürme handelt.*

209 *Diese Fotos zeigen zwei halbverfallene* chullpas *auf der Halbinsel Sillustani. Ursprünglich schloss ein Dach mit falschem Gewölbe die zylindrischen Strukturen ab.*

ULASA
SARKOPHAGE IM REGENWALD

210–211 *Das Bild zeigt vier der großen Lehmsarkophage von Ulasa. Die ursprüngliche Bemalung ist noch zu erkennen. Auf einem der Sarkophage prangt ein Totenschädel als Trophäe. Die im Inneren entdeckten Toten waren vermutlich Krieger oder Mitglieder der Oberschicht.*

211 *Sieben große anthropomorphe Sarkophage aus Lehm, die an einem steilen Felsen befestigt wurden, bilden die Hinterlassenschaft der Chachapoya in Ulasa an den östlichen Ausläufern der Anden. Die Chachapoya zählten zu den kriegerischsten Feinden der Inka.*

Eines der Völker, die von den Inka unterworfen wurden, waren die Chachapoya, die in der Amazonasregion zwischen dem Río Macanón und dem Río Huallaga siedelten. Bei archäologischen Grabungen identifizierte man drei Kulturepochen, die im Verlauf der Geschichte der Chachapoya, das heißt zwischen dem 7. und dem 15. Jahrhundert, aufeinander folgten.
Viele Geheimnisse ranken sich um dieses Volk, das bereits die Spanier deutlich von den übrigen Andenbewohnern unterschieden. Offenbar besaßen sie helle Haut und fast blondes Haar und wirkten deshalb ganz anders als die Menschen in ihrer Umgebung. Berichten zufolge fanden die Inka die Chachapoyafrauen aufgrund ihres Aussehens sehr begehrenswert und entführten sie nach Cuzco, wo sie im Aclla Huasi, dem „Haus der erwählten Frauen", als Sklavinnen oder Konkubinen des Inka lebten. Das ungewöhnliche Erscheinungsbild des Amazonasvolkes veranlasste die Forscher natürlich, verschiedene Theorien zu formulieren. Unter anderem behauptete man, die Chachapoya seien vor den Spaniern aus Europa in die Neue Welt gekommen, doch gibt es hierfür keine Beweise.
Unter archäologischen Gesichtspunkten interessieren Volk und Kultur vor allem, weil sie eine Reihe eindrucksvoller, ja einzigartiger Überreste hinterlassen haben.
Am berühmtesten ist die Stätte Cuelap, die in 3000 Metern Höhe liegt. Sie besteht aus 400 Rundbauten, um die sich ein 600 Meter langer Wall schließt. Man vermutet, dass die Stätte als Kult- und Zeremonialzentrum diente, doch sind manche Wissenschaftler der Meinung, es handle sich um eine Festung.
Tatsächlich sind die typischsten Monumente Begräbnisstätten, an die sich besondere Sitten knüpften. So errichtete man in Öffnungen fast unzugänglicher Felshänge steinerne Mausoleen mit bemalten oder überputzten Wänden. Andere Grabkammern hatten die Form anthropomorpher Sarkophage, die man der Länge nach in Spalten steiler Abgründe hängte.
In den 80er-Jahren entdeckte eine italienisch-peruanische Expedition in Ulasa im Utcubambatal mehrere dieser Sarkophagreihen. Die eindrucksvollste Gruppe besteht aus sieben Grabstatuen, die auf halber Höhe in der Felsmauer eines tiefen Cañons prangen. Nicht nur wegen ihrer Position, sondern auch aufgrund der natürlichen Umgebung sind sie nur schwer zugänglich. Dennoch gelang es Archäologen, die Sarkophage und ihre Inhalte zu untersuchen. So erhielten sie einige Informationen über die geheimnisvollen Bestattungsriten der Chachapoya, die die Spanier als stolze, kämpferische und hartnäckige Widersacher der Inka beschrieben.
Die Grabstatuen bestanden aus einer Lehm-Stroh-Mischung über einem Holzgerüst. Offenbar transportierte man sie nicht an ihren Bestimmungsort, sondern baute sie direkt am Steilhang in eine kleine Nische, die sie vor Witterungseinflüssen schützen sollte. Im Inneren der hohlen Sarkophage lagen die Mumien hochrangiger Persönlichkeiten – Militärführer oder Angehörige der herrschenden Klasse. Die mumifizierten Körper brachte man in Hockstellung und umhüllte sie mit einem Netz. Außerdem enthielten die Grabstatuen verschiedene Votiv- und Grabbeigaben. Über den Lehmköpfen einiger Statuen brachten die Chachapoya Menschenschädel an, die die Verstorbenen vielleicht während einer Schlacht als Trophäen erbeutet hatten.
Die Oberfläche der Sarkophage ist meist mit einer weißen Lehmschicht überzogen und mit roten stilisierten Motiven verziert, die nach Auffassung einiger Experten Vogelfedern darstellen. Bei zwei der sieben Statuen fallen die deutlich markierten männlichen Geschlechtsteile ins Auge.

212 links *Das Foto zeigt eine Gesamtansicht der Sonneninsel. Deutlich erkennt man einige Umfassungsmauern der großen, unter dem Namen „Sonnentempel“ bekannten Stätte. Die meisten Bauten stammen aus der Inkazeit, doch entdeckte man auch architektonische Spuren der Tiahuanacokultur.*

212 rechts *Dieses mächtige, von Steinmauern flankierte Tor bildet den Eingang zu einem der Zeremonialbezirke der Sonneninsel. Im Hintergrund liegt der Titicacasee. Typisches Merkmal der Architektur von Tiahuanaco sind die monolithischen Architrave.*

Die Sonneninsel und die Insel Coati liegen heute auf bolivianischem Territorium. Auf beiden entdeckte man Überreste alter Stätten aus der Inkazeit, deren Baustil sich vermutlich an bereits existierenden Gebäuden aus dem mittleren Horizont orientierte. Typische Merkmale sind in diesem Zusammenhang Ornamente, die an Tiahuanaco erinnern, aber auch in Ollantaytambo zu finden sind. Das berühmteste Monument der Sonneninsel ist der „Palast von Pilco Cayma“. Nachdem Wissenschaftler das Gebäude eingehend untersucht hatten, stellten sie die These auf, dass die Inka hier eine Reihe falscher Gewölbe errichtet hatten, weil sie ursprünglich ein zweites Stockwerk planten. Die Hauptfassade zeichnet sich durch Strenge und Symmetrie aus. Außer den eigentlichen Türen gibt es große Nischen, die vermutlich als blinde Türen dienten.
Die Stätte auf der Insel Coati umfasst einen 53 x 23 Meter großen Patio, um den sich mehrere Räume gruppieren. Die Verzierungen weisen deutliche Parallelen zu Tiahuanaco auf: In den dem Patio abgewandten Mauern befinden sich große Nischen und falsche gestufte oder rechteckige Bögen.

212–213 *Die archäologische Stätte auf der Sonneninsel bietet eine Fülle von Informationen, die sich jedoch nur schwer interpretieren lassen. Das Bild zeigt die Ruinen der Umfassungsmauern, die sich um die Terrasse des Sonnentempels ziehen.*

213 *Eine Reihe von Terrassen mit Gebäuderesten bildet den weitläufigen Zeremonialbereich am Ufer der Sonneninsel. Zwar gab man der Stätte den Namen „Sonnentempel“, doch ist über ihre tatsächliche Funktion nur wenig bekannt.*

214 *Die großen Terrassen, die die Inka landwirtschaftlich nutzten, bilden ein Becken am Rand der Sonneninsel. Es weist deutliche Parallelen zu anderen berühmten Inkastätten auf. Vermutlich errichteten die Inka auf den beiden Inseln im Titicacasee Kultstätten über älteren Strukturen der Völker von Tiahuanaco.*

214–215 *Dieser Abschnitt des Sonnentempels zeigt einen langen Gang oder Korridor mit mehreren aufeinander folgenden Toren mit monolithischen Architraven.*

215 oben *Noch rätselhafter als die Stätte auf der Sonneninsel sind die Ruinen des Mondtempels auf der Insel Coati. Nischen und falsche, gestufte Bögen durchbrechen die Einheit der Fassade des abgebildeten Gebäudes.*

215 unten *Der Mondtempel auf Coati hat besonders viele interessante Aspekte. Falsche, gestufte Bögen wie der hier abgebildete erinnern an die Wandverzierungen von Puma Puncu unweit der Stadt Tiahuanaco.*

CUZCO
DER „NABEL DER WELT"

216–217 *Das Kloster Santo Domingo haben die Spanier auf den Überresten der alten Mauern des Coricancha erbaut. Die Inka hatten diesen Tempel der Sonne und den Sternen geweiht. Die Mauern waren mit Gold bedeckt, bis die Eroberer den Tempel vollständig abbauten. Auf dem Foto sind die an den Ecken abgerundeten Andesit- und Porphyrsteinblöcke der antiken Fundamente zu sehen.*

Die Stadt Cuzco, von der nur einige Steinmauern erhalten sind, liegt in 3800 Metern Höhe und war einst der berühmteste Ort des Inkareichs. Innerhalb kürzester Zeit stieg das kleine Bauerndorf zur Hauptstadt des Tauantinsuyu auf, in der Religion, Politik und Verwaltung zusammenliefen. Cuzco galt als Axis Mundi, als „Nabel der Welt", zu dem alle Straßen führten. Zur Zeit der Eroberung gab es hier eine Vielzahl von Plätzen, gepflasterten Straßen und eleganten Palästen sowie ein bemerkenswertes Wasserversorgungssystem. Pachacútec und seine Nachfolger legten Cuzco nach dem Muster antiker Andenstädte wie Huari, Tiahuanaco und Chan Chan an. Cuzco ist zwischen zwei Flüsse gebettet, dem Huatanay und dem Tullumayo, und hat die Form eines Pumas, der zu den Totemtieren der Andenkulturen zählt. Spanische Chronisten beschrieben Cuzco voller

216 links *Einige Räume des Coricancha blieben erhalten und wurden in das Kloster Santo Domingo integriert. Im großen Saal auf diesem Foto steht ein Opferaltar vor einer Wand mit trapezförmigen Nischen.*

A Yachayhuasi (Haus des Wissens)
B Palast des Pachacútec
C Palast des Inca Roca
D Huacaypata (Hauptplatz)
E Tempel des Viracocha
F Aclla Huasi (Haus der erwählten Frauen)
G Palast des Huayna Cápac
H Coricancha (Sonnentempel)

Mauern der Inka

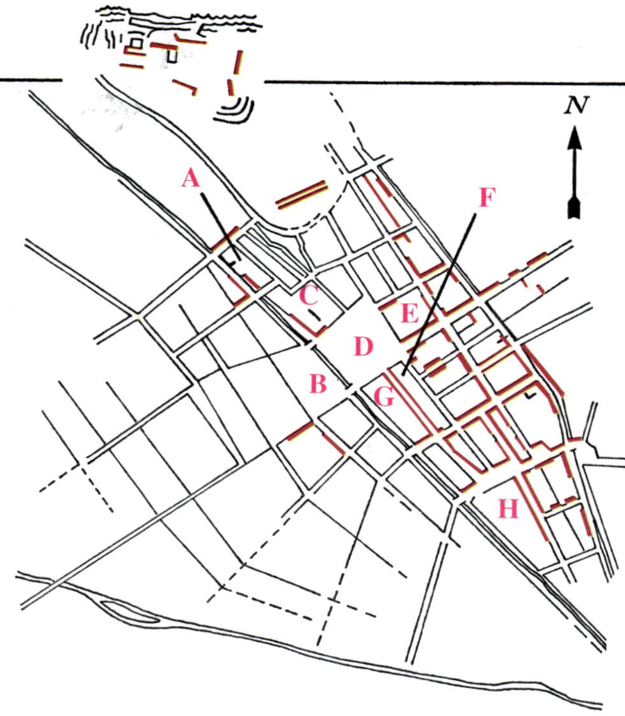

Begeisterung als herrlichen Ort mit goldverzierten Palästen und Gärten sowie mit reichen und fröhlichen Menschen. Wer aber lebte wirklich in der Stadt? Die größten Steinbauten dienten dem Sapa Inca (dem alleinigen Herrscher) und seiner Familie als Residenz. Außerdem beherbergten sie die mumifizierten Überreste der Ahnen des Inka und die des gehobenen Klerus. Der Inka galt als Nachfahre und Inkarnation des Sonnengottes. Die Spanier nannten ihn „Großohr", denn als Zeichen seiner Würde und hohen Abstammung hatte man ihm als Kind die Ohrläppchen deformiert. In der heißen Jahreszeit begaben sich der Herrscher und sein Hof in ihre Sommerquartiere im Urubambatal.
Auch die Gouverneure der verschiedenen Provinzen lebten mit ihren Familien in Cuzco. Ihre Kinder besuchten dort die Schule, um Ketschua, die Sprache der Eliteschicht, zu lernen. Cuzco untergliederte sich in zwei Bezirke, den oberen, Hanan Cuzco, und den unteren, Hurin Cuzco. Der Gesamtkomplex bestand aus einer Reihe von *kanchas,* geschlossenen Vierteln, die sich um einen Platz aus der Huarizeit gruppierten.
Den Stadtkern dominierte das Zeremonialzentrum. Es erstreckte sich um einen großen, trapezförmigen, nach Südwesten hin offenen Platz, der mit einem kleineren Platz, dem Huacaypata, verbunden war. Hier hielten die Inka Versammlungen und Rituale ab. Heute befinden sich die Plaza de Armas und die Plaza Regocijo an dieser Stelle. Die königlichen Paläste, die Residenzen der Elite und die Tempel lagen um die beiden Hauptplätze, von denen auch die vier Straßen ausgingen, die das Inkareich in vier *suyus* (Provinzen) untergliederten.
Verschiedenen Berichten zufolge ließ jeder neue Inkaherrscher einen noch größeren und prächtigeren Palast errichten als sein Vorgänger. Nur einige wenige Mauerreste blieben von dem eindrucksvollsten dieser Bauten, dem Palast des Pachacútec erhalten. Sie sind heute Bestandteil eines modernen Restaurants.

Neben den Palästen gab es in Cuzco viele öffentliche Einrichtungen wie das „Haus des Wissens", in dem die Kinder der Eliteschicht erzogen wurden, und das Aclla Huasi, das „Haus der erwählten Frauen". Jedes Jahr brachten die Inka Hunderte von Mädchen, häufig Kriegsgefangene, aus dem ganzen Reich in das Aclla Huasi, wo sie dem Inka und dem Sonnengott als Sklavinnen dienen mussten. Sie lebten in völliger Abgeschiedenheit und mussten alle Wünsche des Herrschers erfüllen.
Im 17. Jahrhundert, während der Kolonialzeit, verwendete man eine der Mauern des alten Gebäudes für das neu errichtete Kloster der Heiligen Katharina. Im Übrigen integrierten die Spanier viele Ruinen der Inka in ihre eigenen Konstruktionen. Das, was heute noch von den Mauern und Fundamenten der mächtigen Steinstrukturen aus der Inkazeit zu sehen ist, zeugt von hohem architektonischem und handwerklichem Können. Nahezu alle Paläste und Residenzen sind rechteckig oder vieleckig und bestehen aus großen, ohne Mörtel fugenlos zusammengesetzten Steinen.
Spanische Chronisten hinterließen eine Beschreibung des eindrucksvollsten und schönsten Sakralbaus im Stadtzentrum. Der Coricancha, der der Sonne und den Sternen geweiht war, lag in der Unterstadt. Der Legende zufolge hatte Pachacútec ihn nach der Wiedererbauung Cuzcos in Auftrag gegeben. Die Bezeichnung Coricancha leitet sich von zwei Ketschuawörtern ab: *Cori* bedeutet Gold, *kancha* bezeichnet einen von Mauern umschlossenen Ort. Tatsächlich bedeckte Goldblech die Tempelmauern, und im Inneren dehnte sich ein Garten mit Statuen aus, die ebenfalls mit Gold überzogen waren. Dieses Wahrzeichen der Stadt plünderten Pizarros Soldaten im Jahr 1534. Später errichtete man über den Grundmauern das Kloster Santo Domingo.

216 rechts *Der Coricancha war der Sonne, aber auch dem Mond und den Sternen geweiht. Die Abbildung zeigt einen Teil des Tempels. Vor Ankunft der Spanier waren die Wände über und über mit Gold bedeckt.*

217 oben *Einige Häuser und andere Gebäude in der modernen Stadt Cuzco wurden über Fundamenten aus der Inkazeit errichtet. Noch immer kann man die außergewöhnliche Kunstfertigkeit bewundern, mit der die Inka die riesigen Steinblöcke ohne Mörtel zusammenfügten.*

217 unten *Das Bild zeigt den berühmten „zwölfeckigen Stein" in einer der Mauern von Cuzco, die das Zerstörungswerk der Konquistadoren überlebten. Der riesige Steinblock fügt sich perfekt zwischen die anderen ein, ohne dass die Inka Mörtel verwendeten. Die Steinmetzen übernahmen ihre Techniken von den Völkern des Titicacasees.*

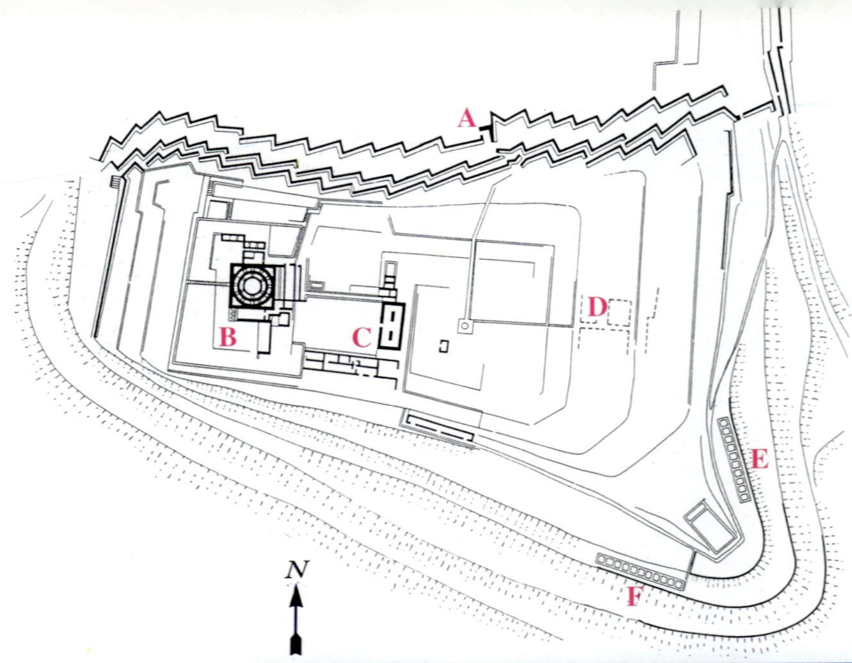

SACSAYHUAMÁN
DIE FESTUNG

A Haupttor
B Muyucmarca (Qollqa)
C Sallacmarca
D Paucamarca
E Vorratslager
F Vorratslager

218 *Diese hübschen weiblichen Votivfiguren aus Silber im typischen Stil der Inka stammen aus der Tempelfestung Sacsayhuamán. Vermutlich stellte man sie bei Zeremonien im Tempel auf.*

218–219 *Die riesige dreifache Umfassungsmauer von Sacsayhuamán hebt sich unweit von Cuzco gegen den blauen Himmel ab. Sie lässt den Ort wie ein Verteidigungsbollwerk wirken, obgleich es sich vermutlich um ein religiöses Zentrum handelte, das dem Sonnenkult geweiht war.*

Im Unterschied zu vielen anderen Städten erbauten die Inka Cuzco nicht als befestigtes Zentrum. Es existierte daher auch nie ein Mauerring, der die Stadt gegen das umliegende Land abgrenzte. Stattdessen errichtete man einige Kilometer vom Zentrum entfernt eine megalithische Struktur, die bis vor einigen Jahren als Festung galt: Sacsayhuamán. Heute haben jedoch Archäologen neue Thesen zur Funktion dieser Stätte aufgestellt. Sacsayhuamán, die massive Festung, überragt Cuzco. Vermutlich erbauten

220–221 *Besonders ins Auge fällt hier die Zickzackstruktur der Mauern, von denen die drei Plattformen von Sacsayhuamán eingeschlossen werden. Auf der obersten Terrasse stehen die Überreste von Türmen, die einst als Aussichtsposten oder als Observatorien dienten.*

219 oben *Die Überreste der Tempelfestung Sacsayhuamán faszinieren noch heute die Besucher. Wie in anderen Zentren des Tauantinsuyu errichtete man auch hier die Gebäude ohne Mörtel aus perfekt zusammengefügten gigantischen Steinblöcken.*

219 unten *Dieses Foto zeigt einen der großen Eingänge in der Umfassungsmauer von Sacsayhuamán. Die abgerundeten Ecken zählen zu den typischen Merkmalen der Architektur der Inka.*

die Inka sie über einer viel älteren, mächtigen Konstruktion unbekannten Ursprungs. Eine dreifache gezackte Mauer aus wuchtigen Steinblöcken verläuft auf der obersten von drei übereinander gesetzten Plattformen, die eine Gesamthöhe von 18 Metern haben. Durch mehrere zickzackartig angeordnete Tore mit monolithischen Architraven gelangt man in den Komplex, der auf den ersten Blick wie ein uneinnehmbares Verteidigungsbollwerk wirkt. Bei genauerer Betrachtung entdeckt man jedoch drei geheimnisvolle runde oder quadratische Gebäude, die heute weitgehend zerfallen sind, ursprünglich allerdings mit der Mauer verbunden waren und keine militärische Bedeutung hatten. Aus alten Berichten geht hervor, dass sich in Sacsayhuamán ein Tempel befand, der Inti, dem Sonnengott, geweiht war. Vielleicht handelt es sich in Wirklichkeit also nicht um eine Festung, sondern um ein Kultzentrum, dem man den dreifachen Mauerring erst später zufügte. Einige Wissenschaftler vertreten die Auffassung, dass Sacsayhuamán ein Observatorium war, zu dem nur der Inka und eine ausgesuchte Gruppe von Astronomen Zutritt hatten.

Noch immer ranken sich viele Geheimnisse um den Ort. Besonders beeindruckt zeigen sich die meisten Besucher von der Struktur des Komplexes und dem verwendeten Material. Die riesigen Granitblöcke stammen aus einem Steinbruch und wurden über Hunderte von Metern transportiert.

Eine weitläufige ebene Fläche trennt die Festung von einem weiteren Monument, einer in Vulkangestein gehauenen Treppe, „Thron des Inka" genannt. Wenn man den spanischen Chronisten glaubt, so handelt es sich um einen *ushnu,* eine Art heiligen Altar. Das Ketschuawort bezeichnet einen natürlichen Felsen, der eine bestimmte Größe und Form hat.

220 links *Aus der Nähe betrachtet wirken die massiven Umfassungsmauern von Sacsayhuamán wie eine Festung. Im Inneren der Struktur weist allerdings einiges darauf hin, dass die Stätte als Observatorium und Kultbereich diente und die Inka hier der Sonne und den Sternen huldigten.*

220 rechts *Dieses mächtige Tor mit dem megalithischen Architrav bildet den Haupteingang der Stätte. Es ähnelt dem Sonnentor und anderen Portalen von Tiahuanaco.*

221 *In einen Felsen gegenüber der Tempelfestung gruben die Inka Stufen. Die meisten Wissenschaftler halten diesen „Thron des Inka" für eine Art Zeremonialaltar.*

KENKO
WELT AUS STEIN

222 oben *Kenko wurde direkt in den Felsen gehauen und besticht durch seine außergewöhnliche Architektur und Form. Das Foto zeigt die Stufen, die den „Thron des Inka" bilden. Über die Bedeutung dieser Struktur rätselt die Wissenschaft noch immer.*

222 unten *In der Mitte dieses Fotos von Kenko erstreckt sich der zickzackförmige Kanal, der früher in einen großen steinernen Wasserspeicher direkt über einem Steilhang mündete. Ebenso wie in Tambo Machay spielte auch in Kenko der Wasser- und Quellenkult eine wichtige Rolle.*

Die archäologische Stätte Kenko liegt auf einem Hügel namens Socorro. Alle bisher durchgeführten Untersuchungen deuten darauf hin, dass sich hier einst ein Kultzentrum befand. Der Name des Ortes leitet sich von dem Wort „Q'enquo" (Schlangenlinie) ab und bezieht sich auf einen behauenen Felsen, der zu den Hauptsehenswürdigkeiten der Stätte zählt. Seine Oberfläche ist mit Stufen, Linien, Figuren und Vertiefungen bedeckt, die sich verzweigen, wieder zusammenlaufen und so ein geheimnisvolles Muster bilden. Die Verzierungen wirken zunächst wie natürliche Unregelmäßigkeiten im Gestein. Erst bei genauer Betrachtung stellt man fest, dass hier Menschen am Werk waren. Im Felsen befindet sich eine kleine Höhle, die die Inka ausgestaltet haben und als Kultstätte für heilige Riten benutzten.
Der als „Amphitheater" bekannte Abschnitt liegt im nördlichen Bereich der Stätte. Dieser ovale Hof hatte vielleicht eine astronomische Bedeutung. Rings um ihn schließt sich eine Mauer mit ursprünglich 19 Nischen, von denen heute jedoch viele zerstört sind. Diese Mauer besteht aus regelmäßig geformten Steinen, die mithilfe von Krampen zusammengehalten werden. In der Mitte des Hofes erhebt sich ein etwa 6 Meter hoher Monolith, umgeben von einer niedrigen Mauer. Aufgrund seiner seltsamen Form nennt man ihn „sitzender Puma".
Der mit geheimnisvollen Symbolen verzierte Fels, der große Monolith und der Hof lassen den Schluss zu, dass man hier einen Kult ausübte, der sich an die Sterne, den Wechsel der Jahreszeiten und die Sonne knüpfte. Es ist denkbar, dass die Inka einmal mehr ihre eigene Kultur auf den Überresten einer alten Kultstätte gründeten, von der sie religiöse Inhalte und astronomisches Wissen übernommen hatten.

222–223 Der Kultplatz mit dem Monolithen in Form einer geduckten Raubkatze bildet den interessantesten Teil von Kenko. Eine kreisförmige Mauer aus Stein umschließt das Kultobjekt.

223 In Kenko können Besucher eine Höhle besichtigen, die als Zeremonialraum diente. Der steinerne Tisch im Bild wurde vermutlich als Altar verwendet.

224 unten *Zu den auffälligsten Sehenswürdigkeiten von Tambo Machay gehört das „Bad des Inka". Es besteht aus zwei künstlich angelegten Kanälen, durch die das warme Wasser geleitet wurde.*

Tambo Machay
Stätte des Quellenkultes

Rings um Cuzco liegen die Überreste vieler typischer Stätten der Inka. Sie zeichnen sich durch Steinskulpturen und unzählige *huacas* aus.
Zu den malerischsten Orten gehört trotz seines schlechten Zustandes Tambo Machay. Es liegt einige Meilen von Puca Pucará entfernt und trägt auch die Bezeichnung „Bad des Inka“. Tambo Machay leitet sich von zwei Ketschuawörtern ab: *tampu* oder *tambo* (Ort des Friedens und der Versorgung) und *machay* (Höhle). Der Name überrascht allerdings, denn man entdeckte bis heute weder eine Höhle noch ein Vorratslager.
In Tambo Machay fallen sofort drei niedrige Terrassen am Hang eines Hügels ins Auge. Um sie schließen sich Mauern aus fein bearbeiteten Steinblöcken, die mit trapezförmigen Nischen verziert sind. Eine Treppe verbindet die Terrassen miteinander.
Am Fuße einer Mauer zur Linken der zweiten Terrasse entspringt eine heiße Quelle, die vermutlich den Bezugspunkt der Kultstätte bildete. Die Inka leiteten den Wasserfluss zur nächsten Terrasse. Dort ließen sie ihn verschwinden, um ihn anschließend als doppelten Wasserfall auf die unterste Terrasse sprudeln zu lassen.
Die Quader der Mauern scheinen mit dem Hügelgestein zu verschmelzen.
Ein anderes Beispiel für die beeindruckende Kunstfertigkeit der Steinmetzen der Inka stellt eine Tür dar, die einen großen Felsen einrahmt und selbst an den Ecken so geformt ist, dass sie sich perfekt in die umliegenden polygonalen Blöcke einpasst.
Hier wie an anderen Stätten der Inka beeindrucken die Strukturen und künstlichen Terrassen der Inka, die es verstanden, kunstvoll behauene Steine fugenlos in ihr Umfeld einzufügen.

Einige Forscher sind überzeugt, dass die Stätte wegen ihres milden Klimas als eine Art Heilbad galt. Vermutlich veränderten die Inka jedoch lediglich einen Ort, der zuvor bereits als Stätte für den Wasser- und Quellenkult gedient hatte und passten ihn ihren eigenen kulturellen und architektonischen Vorstellungen an.

224–225 *Wie Kenko liegt auch Tambo Machay oberhalb der Stadt Cuzco. Steinmauern aus polygonalen Blöcken ziehen sich um eine natürliche Quelle. Man nimmt deshalb an, dass die Inka hier dem Wasser- und Quellenkult huldigten.*

225 *Auf diesem Bild sieht man die Umfassungsmauern von Tambo Machay. Wegen der Kanäle, die die Plattform im Inneren der Mauer kreuzen, glauben manche Wissenschaftler es handle sich um ein Bad.*

PACHACAMAC
ZENTRUM DES ORAKELGOTTES

Wie andere Küstenzentren wagten auch die Chimú mit ihrer Hauptstadt Chan Chan es niemals, die Autorität und Herrschaft der heiligen Stadt Pachacamac anzutasten, deren Überreste südlich von Lima liegen. Es ist bekannt, dass dieses große religiöse Zentrum, ähnlich wie Chavín de Huántar und Tiahuanaco, über Jahrhunderte viele Wallfahrer anzog und bis ins 16. Jahrhundert Sitz eines bedeutenden Orakels war. Als die spanischen Eroberer Peru erreichten, erfuhren sie, dass regelmäßig Pilger aus entlegenen Gegenden die Stätte aufsuchten, um Pachacamac, dem Orakelgott zu huldigen. Sie brachten ihm verschiedene Gaben dar, darunter goldene und silberne Objekte, elegante Tongefäße und kostbare Webstoffe. Die Inka gestatteten die Ausübung des Kultes und respektierten die Stätte.

Bezüglich des mächtigen Gottes, der hier verehrt wurde, herrscht Uneinigkeit unter den Chronisten über den Namen und den Ursprung der Gottheit, doch alle stimmen darin überein, dass die Inka ihre Tempel über den Ruinen anderer, verfallener Gebäude erbaut haben. Einige behaupteten, dass der Gott zunächst Irma oder Vichma hieß und sein Name später in das Ketschuawort Pachacamac umgewandelt wurde. Für keine dieser Thesen gibt es schlüssige Beweise. Mit Sicherheit aber entstand der Kult um den Orakelgott lange vor der Herrschaft der Inka in einer unbekannten Kultur und spielte auch noch im Tauantinsuyu eine wichtige Rolle.
Die verschiedenen Architekturstile der Stätte, aber auch die der Votiv-

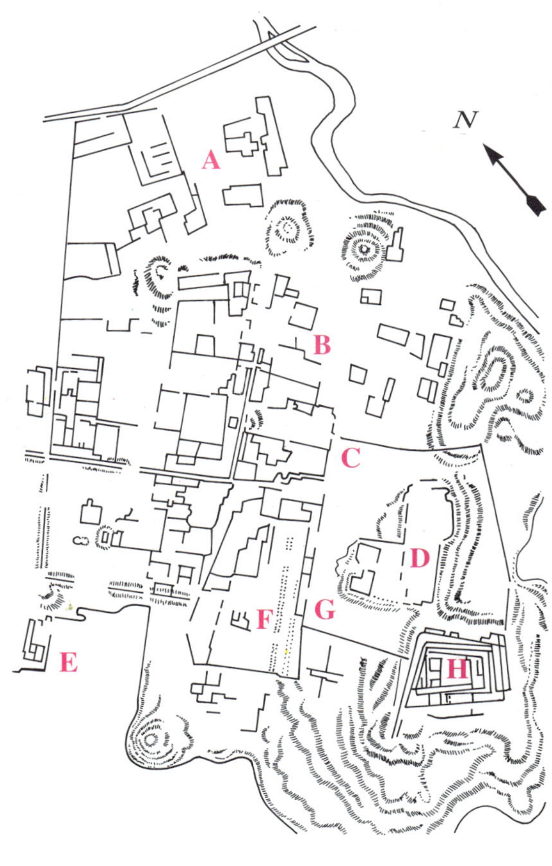

226–227 *Das Aclla Huasi („Haus der erwählten Frauen") in Pachacamac*

226 links *Dieser Bereich ist als Mondtempel bekannt. Glaubt man jedoch den Chronisten, war es das Aclla Huasi.*

226 rechts *Der Mondtempel bestand aus mehreren, durch Stufen miteinander verbundene Ebenen mit Höfen, Wasserspeichern, Zeremonialsälen und kleinen Wohnräumen. Die spanischen Chronisten bezeichneten die Frauen, die hier lebten als „Frauen des Teufels".*

227 oben *Die Mauern des Aclla Huasi bestehen aus den für die Küstenregion typischen Adobeziegeln, doch hat man sie durch Elemente wie Stütznischen und trapezförmige Türen ergänzt, die typisch für die Inka waren.*

227 unten *Diese hölzerne Votivfigur diente als Kalkbehälter für den Kokagenuss. Doppelgesichtige Gestalten tauchen in den Andenkulturen nur selten auf. Die Figur könnte den geheimnisvolle Orakelgott von Pachacama darstellen.*

A Tauri-Chumpi-Bereich
B Pyramide mit Rampe
C Tempelmauer
D Tempel
E Aclla Huasi oder Mondtempel
F Pilgerplatz
G Tempelmauer
H Sonnentempel

gaben und der Grabbeigaben belegen, dass das Heiligtum mehrere Epochen überdauerte. Der älteste Stil trägt die Merkmale der Chavínkultur. Bei den Gefäßen unterscheiden die Archäologen drei große Stile, den Maranga-Stil, den Tiahuanaco-Stil mit regionalen Zügen und den typischen Inka-Stil, die alle auf Fremdeinflüsse hinweisen. Da sich vor Ort keine eigenständige Kultur bildete, liegt der Gedanke nahe, dass sich hier ein panperuanisches Heiligtum befand.
Die Gebäude von Pachacamac liegen in einer kargen, flachen Landschaft unweit vom Meer. Bei zahlreichen Grabungsaktionen, die hier im Lauf der Zeit stattfanden, identifizierten die Archäologen über den ältesten Schichten mehrere bedeutende Konstruktionen. Zu ihnen gehören der Alte Tempel, der Große (Polychrome) Tempel, der Sonnentempel und der Mondtempel. Der Alte Tempel von Pachacamac, das größte Gebäude der Stätte, steht auf einem Felsvorsprung. Max Uhle leitete hier im Jahr 1903 die erste Ausgrabung und nannte den Tempel „Monticolo“. Erst in den 60er-Jahren erhielt er seinen heutigen Namen. Die Struktur besteht aus kleinen, mit Lehm zusammengefügten Adobeziegeln. Dank dieser Technik und verschiedener dekorativer Elemente konnten Wissenschaftler den Bau auf das 3. bis 6. Jahrhundert datieren.

Der Sonnentempel stammt dagegen vermutlich aus der Inkazeit und ist die am besten erhaltene Konstruktion vor Ort. Die 40 Meter hohe, fünfstöckige Stufenplattform besteht aus Adobeziegeln, die mit einer dünnen Lehmschicht überputzt sind und ursprünglich rot bemalt waren. Der Tempel steht auf einer Basis aus rechteckigen, zu regelmäßigen Reihen zusammengefügten Steinblöcken. Wahrscheinlich errichteten die Inka den Tempel im Jahr 1450, um den Völkern, die sie unterworfen hatten, eine Kultstätte für den Sonnengott Inti anzubieten.
Das typischste Gebäude von Pachacamac ist die Große Pyramide, ein Tempel aus neun Terrassen mit roten Mauern, auf denen Fresken mit Tier- und Pflanzenmotiven in Grün, Blau und Rosa leuchten. Das Gebäude lässt sich nicht so problemlos datieren, denn die charakteristische Architektur der Inka steht in Kontrast mit den Wandmalereien, die eindeutig auf ältere Traditionen verweisen. Vor nicht allzu langer Zeit entdeckte man im Inneren des Tempels eine zweite kleinere und ältere Struktur.
Zu den übrigen Ruinen gehört das Aclla Huasi, das man früher Mondtempel nannte. Später ordnete man den Komplex eindeutig der Inkazeit zu und stellte fest, dass es sich um ein Haus der erwählten Frauen handeln musste. Ähnlich wie in Cuzco lebten hier Konkubinen und Sklavinnen des Inka in einer Art Konvent von der Außenwelt abgeschlossen. Auffällig sind die großen Nischen, die trapezförmigen Türen – häufig mit zwei Architraven – und die im Stil von Cuzco zugeschnittenen Steine an der Basis.
Nachdem Pachacamac während der späten Zwischenzeit zum wichtigsten Heiligtum des mittleren Küstenabschnitts, aufgestiegen war, baute man in der Folgezeit weitere Mauern und Alleen, die heute jedoch zum größten Teil unter Wüstensand begraben sind.

228 oben *Dieses Foto zeigt einen Abschnitt des Sonnentempels, der aus fünf Terrassen aus Adobeziegeln besteht. Lange Treppen verbinden die verschiedenen Ebenen bis zur oberen Plattform.*

228 unten *Im Inneren des Sonnentempels (hier ein Teil der Treppe) entdeckte man eine kleinere Pyramide aus einer früheren Epoche. Man nennt sie „Pyrámide de los Adobitos“.*

228–229 *Der Sonnentempel aus Adobeziegeln mit seinen „Zinnenmauern“ fügt sich perfekt in die Landschaft der peruanischen Küstenregion ein.*

229 *Der Sonnentempel ist eines der bedeutendsten und am besten erhaltenen Gebäude von Pachacamac. Die 40 Meter hohe Stufenpyramide besteht aus Adobemauern und einer steinernen Plattform. Hier hat sich das Heiligtum erhoben, an dem man noch heute Spuren der roten Bemalung erkennt.*

Ollantaytambo
Tempel und Terrassen

230 oben *Dieses Foto von Ollantaytambo zeigt typische Elemente der Architektur der Inka wie die trapezförmigen Nischen. Es ist nicht bekannt, ob die Inka diese Form aus technischen oder ästhetischen Gründen wählten.*

230 unten *Wie in vielen Inkastädten gibt es auch in Ollantaytambo Steinbrunnen. Wahrscheinlich galten natürliche Quellen bei den Inka als heilig und wurden zum Schutz mit Steinkonstruktionen umschlossen.*

Sacsayhuamán ist nicht die einzige befestigte Struktur in der Umgebung von Cuzco. Es existieren noch andere Stätten, deren Architektur und bis heute nicht geklärte Funktion der Wissenschaft Rätsel aufgeben. Zu den berühmtesten Orten dieser Art gehört Ollantaytambo am Ausgang des heiligen Tals, das einige Kilometer von Cuzco entfernt liegt.
Chronisten berichten, dass Ollantaytambo und Pisac zu den strategischen Plätzen gehörten, von denen aus die Inka die wichtigsten, direkt nach Cuzco führenden Straßen des Reiches überwachten. Der untere Teil der Stätte liegt in etwa 3000 Metern Höhe und umfasst die Überreste einer Inkastadt, über denen man später eine moderne Stadt errichtete.
Ebenso wie Cuzco und viele andere Inkazentren war auch Ollantaytambo trapezförmig angelegt und streng in abgeschlossene *kanchas* untergliedert. Mitten durch diese Wohnviertel führte der Río Patacancha, ein Nebenfluss des Urubamba.
Noch immer erkennt man den Verlauf der Straßen und die verschiedenen Kreuzungspunkte. In einigen Berei-

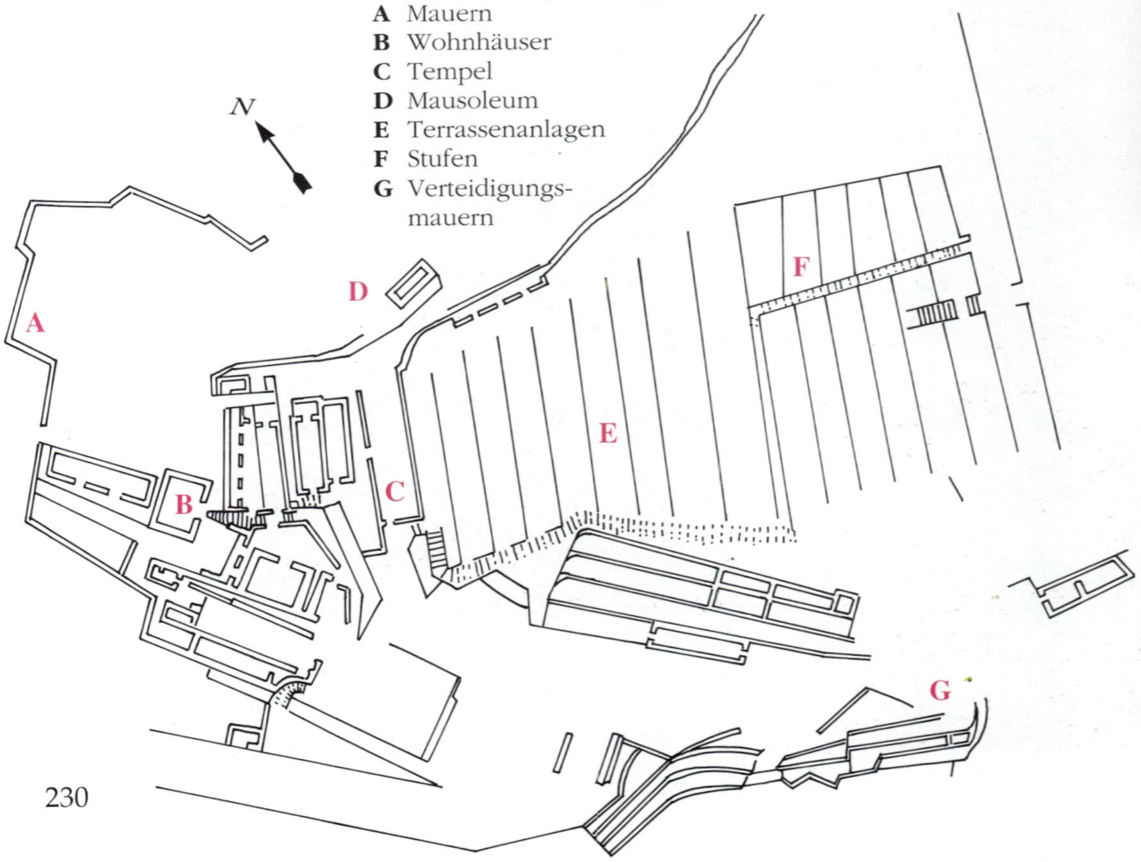

A Mauern
B Wohnhäuser
C Tempel
D Mausoleum
E Terrassenanlagen
F Stufen
G Verteidigungsmauern

230–231 *Die steinerne Basis der alten Tempel in Ollantaytambo ist deutlich zu erkennen. Im Hintergrund sieht man die Terrassen, die die Inka angelegt haben, um die Fläche landwirtschaftlich nutzen zu können.*

231 links *Ungeachtet des Erscheinungsbildes und der Struktur, die an eine Verteidigungsanlage erinnern, war Ollantaytambo vermutlich ein weitläufiger Tempelkomplex. Auf einem neben dem Tempel gelegenen Areal befanden sich wahrscheinlich Wohnhäuser und Verwaltungsgebäude der Inka.*

231 rechts *Dieses Foto zeigt einen Teil des Brunnenkomplexes, der vielleicht dem Wasserkult geweiht war.*

232 oben *Aufgrund der Kanäle, Wasserspeicher und Stufen, die die Inka in den Stein gruben, heißt dieser Teil der Stätte auch „Bad des Inka". Einige Experten glauben, dass man hier Heilwasser sammelte, andere nehmen an, dass die Menschen sich versammelten, um dem Quellenkult zu huldigen.*

232 unten *Nicht weit entfernt von Ollantaytambo stieß man auf weitere interessante Gebäudereste. Zu ihnen gehört zum Beispiel das „Bad des Inka", das an die gleichnamige Stätte in Tambo Machay erinnert.*

232–233 *Große, landwirtschaftlich nutzbare Terrassen legten die Inka an den Felshängen von Ollantaytambo an. Um ganz nach oben zu gelangen, muss man steile, in den Stein gehauene Stufen erklimmen. Die Inka übernahmen den Terrassenbau von älteren Kulturen und entwickelten ihn weiter.*

chen waren die Straßen durch breite Tore blockiert, die sich zu großen Plätzen, so genannten *canchones* öffneten. Man nimmt an, dass in Ollantaytambo zeitweise bis zu 1000 Menschen gelebt haben, und die Stadt diente vermutlich auch dem Inka sowie der herrschenden Klasse als Verwaltungszentrum und Zweitresidenz. Die Überreste eines weiteren riesigen Komplexes stehen auf einem Felsvorsprung auf dem gegenüberliegenden Flussufer. Das Gebäude wurde wahrscheinlich nie vollendet.

Über eine lange, in den Steilhang gehauene Treppe gelangt man in den oberen Bereich der archäologischen Stätte. Der Hang selbst besteht aus 17 mit fortlaufenden Mauern eingefassten Terrassen. Glaubt man den Berichten der Spanier, so pflanzten die Inka hier Blumen in allen Farben an, mit denen sie den Zeremonialbereich schmückten.

Mehrere eingegrenzte Areale, Pfade und Treppen entdeckt man auf der

obersten Terrasse, bevor man zum bemerkenswertesten Teil der Ruinen gelangt, die wohl ebenfalls zu nicht fertig gestellten Gebäuden gehörten. Als wichtigstes Bauwerk gilt der Sonnentempel, über dessen Funktion und Bedeutung sich die Wissenschaft allerdings noch immer streitet. Von dem Tempel blieb nur eine massive Mauer aus sechs roten, knapp 4 Meter hohen Porphyrmonolithen, die durch dünne Keile aus dem gleichen Material zusammengehalten werden. Die Vorderseiten der Blöcke haben seltsame Ausbuchtungen unbekannter Bedeutung. Auf dem mittleren Quader entdeckt man das Flachrelief eines Stufenmotives, das auch auf Monolithen in Tiahuanaco auftaucht. Dieses Element beweist einmal mehr den engen Zusammenhang, der vermutlich zwischen der Kunst und den kulturellen Wurzeln der Inka und jenen der Völker am Titicacasee bestand.

Nach Auffassung vieler Wissenschaftler lag der Steinbruch, aus dem die in Ollantaytambo verwendeten Steine stammen, rund 7 Kilometer entfernt auf der anderen Seite des Flusses. Wenn diese Vermutung zutrifft, mussten die Bauherren über ein ausgeklügeltes Transportsystem verfügen, um die Blöcke durch das Wasser und weiter bis zur Spitze des Steilhanges zu schaffen.

Dies ist aber nur eines der vielen ungeklärten Probleme, die bislang im Zusammenhang mit dem megalithischen Tempel von Ollantaytambo aufgetaucht sind. Man nimmt an, dass die Inka, einen alten heiligen Bezirk mit Mauern und Terrassen einfassten, der bereits viele Jahrhundert zuvor als Observatorium und Stätte des Sternenkultes gedient hatte. Vermutlich hatten die Inka die Arbeiten bei der Ankunft der Spanier noch nicht abgeschlossen, brachen den Bau dann jedoch ab.

Einige Chronisten berichten Merkwürdiges über die Funktion der Stätte, und vermutlich enthalten ihre Erzählungen ein Körnchen Wahrheit. Garcilaso de la Vega behauptete, an

__233 links__ Der Zeremonialbezirk von Ollantaytambo umfasst auch die Überreste des Sonnentempels. Aufgrund ihrer Größe und der komplexen Struktur lässt sich die Bedeutung der Stätte nur schwer in allen Einzelheiten klären.

__233 rechts__ Das „Bad der Prinzessin" gehört zu den bemerkenswerten Ruinen von Ollantaytambo. Der große Brunnen wurde aus einem einzigen 1,2 Meter großen Stein gebauen und mit einer steinernen Umrandung eingefasst.

234 links *Steile Treppen verbinden die verschiedenen Ebenen der landwirtschaftlich genutzten Terrassen von Ollantaytambo.*

234 rechts *Dieses Foto zeigt die massive Mauer, die den Tempel von Ollantaytambo umschließt. Die perfekt behauenen und zusammengefügten Steine bilden eine harmonische Einheit mit den für die Architektur der Inka typischen trapezförmigen Nischen.*

234–235 *Deutlich erkennt man die rätselhaften Gebäude und Tore, die einst das Zeremonialzentrum bildeten. Man erreicht das Zentrum über Stufen, die die verschiedenen Ebenen des terrassenförmig angelegten Hanges miteinander verbinden.*

der Stätte würden magische und religiöse Kräfte wirken. Außerdem bestatte man die Inkaherrscher nach ihrer Mumifizierung hier und fertige goldene Abbilder der Verstorbenen an, die man aufbewahre.
Bei Cobo steht zu lesen, dass die Inka Opfer in den Fluss warfen, der aus der heiligen Quelle von Ollantaytambo entsprang, weil Viracocha nur Gaben akzeptierte, die die Erde nicht berührt hatten.
Andere bedeutende Monumente der Inka befinden sich in unmittelbarer Nähe von Ollantaytambo. Sie belegen, dass Steinverzierungen zu den wichtigen künstlerischen Ausdrucksformen der Inka gehörten. Zu nennen sind in diesem Zusammenhang vor allem der Komplex des Intihuatana mit trapezförmigen Nischen, der vermutlich als Sonnenobservatorium diente, und das „Bad der Prinzessin", ein Brunnen, der aus einem einzigen großen Felsen gehauen wurde. Bemerkenswert ist auch *la horca*, ein kleiner vierseitiger Turm, der sich über einem Abgrund erhebt.

235 oben *Die Überreste der „Vorratslager" schmiegen sich dicht hintereinander an den Felshang von Ollantaytambo. Die langen, rechteckigen Gebäude haben viele Fenster und hatten ursprünglich ein Dach. Sie dienten vermutlich zur Aufbewahrung von Nahrungsmitteln.*

235 Mitte *Auf diesem Foto sieht man deutlich die „blinden Nischen", typische Elemente der Architektur der Inka.*

235 unten *Hinter dieser trapezförmigen, von massiven Steinblöcken eingerahmten Tür liegt der Zeremonialbereich der Stätte. Man vermutet, dass die Bauherren von Ollantaytambo Steine aus einem Steinbruch auf der anderen Seite des Tals herbeischaffen ließen.*

__236 links__ Der schmalste der rosafarbenen Granitblöcke in der Mauer des Sonnentempels ist etwa 4 Meter hoch und 2 Meter breit.

Vielleicht schloss die gewaltige Umfassungsmauer den ursprünglichen Komplex ein, in dem man dem Sonnenkult nachging.

__236 rechts__ Die heute weitgehend eingestürzte Verteidigungsmauer von Ollantaytambo verlief entlang des Hügels, auf dem sich das Zeremonialzentrum erhebt. Manche Wissenschaftler glauben deshalb, es handle sich um eine Festung.

__236–237__ Dieses Foto zeigt die massiven, von kleinen Nischen durchbrochenen Verteidigungsmauern von Ollantaytambo, die sich heute in einem schlechten Zustand befinden. Einige Wissenschaftler vertreten die These, dass der Wall einst eine wirkliche Festung schützte.

__237 oben__ Die riesigen Monolithen aus rosafarbenem Granit heben sich deutlich von der dunklen Gebirgsmasse ab. Sie sind die einzigen Überreste des Sonnentempels von Ollantaytambo.

__237 unten__ Auf diesem Foto erkennt man die Mauer des Haupttempels von Ollantaytambo, eines einst mächtigen Gebäudes des Zeremonialzentrums, von dem Teile auch heute noch erhalten sind.

F
A
B
C
D
E
1
2
3
4
5
6
N
A Pata Calle
B Chaupi Calle
C Horno Calle
D Laris Calle
E Plaza de las Armas
F Río Patacancha
1 Erste Straße
2 Zweite Straße
3 Dritte Straße
4 Fünfte Straße
5 Sechste Straße
6 Siebte Straße

__240__ Die Abbildung zeigt einige der wichtigsten und am besten erhaltenen Gebäude von Pisac. Archäologen halten die Stätte für einen Tempelkomplex. Sie gehen davon aus, dass die Inka hier die Sonne verehrten und rings um den Intihuatana Zeremonien abhielten. In der Vorstellung der Andenvölker war diese monolithische Säule der „Platz, an dem die Sonne festgehalten wird".

__240–241__ Die Architektur von Pisac kennzeichnet ein technischer Perfektionsgrad, der den anderer Stätten noch übersteigt. Hier sind Überreste zu sehen, die etwa 4 Kilometer von der heutigen Stadt entfernt in 3300 Metern Höhe liegen.

Pisac
Festung des Intihuatana

Ähnlich wie Ollantaytambo fasziniert auch Pisac aufgrund seiner Größe und der technischen Perfektion, die an den Gebäuderuinen deutlich wird. Die Stätte befindet sich im heiligen Inkatal. Ihre Überreste gelten als anschauliche Beispiele für die architektonische Kunstfertigkeit der Inka.
Das moderne Pisac liegt etwa 4 Kilometer von der archäologischen Stätte entfernt am gegenüberliegenden Ufer des Río Vilcanota.
Die ehemalige Inkastadt Pisac erhebt sich in ca. 3300 Metern Höhe auf einem Felssporn und zeichnet sich durch eine Reihe von künstlich angelegten Terrassen aus, die die Inka einst an den Berghang setzten und durch Steinmauern stützten. Ebenso wie in Machu Picchu und Ollantaytambo nutzte man die Terrassen auch in Pisac für die Landwirtschaft.
Im Zeremonialzentrum selbst gab es zahlreiche Gebäudekomplexe, über deren Funktion die Wissenschaft jedoch bislang nur wenig herausfinden konnte. Die enge Verbindung, die militärische und religiöse Elemente hier eingehen, erinnert an Sacsayhuamán und Ollantaytambo. Häufig verschmelzen beide Aspekte zu einer untrennbaren Einheit.
In den 70er-Jahren untersuchten peruanische Wissenschaftler den Bereich des Intihuatana, eine der beeindruckendsten Ruinen von Pisac. Der Begriff „Intihuatana" bedeutet in etwa „Platz, an dem die Sonne festgehalten wird". Dieser Teil der Stätte wurde nach einem strengen architektonischen Muster angelegt, das genau der für die Inka typischen urbanen Struktur entsprach. Das Areal umfasst Empfangspaläste, Tempel, Vorratslager, Befestigungsanlagen, Observatorien, Straßen, Durchgänge, Tunnel und Fußwege.
Der Name des Komplexes bezieht sich auf die eleganteste Konstruktion, die die Inka aus rosarotem Granit rund um den großen Monolithen, den Intihuatana, errichteten. Seinetwegen nimmt man an, dass Pisac einst als Zeremonialzentrum für den Kult des Sonnengottes diente.

241 oben *Deutlich erkennt man auf diesem Foto die Eleganz der Mauer und der Gebäude von Pisac. Die Mauer besteht aus perfekt behauenen Steinquadern. Durchlass bietet eine trapezförmige Tür mit einem monolithischen Architrav.*

241 unten *Solide Steinmauern mit trapezförmigen Nischen ziehen sich um das Areal des Intihuatana, einen der bedeutendsten Teile von Pisac. Wie in Ollantaytambo und Sacsayhuamán errichtete man die Mauern nicht, weil es sich um eine Befestigungsanlage handelte, sondern um einen bedeutenden Tempel des Sonnengottes zu schützen.*

242 Künstlich angelegte Terrassen (andenes) ziehen sich an den Berghängen von Pisac entlang. Häufig erinnert die Form der Terrassen, wie auf diesem Foto, an ein Amphitheater.

In unmittelbarer Nähe des Monolithen befinden sich einige relativ gut erhaltene Gebäude, die sich durch trapezförmige Fenster auszeichnen und somit ganz eindeutig der Architektur der Inka zugeordnet werden können.
Der unterhalb des Intihuatana gelegene Teil von Pisac zieht sich am Osthang des Gebirges entlang und bietet ebenfalls eine Reihe interessanter Strukturen. Hier befinden sich die Ruinen zahlreicher Häuser, die insgesamt 30 kleine, von Mauern umschlossene Einheiten bildeten. Diese waren wiederum in zwei kreisförmige, um einen halbrunden Platz gruppierte Areale gegliedert. Tatsächlich sind sie so angeordnet, dass sie sich perfekt in die spiralförmig aufsteigende Landschaft einfügen. Dieser Sektor erhielt die Bezeichnung Pisac und gab somit der gesamten Stätte ihren Namen.

242–243 *Auf dieser Gesamtansicht sieht man die eindrucksvollen Ruinen des großen Zeremonialkomplexes von Pisac. Außer den Tempelgebäuden gehörten auch zahlreiche Paläste, Terrassen, Häuser, Vorratslager und Fußwege zu der Stätte, die alle typischen Merkmale der Architektur der Inka aufweist.*

243 *Aufgrund seiner Mauern und Bollwerke wirkt Pisac wie eine Festung. Miltärische und religiöse Elemente bilden hier wie auch an anderen Orten eine komplexe und zugleich rätselhafte Einheit.*

244 oben *Dieses Foto zeigt eine Ansicht der Befestigungsmauern von Pisac. Zu den dekorativen Elementen zählen blinde Nischen und zinnenähnliche Strukturen, die an europäische Burgen des Mittelalters erinnern. Im Hintergrund heben sich die Andengipfel gegen den blauen Himmel ab.*

244 Mitte *Der Zeremonialbereich mit dem Intihuatana, dem Opferstein, ist der bedeutendste Bezirk der archäologischen Stätte Pisac. Hier befanden sich die Tempelgebäude. Noch immer bestaunen Wissenschaftler ebenso wie Laien das technische Geschick der Inka, die riesige Granitblöcke über weite Strecken transportierten und perfekt zusammenfügten.*

244 unten *Die mächtigen Mauern von Pisac bestehen aus massiven Steinquadern, die perfekt ineinander passen. In regelmäßigen Abständen ragen ovale Türme wie der hier abgebildete über die Mauern empor.*

244–245 *Treppen, Fußwege und Terrassenplattformen mit Rundtürmen prägen den Zeremonialbereich von Pisac mit dem Intihuatana. Die Inka huldigten hier vermutlich mit uralten Ritualen Inti, der Sonne.*

***245** Trapezförmige Tore und blinde Nischen kennzeichnen dieses Gebäude von Pisac. Diese typischen Elemente der Architektur der Inka tauchen auch bei vielen anderen Stätten auf, zum Beispiel in Cuzco und Tambo Colorado.*

Racchi
Tempelstätte des Viracocha

246 oben *Die geheimnisvolle Stätte Racchi liegt im Süden von Cuzco. In nächster Umgebung findet man große Mengen an Vulkangestein, mit dem man zur Zeit der Inka das weitläufige Zeremonialzentrum baute, dessen Ruinen auf diesem Bild zu sehen sind.*

246 unten *Zum mittleren und östlichen Abschnitt des Komplexes, dem Viracochatempel, zählten* kanchas, *Wohnviertel, die man in allen Inkazentren findet. Neben den quadratischen Häusern entdeckte man mehrere runde Strukturen von etwa 8 Metern Durchmesser, die vermutlich als Vorratslager dienten.*

Die Stätte Racchi in der Provinz Canchis umfasst die Ruinen eines außergewöhnlichen architektonischen Komplexes, zu dem als größtes Gebäude der Viracochatempel gehört. Verschiedene Chronisten erwähnen den Ort, den Reisende im 19. Jahrhundert erstmals systematisch untersuchten.

Forscher nehmen an, dass der Tempel zu Ehren des Schöpfergottes Viracocha erbaut wurde. Letztlich weiß aber niemand genau, welcher Gott hier mit welchem Kult verehrt wurde. Einige Wissenschaftler behaupten, dass die Überreste der säkularen Gebäude, die rings um den Tempel liegen, als Baracken und Vorratslager dienten.

Eine Befestigungsmauer umschloss einst die Stätte. Der Tempel und insbesondere die Säulenreste sowie die breite Mauer, die einen weitläufigen, ebenen Platz beherrscht, beeindrucken noch immer jeden Besucher. Das architektonische Grundmuster erinnert an das anderer wichtiger Komplexe, die wie in Ollantaytambo oder Machu Picchu zur Inkazeit in der Umgebung von Cuzco angelegt wurden.

Der obere Teil der 90 Meter langen und 12 Meter hohen zentralen Mauer bildete den höchsten Punkt des Daches. Dieses war wohl ursprünglich mit Stroh gedeckt, zerfiel aber im Lauf der Zeit vollständig und wurde rekonstruiert, um das Innere des Gebäudes zu schützen.

Vom Säulengang sind lediglich eine vollständige Säule sowie verschiedene Säulenreste erhalten. Ebenso wie die Mauer ruhen sie auf einer steinernen Basis.

Die Fundamente, über denen sich die Tempelmauer erhebt, bestehen aus etwa 3 Meter hohen, kunstvoll behauenen und zusammengefügten Vulkansteinblöcken. Die Oberfläche weist an verschiedenen Stellen kleine Nischen auf, darunter einige blinde und trapezförmige. Sie sind die Verbindung zwischen den beiden Schiffen des Heiligtums.
Der obere Teil besteht aus Adobe und war ursprünglich, genau wie der Tempel von Pachacamac, rotbraun bemalt. Die Räume haben einen seltsamen, T-förmigen Schnitt, der vermutlich nicht beabsichtigt war, sondern von den hölzernen Architraven herrührte, die heute nicht mehr existieren. Betrachtet man das Gebäude als Ganzes, so könnten Architrave und Säulenreihe ein weiteres Stockwerk getragen haben.
Am äußeren Ende der Tempelmauer sind Reste von Quermauern zu erkennen, für die man das gleiche Material und dieselbe Technik verwendete.

246–247 *Dieses Foto zeigt die Ansicht eines mächtigen Gebäudekomplexes, des Viracochatempels. Die Dächer, die aus vergänglichem Material bestanden, wurden in jüngerer Zeit nachgebaut. Das Gebäude ist die größte überdachte Struktur aus der Inkazeit, die bis heute erhalten geblieben ist.*

247 *Der Viracochatempel bestand aus einem riesigen überdachten Raum, in Ketschua* kallanca *genannt.*

MACHU PICCHU
STADT IN DEN WOLKEN

Von allen Städten, die die Macht des letzten großen Andenreiches, des Tauantinsuyu, demonstrieren, fasziniert sicher keine so wie Machu Picchu. Der Reiz, der von diesem Ort ausgeht, beruht unter anderem auf der außergewöhnlichen Lage, die ihn zur beinahe uneinnehmbaren Festung macht. Über vier Jahrhunderte geriet die Stadt in Vergessenheit, bis der amerikanische Archäologe Hiram Bingham sie 1911 wieder entdeckte. Bei seiner Suche stützte er sich auf alte Chroniken und stieß schließlich auch tatsächlich auf die letzte Stadt der Inka. Der 24. Juli 1911 ging als Tag der bedeutenden Entdeckung in die Geschichte ein. Bingham hatte eigentlich die Existenz von Vilcabamba, der legendären Hauptstadt der letzten Inka, beweisen wollen, von der aus die Inka vermutlich den Invasoren noch einmal erbitterten Widerstand geleistet hatten. Nachdem er die fast unpassierbaren Schluchten des Urubamba überwunden hatte, erfuhr der Wissenschaftler von einem Bauern, dass auf dem Gipfel des Machu Picchu die mächtigen Ruinen einer verfallenen Stadt zu entdecken seien. Trotz aller Zweifel bat Bingham, man möge ihn zu dieser Stätte begleiten, und fand dort tatsächlich riesige verlassene Gebäude, die zum Teil unter dichter Vegetation verborgen lagen. Bingham schrieb später: „Völlig unvermittelt standen wir vor den Ruinen zweier Gebäude, die zu den er-

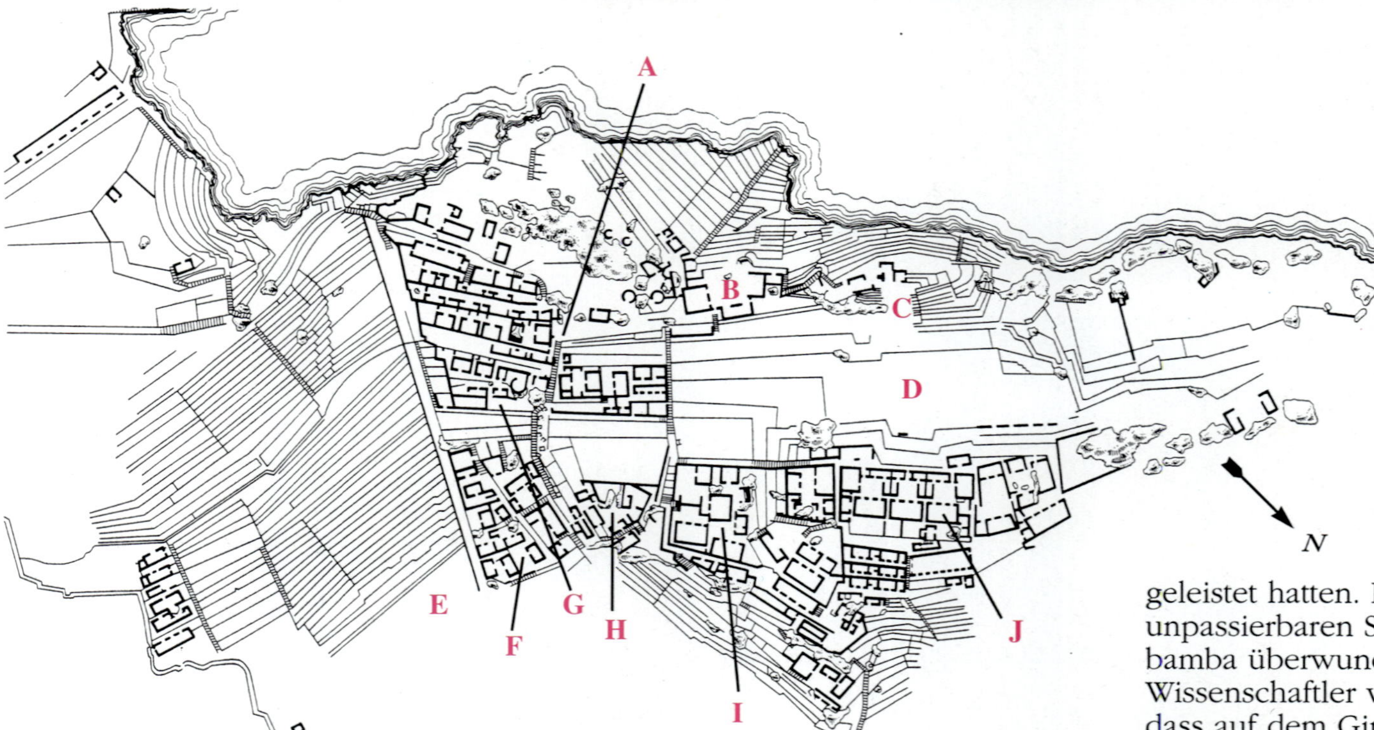

A Treppe mit Springbrunnen
B Tempel der drei Fenster
C Intihuatana
D Hauptplatz
E Südliche Terrassen
F Wohnviertel
G Rundturm („El Torreón")
H Gefängnisviertel
I Friedhofsbereich
J Bereich der drei Fenster

248 oben *Die Stadt Machu Picchu umfasst Heiligtümer, Plätze, Treppen und landwirtschaftlich nutzbare Terrassen. Sie gehört zu den geheimnisvollsten und beeindruckendsten Stätten im Andenraum.*

248 unten *Der heilige Bezirk oder Zeremonialbereich von Machu Picchu umfasst den Haupttempel und den Tempel der drei Fenster.*

248–249 *Die Ruinen von Machu Picchu liegen auf einem Felssattel zwischen zwei Berggipfeln, dem Alten und dem Jungen Gipfel, die das Urubambatal überragen. Bis heute rätselt man darüber, welche Rolle die Stadt in der Geschichte der Inka spielte. Das Foto zeigt eine Ansicht des Hauptplatzes.*

249 *Auf diesem Bild erkennt man den Hauptzugang von Machu Picchu. Ein Tor mit einem Steinarchitrav durchbricht die Mauer, die an der schmalen gepflasterten Straße entlang läuft.*

__250 oben__ Dieser seltsame Monolith trägt den Namen „Begräbnisstein". Er sieht aus wie ein Stufenaltar und gehört zum typischen Inventar vieler Inkastätten.

__250 Mitte__ Der Intihuatana ist vielleicht das wichtigste Heiligtum von Machu Picchu. Rings um diese Sonnenuhr hielten die Inka vermutlich während der Tagundnachtgleichen Zeremonien ab.

__250 unten__ Die Inka gaben den Felsen meist an Ort und Stelle Form und Gestalt, wie dieser Monolith, der „Thron des Inka", belegt.

__250–251__ Jenseits der Umfassungsmauern mit den charakteristischen Zinnen liegen an den steilen Felshängen die Terrassen von Machu Picchu, die die Inka landwirtschaftlich nutzten.

lesensten und interessantesten des präkolumbischen Amerika gehört haben mussten. „Die Mauern bestanden aus schönem weißen Granit, darunter befanden sich einige riesige, mehr als mannshohe Blöcke. Die Stätte verzauberte mich."
In den darauf folgenden Jahren leitete Bingham selbst die Ausgrabungen. Unter anderem förderten die Archäologen Tongefäße und Objekte aus Bronze, Silber, Kupfer und Stein zutage, die die typischen Stilmerkmale der Inkazeit zeigen. Doch auch damit konnte die Frage nicht beantwortet werden, welche Bedeutung Machu Picchu einst tatsächlich gehabt hatte.
Zunächst einmal lässt sich seine genaue Position nur schwer bestimmen. Die Ruinen liegen etwa 112 Kilometer nordwestlich von Cuzco in einer Höhe von 2450 Metern zwischen zwei Berggipfeln, dem Huayna Picchu (Junger Gipfel) und dem Machu Picchu (Alter Gipfel). Wie an vielen anderen Inkastätten erkennt man auch hier unschwer den typischen Stil der Inka wieder, diesmal allerdings in einem völlig unüblichen natürlichen und geographischen Umfeld und inmitten der üppigen Vegetation des Urubambatals.
Wissenschaftler haben die unterschiedlichsten Theorien aufgestellt,

um den Ursprung der herrlichen Stadt sowie ihre seltsamen und mächtigen Gebäude, Tempel und Altäre zu deuten. Viele Archäologen fragen sich, warum die Inkaherrscher einen so majestätischen Komplex an einem derart heißen und feuchten Ort am Rande des Amazonasurwaldes errichteten. Einer These zufolge bauten die Inka Machu Picchu als strategische und nahezu uneinnehmbare Festung, um die Völker leichter zu unterwerfen, die in diesem Gebiet lebten. Eine andere Hypothese besagt, dass Machu Picchu tatsächlich mit Vilcabamba, dem letzten Zufluchtsort der Inkaherrscher, identisch war, die sich hierher nach dem Fall des Tauantinsuyu zurückzogen. Da man deutlich mehr weibliche als männliche Skelette entdeckte, unterstützen einige Wissenschaftler auch Binghams Auffassung, hier habe sich ein Aclla Huasi, ein „Haus der erwählten Frauen", befunden, in dem der Inka Frauen vor den Eroberern zu verbergen versuchte. Andere glauben, dass Machu Picchu ein Refugium für Manco Cápac darstellte, den die Spanier nach der Ermordung Atahualpas als Schattenkönig eingesetzt hatten. 1536 erhob sich Manco Cápac gegen die Konquistadoren und musste fliehen.
Neuere Studien halten den Ort für ein mit astronomischen Beobachtungen verbundenes Kultzentrum. Der große Intihuatana, die Brunnen, Altäre und andere rätselhafte Gebäude belegen, dass man hier Riten und Zeremonien praktizierte, doch konnte man ihre genaue Bedeutung bis heute nicht endgültig klären.
Die Architektur von Machu Picchu zeigt, mit welch außerordentlichem

Geschick die Inka ihre Siedlungen den topographischen Gegebenheiten anzupassen wussten. Die insgesamt rund 200 Gebäude befinden sich auf weitläufigen, parallel verlaufenden Terrassen um einen großen zentralen Platz herum. Dieser besteht aus mehreren, westöstlich ausgerichteten Ebenen und teilt die Stadt in zwei Bezirke, die sich auf natürlichen Anhöhen erheben.

Die verschiedenen *kanchas* (Wohnviertel) sind lang und schmal und nutzen auf diese Weise den durch die Terrassen vorgegebenen Raum bestmöglich aus. Die Terrassen dienten vor allem landwirtschaftlichen Zwecken. Die Wissenschaft geht davon aus, dass sich hier einst hofähnliche Gebäude befanden, die heute jedoch nicht mehr existieren.

Ausgeklügelte Kanalsysteme ermöglichten eine konstante Bewässerung der Felder und in den Fels gehauene Stufen boten Zugang zu den verschiedenen Ebenen und Bereichen.

Ein Bezirk der Stadt diente vermutlich als Wohnviertel, während der andere religiösen und zeremoniellen Zwecken vorbehalten blieb. Zum Zeremonialbezirk im Westen gehört unter anderem „El Torreón", ein massiver, Rundturm mit gerundeten Nischen und Fenstern. Die mittleren Fenster öffnen sich zu dem Punkt, an dem die Sonne zur Sommersonnenwende aufgeht. Ungeachtet der Struktur des Turmes, die an einen mittelalterlichen europäischen Aussichtsturm erinnert, halten viele Wissenschaftler die Konstruktion für ein Observatorium. In der Felsmauer unterhalb des Turmes befindet sich eine Spalte mit einer Art Höhle, welche die Inka in den Stein gruben und im Innern zu einem kleinen Raum ausgestalteten. Diesen erreicht man über eine diagonale Treppe. Der Zeremonialbereich schließt auch architektonisch perfekt gearbeitete Gebäude von eigentümlicher Struktur wie den Haupttempel, den Tempel der drei Fenster, den Sonnentempel und den berühmten Intihuatana, den „Platz, an dem die Sonne festgehalten wird", ein. Der Monolith ragt aus einem trapezförmigen Fels und diente zweifellos als Zeiger einer Sonnenuhr, wie man sie auch in vielen anderen Inkastätten findet. Fast überall stößt man auf geheimnisvolle Skulpturen, die Mauern, kleine Höhlen oder natürliche Felsen zieren. Über ihre Bedeutung rätselt die Wissenschaft allerdings noch immer.

Die Technik, mit der die Inka Steine formten und zusammenfügten, belegt einmal mehr, dass sie über großes handwerkliches Geschick und architektonisches Wissen verfügten. Als Beispiel für den Perfektionismus der Inka auf diesem Gebiet mag die Mauer des Haupttempels dienen: Gewaltige Steine passen hier ineinander wie gigantische Puzzleteile.

Das Wohngebiet im Ostbezirk der Stadt zeichnet sich durch Straßen, Treppen, kleine Plätze und ein bemerkenswertes Wasserversorgungssystem aus. Einfache einstöckige Rechteckbauten herrschen vor, um viele davon schließt sich eine Mauer.

252 oben *Neben öffentlichen Bauten und Zeremonialgebäuden gab es in Machu Picchu auch viele Wohnbereiche. Dieses Foto zeigt einen Abschnitt des so genannten „Wachhauses", das sich in der Nähe der Umfassungsmauer am Rand eines Terrassenhanges befindet.*

252 Mitte links *Die einzelnen Bereiche von Machu Picchu hatten unterschiedliche Funktionen. Hier ist ein Teil des Arbeitsbereiches – auch „Friedhofsbereich" genannt – zu sehen, der vermutlich Läden, Werkstätten und Lagerhäuser umfasste. Auch der Handel hatte hier seinen Platz.*

252 Mitte rechts *Die lange, steile und bemerkenswerte Brunnentreppe wurde direkt in den Fels gehauen. Wissenschaftler nehmen an, dass dieser Bereich der Stadt dem Wasser- und Brunnenkult vorbehalten war.*

252 unten *Ein ausgeklügeltes Kanalsystem versorgte Machu Picchu mit Wasser. Brunnen wie den hier abgebildeten grub man direkt in den Stein.*

253 *Der heilige Bezirk von Machu Picchu überragt den rechteckigen Hauptplatz. Stufen führen zu den Tempelgebäuden auf dem Felsen und zum Intihuatana, der mit dem Sonnenkult in Verbindung stand.*

254 *Mehr noch als an anderen Orten und ganz dem Weltbild der Inka entsprechend fügt sich die Architektur von Machu Picchu perfekt in die natürliche Umgebung ein. Mauern, Fußwege und Terrassen sind bis zum Fuß des Berges so angelegt, dass sie mit der Landschaft harmonieren.*

255–258 *Seit die Inka die Stadt aufgegeben haben, hat sich ihr Aussehen kaum verändert. Lediglich einige Mauern sind eingestürzt und die Dächer, die aus vergänglichem Material bestanden, sind im Lauf der Zeit verschwunden. Mithilfe dieser Rekonstruktion kann man sich noch besser vorstellen, wie sich der Ort einst in die Landschaft einpasste. Unter anderem hatten die Inka eine Reihe weitläufiger Terrassen angelegt, die sie landwirtschaftlich nutzten, um die Einwohner mit allem Notwendigen zu versorgen. Ein Teil der Terrassen ist inzwischen eingestürzt oder liegt unter dichter Vegetation begraben.*

259 *Die Wohnviertel von Machu Picchu zogen sich auf schmalen Terrassen entlang oder waren in vierer, sechser oder zehner Gruppen um einen viereckigen Platz angelegt. Die Dächer hatten einfache oder doppelte Überkragungen. Da sie aus Stroh waren, ist nichts von ihnen erhalten geblieben.*

260–261 ***260–261*** *Der massive El Torreón erinnert an Türme europäischer Festungen, diente den Inka aber wohl eher als Tempel oder Observatorium.*

261 oben links *Die Architektur von Machu Picchu ist so vielfältig und komplex, dass die Wissenschaft Mühe hat, ihren Ursprung und ihre Funktion in allen Einzelheiten zu klären. Mehr als bei anderen Stätten verschmelzen hier Zeremonialzentrum und Kultstätte mit Elementen einer Verteidigungsanlage und mit bäuerlichen Strukturen.*

261 unten links *Dieser kleine Brunnen wurde direkt in den Fels gehauen. Er befindet sich am Fuß des Komplexes, zu dem der Rundturm, das Königsgrab und der Kondortempel gehören. Dessen Ruinen schmiegen sich direkt an den Fels.*

Merkmale dieser Häuser sind trapezförmige Türen, Fenster und Nischen, die erst mit der Architektur des späten Horizontes aufkamen. Die Dächer der Gebäude bestanden aus einem hölzernen Rahmen, waren mit Stroh gedeckt und hatten eine einfache oder doppelte Überkragung. Der Holzrahmen ruhte auf steinernen Vorsprüngen im Mauerwerk.
Obgleich die Bauten des Wohnviertels nicht mit der architektonischen Komplexität der Zeremonialgebäude vergleichbar sind, sticht auch hier die Technik, mit der die Steine verarbeitet wurden, ins Auge. Jede Struktur ist in ihrer Ausführung einzigartig und selbst bei einer einzigen Mauer wandten die Steinmetzen diverse Methoden an, die zu unterschiedlichen ästhetischen Resultaten führten. Vermutlich brachten die Inka die Granitblöcke in die gewünschte Form und passten sie ein, indem sie sie mit Sand abschmirgelten.
Abgründe und Mauern erschwerten den Zugang zur Stadt und verliehen ihr das Aussehen einer Festung. Wieder stellt sich die Frage, wozu die Inka so viel Mühe aufwendeten. Basierten die architektonischen Neuerungen nur auf Entwicklungen der Inka oder hatten sich hier ältere Traditionen mit neueren technischen Errungenschaften verbunden? Die Megalithbauweise findet man bereits in Tiahuanaco, Aquädukte gab es auch schon bei der Mochekultur. Aufgrund der vielen Fragen, fasziniert Machu Picchu die Wissenschaft noch immer. Es bleibt zu hoffen, dass in naher Zukunft neue Entdeckungen weitere Antworten bringen.

261 oben rechts *Der mächtige, ovale El Torreón erhebt sich über einer Art Felsenkammer, die direkt in den Stein gehauen wurde. Durch die Kombination von Skulptur und Architektur wirkt sie wie eine Krypta und trägt deshalb den Namen „Königsgrab“*

261 unten rechts *Dieses Bild veranschaulicht einige typische architektonische Elemente der Inka, die man in Machu Picchu ebenso wie an anderen Orten findet. Dazu gehören die in den Fels gehauenen Stufen, die Mauern aus mächtigen, perfekt zusammengefügten Steinquadern und die imposanten Türme mit trapezförmigen Türen und Fenstern.*

262–263 *Dieses eindrucksvolle Panoramabild zeigt Machu Picchu und die landwirtschaftlich genutzten Terrassen, die sich ins Urubambatal hinabziehen. Die Stadt selbst liegt auf einem Sattel, der den Alten Gipfel mit dem Jungen Gipfel verbindet.*

Sipán
Die Grabschätze der Mochica

Der heutige Staat Peru, der sich im Bereich der Zentralanden an der südamerikanischen Pazifikküste entlangzieht, war in der Vergangenheit eines der Zentren, von denen aus sich die Kultur der Neuen Welt ausbreitete. Die verschiedenen Völker und unterschiedlichen Kulturen, die sich vor über 4000 Jahren hier entwickelten, verschmolzen miteinander und gelangten mit dem Reich der Inka zu einer letzten großen Blüte. Zwischen dem 3. und dem 9. Jahrhundert entstand im Gebiet der Nordküste, einer der trockensten Wüsten der Erde, die Mochekultur, eine typische Oasenkultur, die sich auf künstliche Bewässerung verstand und dank dieser Technik eine vielköpfige und straff organisierte Bevölkerung am Leben erhalten konnte. Diese Menschen errichteten große Pyramidenbauten aus Adobe und erfanden ausgefeilte Methoden der Metallbearbeitung wie die Legierung von Kupfer mit Silber oder Gold oder das Veredeln von Kupfer.
Die Mochica kannten zwar keine Schrift, doch hinterließen sie auf

264–265 *Zwischen 1987 und 1989 wurde in Sipán (Nord-Peru) eine Geländeplattform freigelegt, die reich ausgestattete Gräber von Priestern und Fürsten aus dem 2. bis 4. Jahrhundert enthielt. Auf diesem Foto ist der südliche Abschnitt der Plattform zu sehen. Hier entdeckte man das Grab eines alten Herrschers.*

264 links *Nach einer ermüdenden und zunächst fruchtlosen Suche stieß man auf die erste Fürstengruft: das Grab des Señor de Sipán.*

264 rechts *Die Knochen des Viejo Señor de Sipán, wurden von Erdreich befreit und in eine dem Körper entsprechende Form gelegt.*

265 oben *Die großen quadratischen und gut verschachtelten Adobeziegel waren sichere Hinweise, die zu dem bedeutenden Grab des Señor de Sipán führten.*

265 unten *Unter den reichhaltigen Beigaben im Grab des Priesters befand sich dieses in Treibtechnik gearbeitete Schmuckstück.*

ihren ausdrucksstarken Keramiken religiöse und mythische Bilder sowie Alltagsszenen. Sowohl die Mochica als auch andere Kulturen, die Inka eingeschlossen, bestatteten ihre Toten mit deren gesamter Habe und allen Gegenständen, die sie zu Lebzeiten besessen hatten, weshalb die Gräber in den nachfolgenden Jahrhunderten immer wieder geplündert wurden. Mit einem dieser unzähligen Grabraube begann die Geschichte der Fürsten von Sipán.
Im Februar 1987 wurden die Bewohner von Sipán, einem kleinen Dorf im Lambayequetal, regelrecht vom Goldfieber ergriffen. Am Fuß einer antiken Adobeplattform begannen sie, die Erde auf der Suche nach Metallresten zu durchwühlen, die die Grabräuber vielleicht übersehen hatten. Diese so genannten *huaqueros,* Plünderer antiker präkolumbischer Stätten, hatten einige Tage zuvor die Gruft eines bedeutenden Würdenträgers der Mochekultur geschändet und ausgeraubt. Durch beherztes Eingreifen gelang es der örtlichen Polizei, wenigstens einen Teil der Schätze sicherzustellen. Unter den Gegenständen, die man im Haus eines Mitglieds der Diebesbande aufstöberte, befanden sich ein herrlicher und wirklichkeitsgetreuer Menschenkopf aus Gold mit silbernen Augen und Lapislazulipupillen sowie zwei große und ausdrucksvolle Jaguarmäuler, in deren weit aufgerissenen Rachen spitze Zähne aus roten Muscheln leuchteten. Trotz aller Bemühungen der Polizei verschwand der größte Teil der Objekte, die die Räuber aus dem einzigartigen Grab entwendet hatten, auf dem Schwarzmarkt.
Walter Alva, Leiter der Grabungen berichtet: „Nachdem wir zahlreiche Anstrengungen unternommen hatten und die Grabräuber nach anfänglichem Widerstand bereit waren, uns Angaben zum Fundort zu machen, stellten wir eine Gruppe von Archäologen zusammen, die trotz spärlicher Mittel mit viel Elan zu graben begann. Nach vier Monaten unermüdlicher Arbeit lokalisierten wir im Zentrum der Adobestruktur die intakte Grabkammer eines Fürsten der Mochica. Diese faszinierende Entdeckung gehört zu den bedeutendsten archäologischen Funden der Neuen Welt: Zum ersten Mal zeigte sich ein Herrscher des antiken Peru in all seiner Pracht und bot eine kaum zu überblickende Fülle an Informationen zu Sozialstruktur, Religion und den Lebensumständen seiner Epoche. Skelette von Dienern, Konkubinen und Soldaten, lagen rings um die Holzbahre mit den Überresten des Herrschers und dem Schatz aus Geschmeide und Kopfschmuck sowie aus Emblemen und Paramenten aus Gold, neben vergoldetem Kupfer und Halbedelsteinen. Diese Objekte, die

266 oben *Nicht weit von der Südwestseite der Grabkammer des Herrschers entfernt, befindet sich eine der zahlreichen handgetöpferten Gruppen der Plattform. Es handelt sich überwiegend um anthropomorphe Gefäße, die Krieger oder Gefangene darstellen.*

266 unten *Nischen mit Votivgeschirr umgaben das Grab des Herrschers, in dem man außerdem die Skelette von zwei Männern und drei Frauen sowie das Skelett eines Knaben entdeckte.*

266–267 *Die Rekonstruktion der Grabkammer des Señor de Sipán verdeutlicht die Position der Personen, die man zusammen mit dem Verstorbenen bestattet hatte. Diese ließ sich aus der Lage und der Haltung der jeweiligen Skelette ableiten. Rings um die Toten sind die Nischen zu erkennen, in denen Tongefäße in Menschengestalt stehen. Die Zeichnung veranschaulicht auch, wie das Grab angelegt war und welche Materialien man für die Bahre und die Kammer selbst verwendete.*

267 *Zum Zeitpunkt ihrer Entdeckung zierte die hier dargestellte Kupferkrone den Schädel einer der Frauen aus dem Grab des Señor de Sipán. Eine Maske mit Ohrscheiben schmückt das heute weitgehend zerfallene Objekt.*

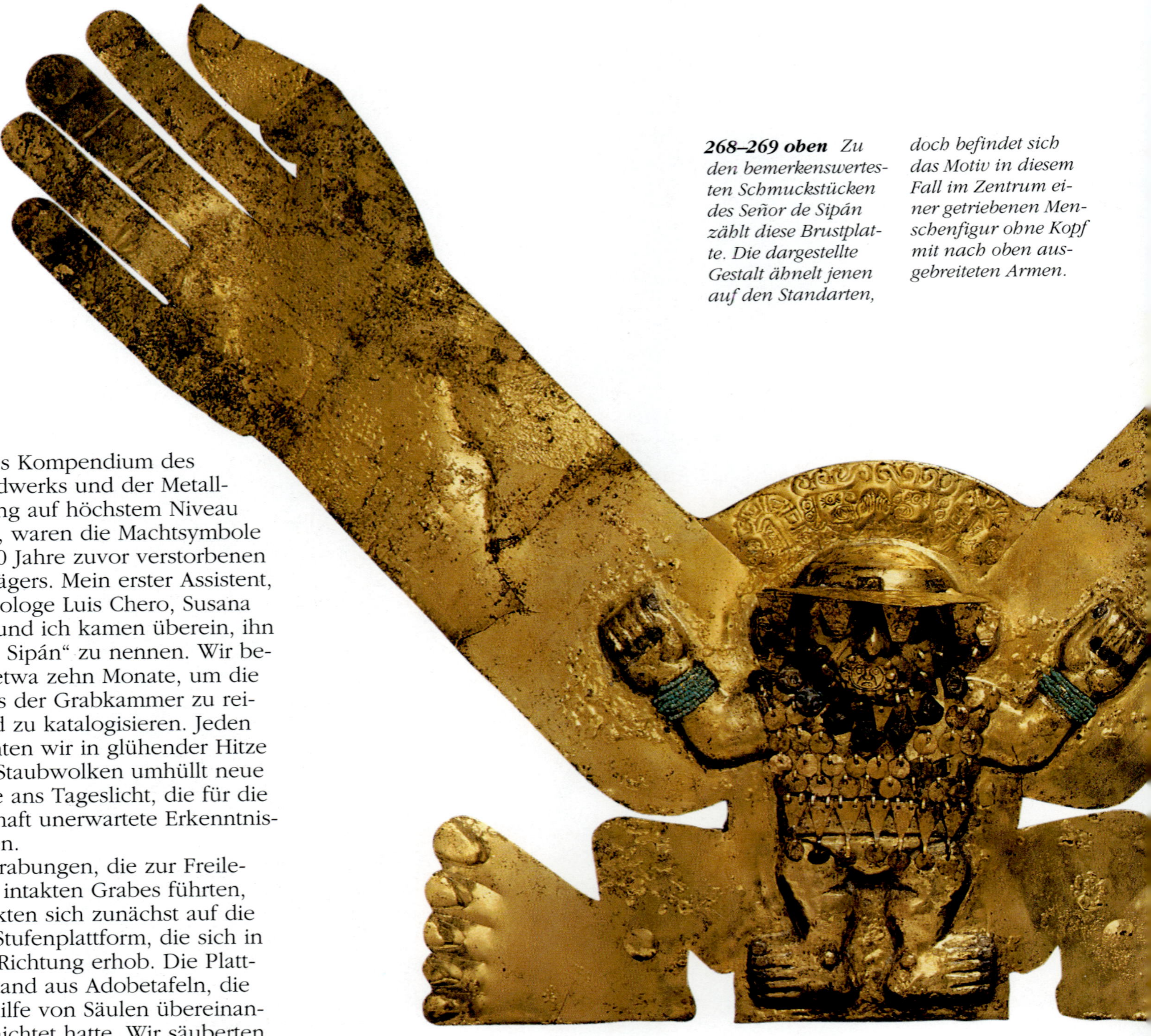

268–269 oben *Zu den bemerkenswertesten Schmuckstücken des Señor de Sipán zählt diese Brustplatte. Die dargestellte Gestalt ähnelt jenen auf den Standarten, doch befindet sich das Motiv in diesem Fall im Zentrum einer getriebenen Menschenfigur ohne Kopf mit nach oben ausgebreiteten Armen.*

ein wahres Kompendium des Kunsthandwerks und der Metallbearbeitung auf höchstem Niveau darstellen, waren die Machtsymbole eines 1600 Jahre zuvor verstorbenen Würdenträgers. Mein erster Assistent, der Archäologe Luis Chero, Susana Meneses und ich kamen überein, ihn „Señor de Sipán" zu nennen. Wir benötigten etwa zehn Monate, um die Funde aus der Grabkammer zu reinigen und zu katalogisieren. Jeden Tag brachten wir in glühender Hitze und von Staubwolken umhüllt neue Zeugnisse ans Tageslicht, die für die Wissenschaft unerwartete Erkenntnisse lieferten.

Unsere Grabungen, die zur Freilegung des intakten Grabes führten, beschränkten sich zunächst auf die niedrige Stufenplattform, die sich in östlicher Richtung erhob. Die Plattform bestand aus Adobetafeln, die man mithilfe von Säulen übereinander geschichtet hatte. Wir säuberten das tiefe und unregelmäßige Loch, das die Grabräuber hinterlassen hatten, und bargen anschließend einige Gefäße, Schmuckstücke sowie ein prächtiges Zepter aus geschmolzenem Kupfer mit der komplexen Miniatur eines Palastes der Mochica als Spitze. Dieser ist mit Kriegssymbolen, Menschenköpfen sowie einer rätselhaften Ikone verziert, einer geheimnisvollen Kreuzung aus Raubtier und Fuchs, die sich auf der Sichel des zunehmenden Mondes mit einer Frau paart. Möglicherweise wird hier ein Schöpfungsmythos oder die Entstehung der Mocheherrscher und ihrer göttlichen Vorfahren dargestellt.

Nach diesen ersten Funden begannen wir auf der mittleren und der oberen Ebene der Plattform zu graben. Unter Schutt und einigen bescheidenen Gräbern, die aus einer späteren Epoche stammten, stießen wir auf die intakten architektonischen Blöcke, in deren Innerem sich ein kleines, erdgefülltes Areal mit stark verwitterten Holzbalken abzeichnete. Es handelte sich um ein 1,3 x 2,8 Meter großes Zimmerchen. Sedimente aus Erde und Sand waren durch das Dach eingedrungen und hatten den ursprünglich leeren Raum ausgefüllt. 1137 Keramiken mit Nahrungsresten, vier Kupferkronen, Reste geopferter Lamas und ein männliches Skelett zählten zu diesem „Gabenlager". Vermutlich hatte man damit einer Gottheit oder einem ranghohen Verstorbenen gehuldigt, dessen Grab wir nun zu suchen begannen.

Je weiter die Reinigung des östlichen Sektors der Plattform fortschritt, desto deutlicher zeichnete sich auf dem Gelände eine andere, viereckige Fundstelle ab, die ringsum durch Adobemauern begrenzt war. Wir begannen, sie geduldig, aber voller Erwartung freizulegen, bis wir auf das bereits stark zerfallene Skelett eines jungen Mannes stießen, der die typische schlichte Rüstung der Krieger der Mochica – einen Kupferschild über dem Unterarm und einen vergoldeten Helm auf dem Schädel – trug. Die Füße des Mannes waren amputiert, um symbolisch zu unterstreichen, dass er sich von seinem

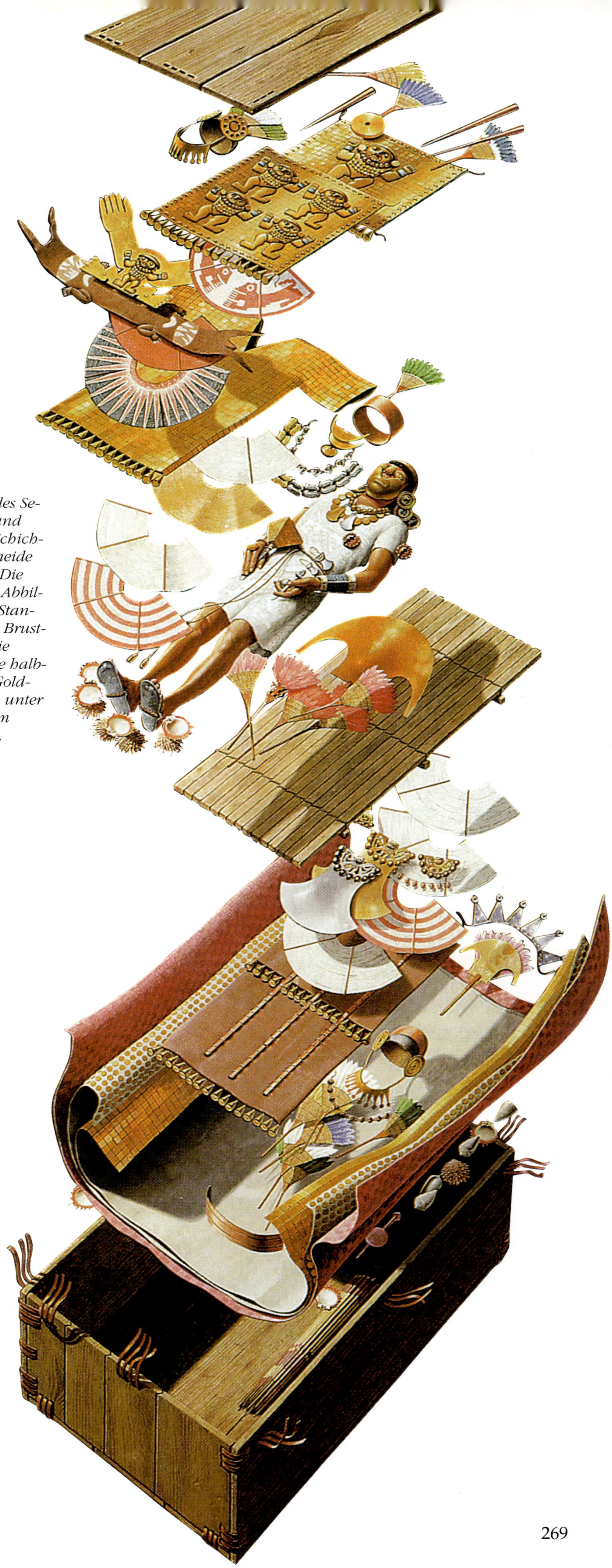

268–269 unten *Diesen eindrucksvollen Brustschmuck fand man im Grabschatz des Herrschers in der fünften Schicht. In mühevoller Kleinarbeit wurden hier die winzigen Perlen aus roten, grünen und weißen Muscheln anhand einer Zeichnung vom Original wieder zusammengefügt. Der dargestellte Strahlenkranz steht vermutlich in Beziehung zur Sonnengottheit und damit zum Rang des Herrschers.*

269 *Im Grab des Señor de Sipán fand man mehrere Schichten aus Geschmeide und Schmuck. Die nebenstehende Abbildung zeigt die Standarten und die Brustplatten sowie die beeindruckende halbmondförmige Goldkrone, die man unter anderem in dem Grab entdeckte.*

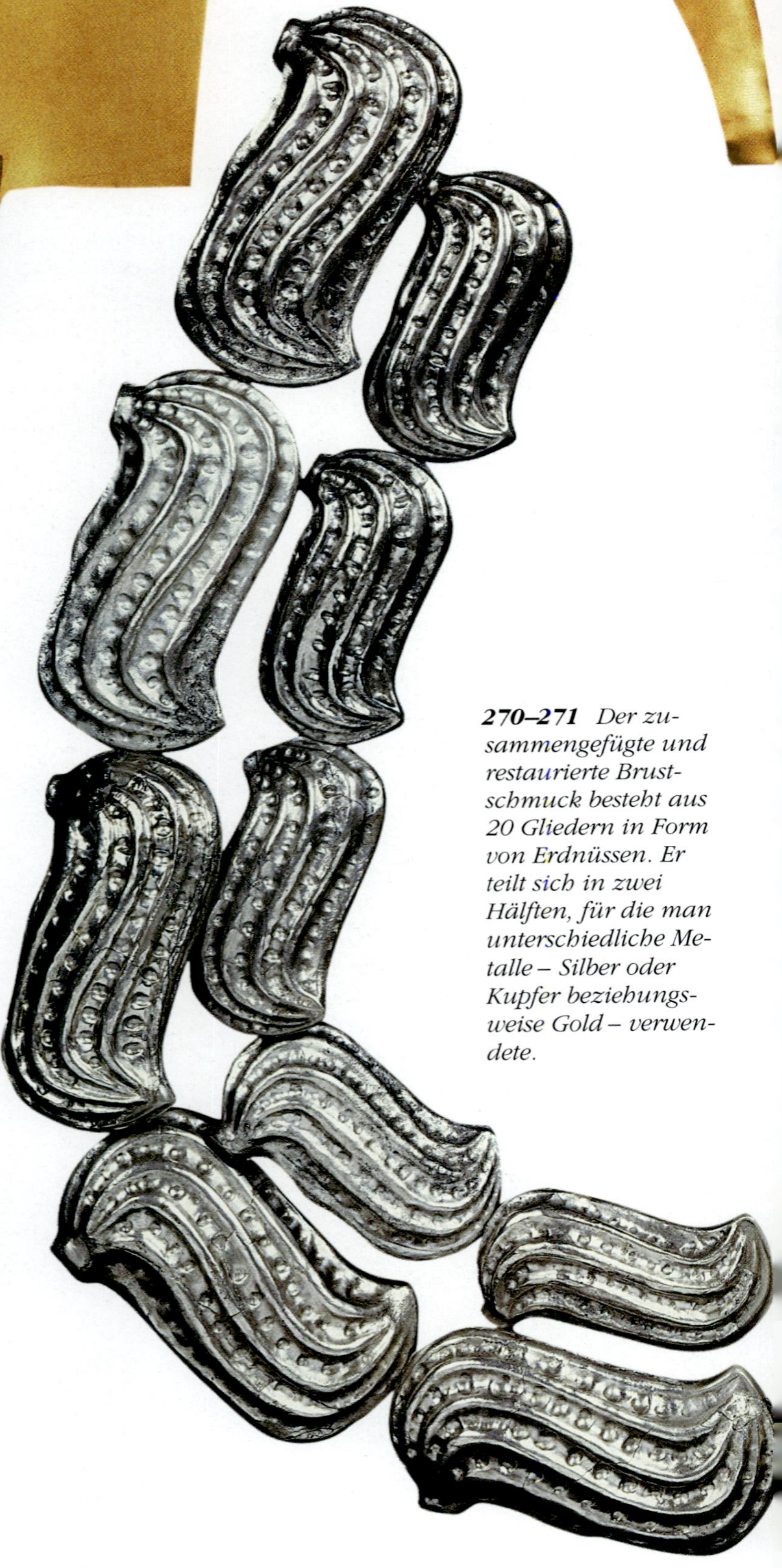

Wachtposten nicht entfernen durfte. Diesen „Grabwächter“ werteten wir als Indiz dafür, dass wir dabei waren, eine intakte Gruft freizulegen. Kurz darauf grenzten wir anhand der Ränder der Adobemauern einen Bereich von 5 Quadratmetern ab. 50 Meter unter dem Krieger fanden wir neue Spuren von 17 parallel verlaufenden Balken, die im Lauf der Zeit verfallen waren. Ursprünglich hatten sie das Dach einer versiegelten Kammer gebildet, die sich nach und nach mit Sedimenten gefüllt hatte. Im Zentrum brachten wir eine Reihe einzelner oxydierter Kupferbänder zum Vorschein, die wie einfache Lederriemen verknotet waren. Zug um Zug säuberten wir acht dieser metallenen „Wegweiser“, die eine Fläche von 2,2 x 1,25 Metern begrenzten, vom Erdreich. In diesem Augenblick begriffen wir, dass wir den ersten Holzsarkophag in der amerikanischen

270 oben *Dieses majestätische halbmondförmige Diadem, das keinen Zweifel am Rang des Verstorbenen aufkommen lässt, lag unter dem Körper des Señor de Sipán.*

270 unten *Nachdem das Erdreich mit extremer Sorgfalt entfernt worden war, entdeckte man das von Edelsteinen und Schmuck nahezu bedeckte Skelett des Señor de Sipán. Als man begann, die Objekte zu bergen stieß man auch auf Schmuckstücke, die die Schädelknochen schützten, und auf die herrliche Erdnusskette.*

270–271 *Der zusammengefügte und restaurierte Brustschmuck besteht aus 20 Gliedern in Form von Erdnüssen. Er teilt sich in zwei Hälften, für die man unterschiedliche Metalle – Silber oder Kupfer beziehungsweise Gold – verwendete.*

Archäologie vor uns hatten. Ihn freizulegen kam einem komplizierten chirurgischen Eingriff gleich. Wir arbeiteten mit höchster Konzentration, bis plötzlich zu unserer großen Überraschung das ausdrucksstarke und perfekt gearbeitete Miniaturgesicht eines Goldmännchens auftauchte, das eine Tunika aus Türkisen trug. Vorsichtig pusteten wir den Staub von der kleinen Skulptur, die einen Krieger der Mochica mit einer halbmondförmigen Krone auf dem Kopf und beweglichem Schmuck unterhalb der Nasenlöcher darstellte. Winzige Eulenköpfe hingen an Golddrähten um den Hals und kleine Schellen baumelten am Gürtel. Die Figur war so realistisch gestaltet, dass man sogar die angespannten Muskeln der Beine erkennen konnte. Der rechte Arm hielt eine Keule und vom linken Unterarm war gerade das winzige Schwert abgefallen. Diese erlesene Menschengestalt bildete den Mittelteil einer runden Ohrscheibe und wurde von kleinen Goldringen eingerahmt. Zu beiden Seiten der Figur tauchten zwei Kriegerprofile auf, Mosaikarbeiten aus millimeterkleinen Türkisen und Goldstückchen. Von diesem Moment an ließen sich alle weiteren Funde mit verblüffender Logik ein- und zuordnen und die kleine Skulptur wies präzise auf das Kommende hin. In den nachfolgenden Wochen stellten wir fest, dass sie tatsächlich den im Sarkophag beigesetzten Toten selbst darzustellen schien. Darauf wiesen Schmuck, Kopfbedeckung und die Skelette der beiden Krieger hin, die zu beiden Seiten des Verstorbenen lagen. Jeder Millimeter brachte erstaunliche Kopfbedeckungen oder königliche Embleme ans Tageslicht. Beim Säubern der ersten Schicht entdeckten wir zwei weitere Ohrscheibenpaare aus Gold und Türkis zu beiden Seiten des Kopfes. Drei spitze Lanzen und einige Kupferscheiben ruhten im mittleren Bereich, wo auch ein Barren aus massivem Gold schimmerte. Die Füße des Toten steckten in silbernen Sandalen. Rings um den *fardo,* das Mumienbündel, das ursprünglich Baumwolltücher mit eingesponnenen Plaketten aus vergoldetem Kupfer zusammengehalten hatten, befanden sich zahlreiche Klappmuscheln aus dem Golf von Guayaquil, die in den Riten des antiken Peru eine wichtige Rolle spielten. Nach und nach kamen andere Kopfbedeckungen und Paramente zum Vorschein, zum Beispiel zwei viereckige Standarten aus Tuch, die mit einer beziehungsweise mit vier Menschenfiguren aus geschmolzenem Kupfer besetzt waren. Sie zeigten eine Gestalt mit ausgebreiteten Armen und in die Luft gereckten Fäusten, die im Zentrum eines faszinierenden Goldreliefs prangte. Letzteres bestand aus einer Goldplatte, die zwei V-förmig ausgestreckte Arme mit geöffneten Handflächen nachbildete. Die Gesichtsknochen des Verstorbenen waren zum Teil durch zwei Augen und eine Nase aus Gold sowie durch einen ebenfalls goldenen Kinnschutz verdeckt, der ursprünglich wie eine Art Helm bis zu den Wangen gereicht hatte. Zwei leichte goldene *narigueras* (Nasenschmuck) lagen neben dem Gesicht und eine Platte oder Haube aus dem gleichen Material enthielt die Überreste des Schädels.
Tausende zylindrischer Perlen aus roten, weißen und orangefarbenen Muscheln gehörten zu insgesamt elf Brustplatten, die wir auf der Brust,

271 *In der Ikonographie der Mochica kommt das Bild des mit Keule und Schild bewaffneten Kriegsherren, zu dessen Füßen ein Gefangener kniet, relativ häufig vor. Der Griff des Messers, das der Tote in der linken Hand hielt, zeigt demnach eine typische, jedoch detailreich und realistisch dargestellte Szene.*

auf den Beinen und unter dem Skelett entdeckten. Stark zerstörter Kopfputz, vermutlich Federfächer mit Kupfergriffen, waren um den Kopf angeordnet, während Hunderte, nur wenige Millimeter große Perlen aus Türkisen elegante Armbänder bildeten. Auf dem Brustkorb legten wir nach und nach zwei Reihen mit insgesamt 20 metallenen Erdnüssen frei. Überrascht stellten wir fest, dass die zehn Erdnüsse der rechten Seite aus Gold, die der anderen Hälfte dagegen aus Silber oder Kupfer bestanden. Dieses erste Anzeichen einer Dualität oder Zweiteilung sollte sich bei den rituellen Objekten des Grabes fortan häufig wiederholen. So stießen wir über der linken Hand auf einen Silberbarren, die Rechte hielt dagegen das bedeutendste Symbol irdischer Macht, eine Art Zeptermesser, das mit einem auffälligen Goldgriff verziert war. Dieser hat die Form einer auf dem Kopf stehenden Pyramide und trägt das Relief eines reich gekleideten Mannes, der einen Gefangenen am Haar festhält, während er mit der anderen Hand eine Keule auf sein Gesicht richtet. Diese dramatische Darstellung veranschaulicht, wie die Krieger der Mochica ihre Feinde gefangen nahmen, sie folterten und anschließend opferten.
In der linken Hand hielt der Tote ein Silbermesser mit dem gleichen Bild in Miniaturform. 16 gewölbte Goldscheiben ruhten direkt auf der Brust. In Höhe der Kehle fanden wir auch ein Halsband aus 61 Goldscheiben, die von der Mitte bis zu den Enden hin immer kleiner wurden. Auf der Brust lag rechts ein goldenes und links ein silbernes Messer. Die Zweiteilung der Metalle sollte wahrscheinlich Gleichgewicht und Dualität ausdrücken, vielleicht stand sie auch symbolhaft für Osten und Westen, Tag und Nacht, rein und unrein, Leben und Tod, Sonne und Mond, positive und negative Kräfte sowie für alle anderen Gegenpole, die sich zugleich auch ergänzen. Mit großem Interesse vermerkten wir, dass man den toten Fürsten so positioniert hatte, dass sich die dargestellten Kräfte exakt im Drehpunkt seines Körpers vereinigten. Die Knochen bestanden fast nur noch aus Splittern und ließen sich nur mit großer Mühe zusammen-

fügen. Wir verwendeten zu diesem Zweck genau dosierte Schichten von Acrylharz, das die Teile verhärtete und uns erlaubte, das gesamte Knochengerüst wie ein Fossil abzutragen. Die Perlen der Bruststücke nahmen wir vorsichtig mit in Harz getauchten Baumwollstreifen auf. Unter dem Körper kam in seiner ganzen Pracht das große, halbmondförmige Golddiadem zum Vorschein, eine 62 Zentimeter breite und 42 Zentimeter hohe Platte, die bei den Mochica ausschließlich im Zusammenhang mit Personen höchsten Ranges, insbesondere mit angesehenen Gabenempfängern, auftaucht. Unter einem Stück Holz, das mittlerweile zu Staub zerfallen war, lagen zwei halbrunde Goldschellen. In feinster Treibtechnik

zeigten sie eine der bedeutendsten Gottheiten der Mochica, Ai Apaec, ein übernatürliches Wesen, das in einer Hand ein Messer und in der anderen einen abgeschnittenen Menschenkopf hält.
Einige Zentimeter weiter stießen wir auf ein anderes faszinierendes Metallschmuckstück, einen 45 Zentimeter hohen und 790 Gramm schweren goldenen Beinharnisch. Am oberen Teil dieses axtförmigen Objektes (eine Art Lendenschurz aus Metall) befand sich gleichfalls eine Figur der bemerkenswerten Gottheit. Ein identischer Beinharnisch, allerdings aus Silber, lag daneben. Aus der Schicht unterhalb des Skelettes filterten wir noch zahlreiche Schmuckstücke aus Kupfer, vergoldetem Kupfer und Federn. Wir stellten fest, dass Señor de Sipán etwa im Alter von 35 Jahren gestorben sein musste.
Als wir um die vier Seiten des nun leeren Sarges gruben, fanden wir mehrere symbolisch angeordnete Skelette: Am Kopf- und Fußende des Sarkophags entdeckten wir die Überreste zweier junger Frauen, vermutlich Ehefrauen des Verstorbenen, die zum Zeitpunkt ihres Todes das 20. Lebensjahr noch nicht vollendet hatten. Eine von ihnen trug eine Kupferkrone und hatte den Kopf nach Westen gewandt, die andere lag in umgekehrter Richtung und war mit einem Brustschmuck aus Muscheln und Metallanhängern ausgestattet. An den Seiten entdeckten wir die Überreste zweier Männer. Einen identifizierten wir als Soldaten, an den Beinen des anderen ruhte das Skelett eines Hundes. Unter der ersten Frau stießen wir – am Kopfende des Grabes – auf eine dritte Frau und im südwestlichen Bereich saß in merkwürdiger Haltung ein zehnjähriges Kind. Schließlich kamen noch zwei Lamas zum Vorschein, die man vermutlich als Erste geopfert hatte.
An drei Seiten der Grabkammer gab es insgesamt fünf Nischen *(hornacinas)*, in denen Keramikgefäße und Speiseopfer standen. Es handelt sich meist um Krüge, die Gefangene oder sitzende Figuren sowie einige Krieger darstellen und wie ein rituelles Szenenbild mit aus Ton geformten, symbolischen Begleitern wirken.
Wir beendeten die systematische Grabung an diesem außergewöhnlichen Fundort in der Gewissheit, dass wir allein aus der Anordnung der Personen und Objekte eine Fülle wertvoller Informationen ziehen würden. Sie betrafen das Volk der Mochica, seine Geschichte und Sozialstruktur, die kulturellen Beziehungen, die es unterhielt, seine technische Entwicklung und nicht zuletzt seinen Glauben.
Das Grab dieses großen Fürsten vermittelte uns einen Eindruck von der Epoche, in der er gelebt hatte und machte deutlich, dass dieser die Herr-

272 *Ein herrliches Flachrelief ziert die Basis der umgekehrten Pyramide am oberen Ende des Zeptermessers, das Señor de Sipán in der rechten Hand hielt. Wie auf dem silbernen Griff des Messers ist auch hier ein Kriegsherr der Mochica mit den für ihn typischen Gewändern und Rangabzeichen zu sehen. Er hält einen besiegten Gefangenen an den Haaren fest.*

273 *Das Zeptermesser mit dem goldenen Griff und der silbernen Klinge war das wichtigste Machtsymbol, das den Rang des Verstorbenen verdeutlichte. Als man es entdeckte, ragte das pyramidenförmige Ende des Objekts aus den darüber liegenden Schichten mit Schmuck und zeigte zwei der vier sorgfältig getriebenen Seiten, die das gleiche kriegerische Motiv wie die Grundfläche trugen.*

274 oben *Das Foto zeigt eine der beiden narigueras (Nasenschmuck) des Señor de Sipán. Er trug die feinen Goldplatten zu Lebzeiten und nahm sie mit ins Grab, wo sie direkt bei seinem Gesicht ruhten.*

274 Mitte links *In der ersten Grabungsphase musste mit viel Geduld das Erdreich abgetragen werden, das über Jahrhunderte jedes Stück aus dem Schatz des Señor de Sipán unter sich begraben hatte.*

scher der Alten Welt gewiss nicht hatte beneiden müssen: Ihm zu Ehren hatte man exotische Materialien wie südperuanischen oder argentinischen Türkis, chilenischen Lapislazuli, Muscheln aus Ecuador, Gold von den Osthängen der Anden oder Zinnober aus dem Hochgebirge Tausende von Kilometer transportiert.

Nachdem wir alle Stücke des prächtigen Grabes katalogisiert hatten, blieb nicht der geringste Zweifel daran, dass es sich hierbei um die letzte Ruhestätte eines Herrschers der Mochica handelte.

Die ausschließlich figürliche und sakrale Kunst der Mochica umfasst eine Vielzahl typischer Bilder, Motive und Szenen, in denen Menschen und übernatürliche Wesen die Hauptrolle spielen. Eine der vollständigsten und zugleich repräsentativsten Szenen zeigt ein rituelles Opfer, bei dem eine reich gekleidete Person während einer Einsetzungszeremonie Gaben und Ehrenbezeugungen entgegennimmt.

274 Mitte rechts und unten *Im Grab des Señor de Sipán entdeckte man ein zweites Paar Ohrscheiben, ebenfalls aus Gold und Türkis. Im Zentrum beider Stücke ist ein Vogelwesen zu erkennen.*

275 *Dieser Miniaturkrieger der Mochica, wurde als erstes Objekt zutage gefördert.*

Bevor wir das Grab des Señor de Sipán freilegten, glaubten wir, diese Szene beziehe sich auf ein Thema aus der Mythologie. Als wir nun aber die neu entdeckten Schmuckstücke, Rang- und Befehlsabzeichen damit verglichen, stellten wir fest, dass sie exakt mit jenen übereinstimmten, die die jeweils wichtigste Person auf den Darstellungen trug. Offenkundig handelte es sich also um Menschen, die tatsächlich gelebt hatten. Zugleich hielten wir nun einen Schlüssel in Händen, der uns wesentliche Er-

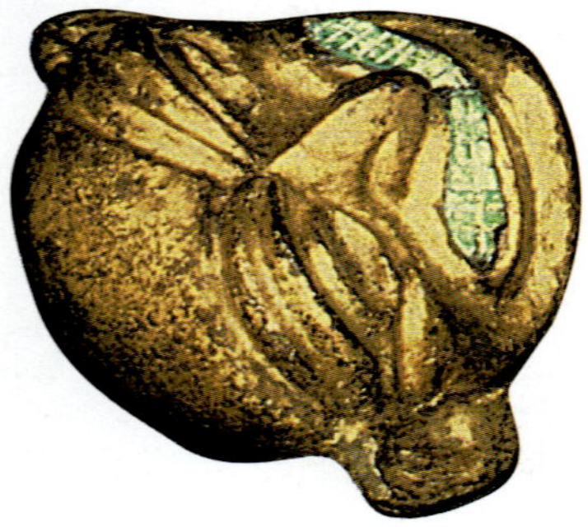

kenntnisse über die Gesellschaft der Mochica eröffnen sollte.
Nach diesem spektakulären Fund gruben wir sorgfältig weiter, denn wir hofften, auf weitere Daten über den Bau, den Gebrauch und die Bedeutung der Plattform zu stoßen. Am südöstlichen Ende des Grabungsgebietes entdeckten wir ein weiteres intaktes und ähnlich großes Grab, in dem sich die Überreste eines Menschen in einem Sarg sowie fünf Begleiter – zwei Frauen, ein Mann, ein Kind (mit einem Hund) und der Grabwächter – befanden. Der Grabschatz erwies sich zwar als weniger reichhaltig und prächtig, doch barg er wertvolle Informationen, die uns die Rolle des Verstorbenen verdeutlichten und darauf schließen ließen, welche Aufgaben er zu Lebzeiten wahrgenommen hatte. Anhand der

Schmuckstücke und Embleme identifizierten wir ihn als „Priester“ und beschlossen, ihn fortan mit diesem Namen zu bezeichnen. Offenbar hatte er einen mythischen Vogelmenschen verkörpert und in der Hierarchie der Mochica an zweiter Stelle gestanden. Als wir den südlichen Abschnitt der Plattform untersuchten, fanden wir direkt unter der Oberfläche verschiedene, zu Gruppen angeordnete Gaben und Überreste von Opfern – Keramikgefäße sowie Lamaschädel und -knochen, die man dort vermutlich in jüngerer Zeit als Opfer niedergelegt hatte. Außerdem lokalisierten wir kleine Lehmziegeleinfriedungen mit Hunderten von Keramiken, Lamaknochen und kleinen figürlichen Schmuckstücken aus Kupfer, die alle sorgfältig platziert waren. In unmittelbarer Nähe lagen auch Überreste von Menschen sowie amputierte Gliedmaßen wie Arme und Füße, die vielleicht ebenfalls als Opfergaben gedient hatten. Es bedurfte großer Sorgfalt und Geduld, um die Gabenreste zu registrieren und zu katalogisieren, die, eingeschlossen in einen Felsblock aus verhärteter Erde, die Zeit überdauert hatten. Jedes Teil und jeden Abdruck galt es genauestens zu zeichnen und zu fotografieren, während wir sie von Sedimenten und Schmutz reinigten. Im Verlauf dieser Arbeit stießen wir auf die ältere Ebene der Plattform. Eine Vertiefung in diesem architektonischen Komplex bestärkte uns darin, unsere Suche hier fortzusetzen, und tatsächlich entdeckten wir wenig später einige Keramiken, die allerdings noch nicht auf einen neuen wichtigen Fund hinwiesen. Als wir jedoch 80 Zentimeter tiefer eine etwas dunklere Erdschicht entfernten, leuchtete uns abermals ein würdevolles Menschengesicht aus Gold entgegen, das den Bauch einer aus dem gleichen Material gefertigten Spinne zierte. Dieses hervorragend gearbeitete Stück gehörte seinerseits zu einem Halsschmuck aus zehn gleichen Gliedern. Er bildete das bemer-

276 oben Um den Hals des Toten, der als „Priester" bezeichnet wird, hing diese Kette aus neun Gliedern. Die Gesichter aus vergoldetem Kupfer beeindrucken vor allem durch ihr Lächeln. In den kleinen Gesichtern blinken Zähne aus weißen Muscheln. Auch dieser Fund wurde gründlich gesäubert, um Erdreich und Oxydationsspuren zu beseitigen.

276 Mitte In einer späteren Grabungsphase zeichnete sich im Grab des Priesters die Gestalt eines Nachtvogels ab. Es handelt sich um das bedeutendste Stück aus dem Schatz dieser hochrangigen Person: ein Kopfputz in Form einer Eule mit riesigen Schwingen. Derartige Bilder stehen in der Regel in direkter Verbindung zur religiösen Rolle des Menschen, dem man die entsprechenden Attribute zuordnet.

kenswerte Endstück auf der gewölbten Oberfläche eines Mumienbündels aus vergoldeten Kupferplaketten und Schmuckstücken, die rund um die Knochenreste eines weiteren Würdenträgers der Mochica lagen. Aufgrund seines höheren Alters bezeichneten wir ihn als „Viejo Señor de Sipán" (Alter Fürst von Sipán). Schmuck, Frisur, Kleidung und Insignien des Verstorbenen, der vermutlich einige Generationen vor dem zuerst entdeckten Fürsten das gleiche Amt ausgeübt hatte, verwiesen auf eine dreifache – militärische, zivile und religiöse – Autorität und damit zugleich auf die zu seiner Zeit gültige hierarchische Ordnung. Als wir das rechteckige, etwa 3 x 2 Meter große Grab säuberten, wurde uns klar, dass es entstanden war, ehe man die Plattform verändert hatte. Gleichzeitig begriffen wir, dass dieses Grab, obwohl es kleiner und weniger komplex war als das zuvor freigelegte, einer Person höchsten Ranges gehört haben musste.
Die Unterschiede, die wir feststellten, ließen darauf schließen, dass sich die Bestattungsriten von einer zur nächsten Epoche innerhalb der Gesellschaft der Mochica stark verändert hatten. Wir entdeckten 26 weiß bemalte Gefäße, die mit Menschen-, Hunde- oder Eulenköpfen verziert waren und Rückstände von Speiseopfern enthielten. Diese figürlichen Keramiken standen in Zusammenhang mit den Glaubensformen und Bestattungsriten der damaligen Zeit. Waffen (Lanzen, Keulen und Schilde) und Kriegerabzeichen aus Metall, die man den rituellen Vorschriften entsprechend zerstückelt hatte, lagen am Fußende wie ein symbolischer Tribut, der den militärischen Rang des Toten auswies. Auf diesen deuteten auch die langen Metalllanzen hin, die auf der rechten Seite des Toten lagen. Insgesamt 13 aufeinander folgende Schichten mit Schmuck, Kopfbedeckungen und metallenen Emblemen legten wir im Verlauf der Grabungsarbeiten behutsam frei. Unter der ersten Metallhülle erblickten wir einige Schädelfragmente und etwas tiefer

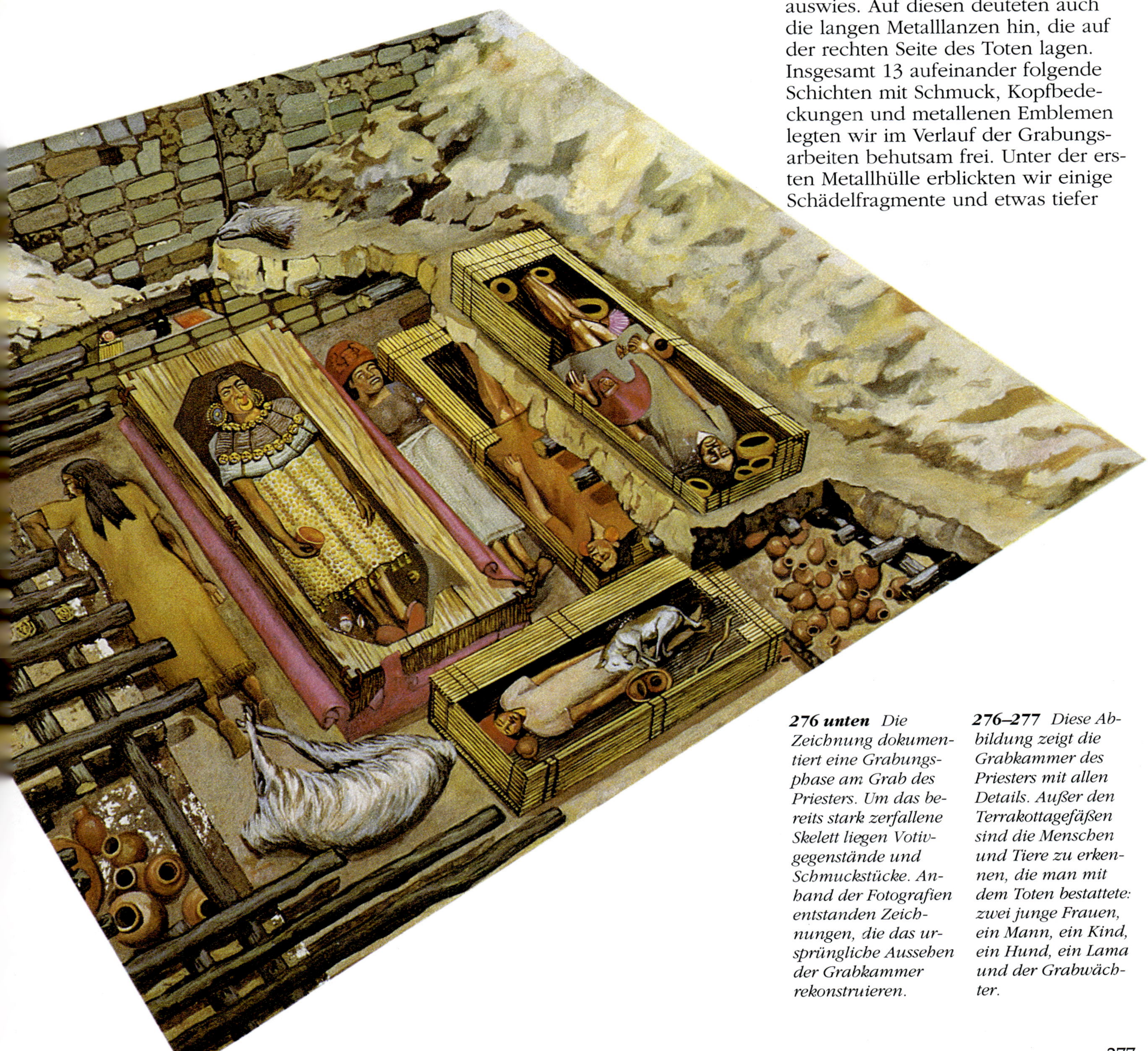

276 unten Die Zeichnung dokumentiert eine Grabungsphase am Grab des Priesters. Um das bereits stark zerfallene Skelett liegen Votivgegenstände und Schmuckstücke. Anhand der Fotografien entstanden Zeichnungen, die das ursprüngliche Aussehen der Grabkammer rekonstruieren.

276–277 Diese Abbildung zeigt die Grabkammer des Priesters mit allen Details. Außer den Terrakottagefäßen sind die Menschen und Tiere zu erkennen, die man mit dem Toten bestattete: zwei junge Frauen, ein Mann, ein Kind, ein Hund, ein Lama und der Grabwächter.

stießen wir auf eine Totenmaske aus vergoldetem Kupfer in Naturgröße, der eine weiße Muschelpupille fehlte, während am Hals seltsame Eulenköpfe hingen. Dieses Motiv, das sich auf zahlreichen Darstellungen dieses Mausoleums wiederholte, symbolisiert möglicherweise die Gottheit der Nacht oder des Todes. In der Schicht, die den Brustkorb bedeckte, ruhten drei Reihen dekorativer Elemente, die zu Brustplatten angeordnet waren: Den inneren Ring bildeten vergoldete Kupfer- sowie Silberstücke, deren Anordnung an Muschelrillen erinnerte; es folgten ein Ring mit Schlangenköpfen und schließlich acht beeindruckende Spiralen, deren untere Enden sich wie Tentakel eines Tintenfisches im oder gegen den Uhrzeigersinn wanden.
Im Zuge der Grabungen tauchten immer wieder neue, komplexe und rätselhafte Figuren oder Gottheiten auf, zum Beispiel ein Mann mit Krabbenkörper, eine Gestalt mit ausgebreiteten Armen und die Darstellung einer Raubkatze mit menschlichen Zügen und spitzen Klauen an Hän-

278–279 *Der Beinschutz, der unter dem Körper des Toten lag, besteht zur Hälfte aus Gold und zur Hälfte aus Silber und verweist wiederum auf die Dualität von Werten und Symbolen. Durch die beiden Löcher zog man eine Schnur, mit der man den Harnisch befestigte.*

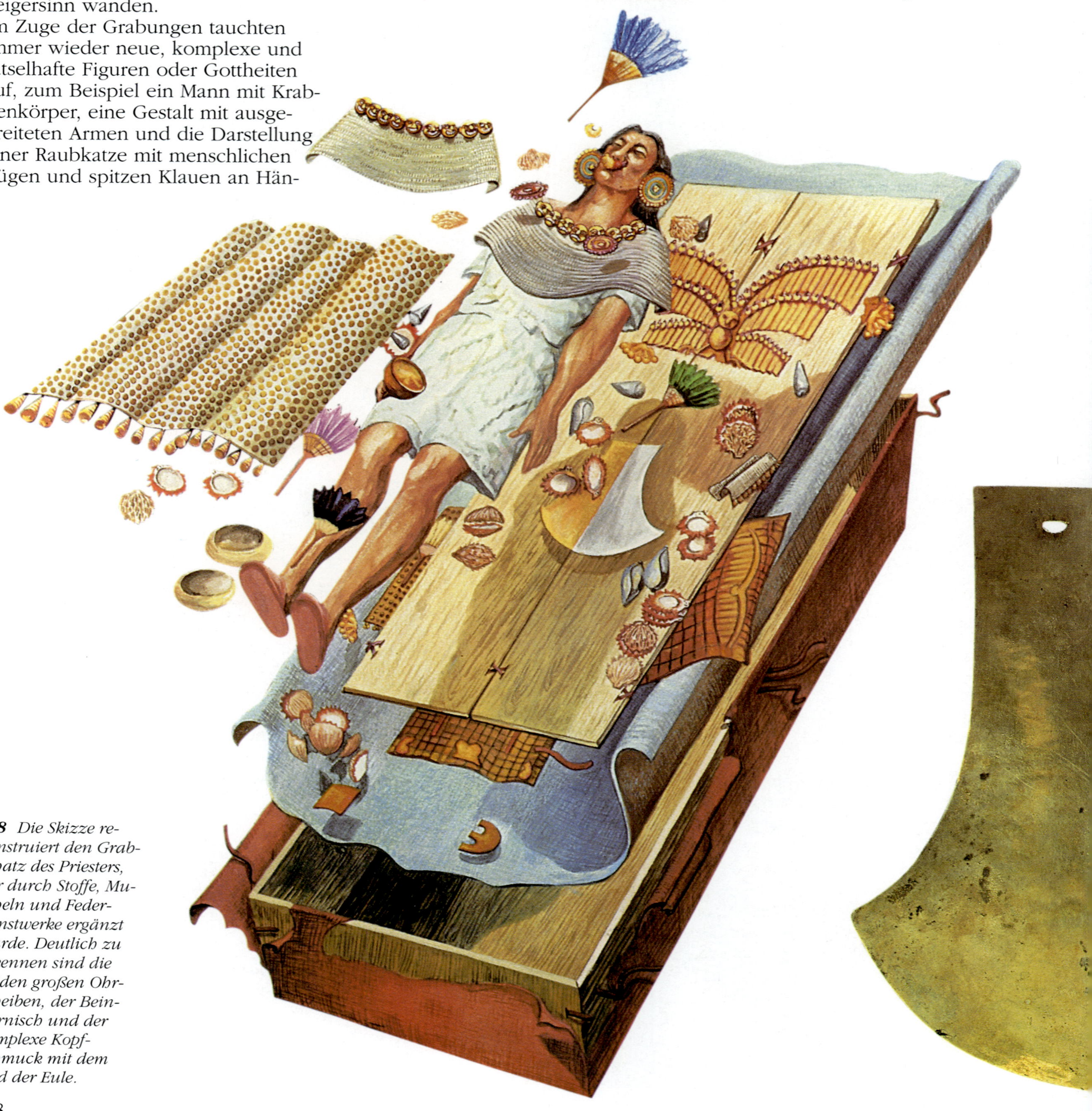

278 *Die Skizze rekonstruiert den Grabschatz des Priesters, der durch Stoffe, Muscheln und Federkunstwerke ergänzt wurde. Deutlich zu erkennen sind die beiden großen Ohrscheiben, der Beinharnisch und der komplexe Kopfschmuck mit dem Bild der Eule.*

den und Füßen. Der Furcht erregende Eindruck des Gesichtes wird durch Zähne aus Muscheln verstärkt; über der Stirn windet sich eine Schlange mit zwei Fischköpfen und eine weitere mit Vogelköpfen. Darüber prangt ein komplexes Diadem in Form eines Fabelwesens, das eine Stachelschlange und eine zweiköpfige Raubkatze mit heraushängender Zunge vereint. In der Religion der Mochica stand dieses Symbol für den Regenbogen oder die Himmelsschlange am Firmament. Nach den Restaurierungsarbeiten konnten wir das Stück in seiner ursprünglichen und beeindruckenden Schönheit bewundern. Metallfiguren dieser Art, von deren Existenz man bis dahin nichts wusste, sind in der Regel 50 bis 60 Zentimeter groß. Sie bestehen aus mehreren Schichten getriebenen und vergoldeten Kupfers und wirken wie eine Skulptur, der die rückwärtige Hälfte fehlt. Man befestigte sie zunächst an Baumwollstoffen, wo sie als eine Art Standarte die prächtigen Militärparaden und religiösen Zeremonien der Elite der Mochica begleiteten. Die Zeit und die chemische Zusammensetzung des Bodens, auf dem diese Objekte ruhten, hatten das Kupfer jedoch oxydieren lassen, sodass ein grüner Belag die vergoldete Oberfläche überzog.
In vielen Fällen waren die Stücke im Inneren so stark korrodiert, dass sie auseinander zu fallen drohten. Man konnte sie nur mithilfe von komplexen Restaurierungsmethoden retten, die zunächst im Römisch-Germanischen Zentralmuseum in Mainz, später in unserem eigenen Museum, dem

279 *Dieser Ohrschmuck gehörte zu dem einzigen Paar, das man im Grab des Priesters fand. Ähnlich wie die Ohrscheiben im Grab des Señor de Sipán besteht auch dieses Stück aus Gold, Türkis und vergoldetem Kupfer. Der Farbkontrast betont den winzigen Menschenkopf, der im Zentrum der kreisförmigen* orejera *prangt.*

Brüning-Museum in Lambayeque, durchgeführt wurden.
Als wir weitergruben und die Totenmaske freilegten, fanden wir zu beiden Seiten des Schädels zwei goldene Ohrscheiben mit konzentrischen Kreisen. Darin hingen kleine runde Pailletten, die bei jeder Bewegung des Trägers vibriert haben mussten. Etwas weiter nach hinten versetzt lagen zwei gleichartige Ohrscheiben aus Silber. Weiter unten tauchten zehn *narigueras* auf, die sich durch die Vielfalt ihrer Formen und Verarbeitungstechniken auszeichneten. Auf den Brustknochen ruhten zwei prächtige Goldgeschmeide aus jeweils zehn Stücken. Die ersten stellen Furcht einflößende Raubtiergesichter dar, in die man rote Muscheln als Zähne eingelegt hatte. Die Rückseite dieser lebendig wirkenden Figuren zieren Reliefs mit Darstellungen von vogelköpfigen Schlangen, die sich mit gegen den Uhrzeigersinn ausgerichteten Hakenkreuzen abwechseln. Diese merkwürdige Symbolik war bereits auf der Rückseite der Glieder des ersten, von uns gefundenen Halsschmuckes aufgetaucht, der auf der Vorderseite ein Spinnenwesen mit menschlichen Zügen zeigte. Das dritte Halsband, das nach und nach zwischen den oxydierten Kupferresten und den weitgehend zersetzten Muschelperlen der Brustplatten hervorzuleuchten begann, bestand aus zehn Goldköpfen mit dem kunstvoll gestalteten, fal-

280 oben *Als eines der ersten Objekte aus dem Grabschatz des Viejo Señor de Sipán wurde die Totenmaske aus vergoldetem Kupfer mit angehängten Eulenköpfen und drei zu Bruststücken angeordneten Reihen unterschiedlicher Schmuckstücke entdeckt.*

280 unten *Die zehn goldenen Köpfe alter Männer wirken außerordentlich realistisch. Sie gehörten zu einer der zahlreichen Ketten, die den Hals des Viejo Señor de Sipán schmückten.*

281 oben *In einer der obersten Schichten wurde dieser kleine Krieger aus vergoldetem Kupfer freigelegt, der sich durch seine kämpferische Haltung auszeichnet. Der Status der dargestellten Person lässt sich leicht an der Keule und der halbmondförmigen Kopfbedeckung ablesen, die er trägt.*

tenreichen Gesicht eines alten Mannes. Des Weiteren fanden wir drei letzte Halsbänder mit silbernen Menschenköpfen in unterschiedlichen Größen: Eines zeichnete sich durch Raubtierzähne aus, die übrigen beiden durch realistischere Züge. Wie bereits im Grab des ersten Fürsten stießen wir auch hier wieder auf gleichartige Schmuckstücke in Gold und Silber, aber auch auf die Kombination beider Metalle in einem einzigen Objekt und die symbolischen Darstellungen auf der Vorder- und Rückseite bestimmter Teile. Alle verwiesen sie auf das für die Mochica und ihre Religion so typische, dualistische Weltbild. Viele Vorstellungen,

281 Mitte *Dieses goldene Zeptermesser entdeckte man im Grab des Viejo Señor de Sipán. Das Kultobjekt trägt am oberen Ende eine runde Form, vielleicht eine Frucht.*

281 unten *Vermutlich handelt es sich bei diesem Objekt um die Darstellung einer wichtigen Gottheit. Der Krabbenmensch aus vergoldetem Kupfer und Muscheln lag in Einzelteilen auf dem Mumienbündel.*

die damit zusammenhingen, ließen sich mithilfe der Funde aus den Fürstengräbern erklären, die zugleich Aufschluss über die technische Entwicklungsstufe der Mochica gaben und einige philosophische Aspekte der Kultur erhellten.
Wir fuhren fort, die Schmuckstücke, die auf der Brust des Viejo Señor de Sipán ruhten, zu säubern. Mit unseren Pinseln und Zangen holten wir kleine Muschelobjekte aus dem Boden, die einen der spektakulärsten Funde dieses Grabes zum Teil bedeckten. Nach und nach tauchten zunächst die Füße, dann der Kopf einer Miniaturskulptur auf, die einen hervorragend gearbeiteten Kriegsherren der Mochica aus Gold und Silber zeigte. Als wir das Objekt vollständig freigelegt hatten, betrachteten wir es voller Begeisterung und stellten fest, dass es sich um eine 119 Millimeter hohe *nariguera* handelte, an der jedes Detail mit allergrößter Sorgfalt ausgeführt war.
Das Bild des Kriegsherren mit den Waffen in Händen, einer Kriegskeule in der rechten und dem Schwert in der linken Hand, wirkt prunkvoll. Eine Tunika aus kleinen Türkisplättchen bedeckt den Körper der Figur, die eine eindrucksvolle Krone in Form einer Eule mit überdimensionalen ausgebreiteten Flügeln trägt. Kleine scheibenförmige Anhänger vervollständigen den Schmuck der

282 oben *Die Rundstandarte zeigt die im Kulturkreis der Mochica sehr bekannte Gottheit der* uyuchu, *einer heute nicht mehr existierenden Frucht.*

282 unten *Zu den bemerkenswertesten Stücken im Grab des Viejo Señor de Sipán gehört diese Darstellung einer Raubkatze mit menschlichen Zügen und drohendem Blick. Es handelt sich um eine rätselhafte Gottheit aus der Götterwelt der Mochica.*

282–283 oben *Diese Standarte ist deutlich größer als die beiden anderen aus dem Grab des Viejo Señor de Sipán. Auch sie zeigt die Gottheit der* uyuchu, *einer kleinen Frucht, deren Samen das Bild einrahmen.*

283 *Im Zuge der Grabung – hier die Phase, in der der Raubtiermensch entdeckt wurde – legte man 13 Schichten mit Schmuck frei.*

Flügel, während rechteckige Plättchen die Federn imitieren. Die Augen der Gestalt bestehen aus Türkisen mit perfekt eingepassten leuchtenden Pupillen aus schwarzem Stein. Im unteren Bereich des Gesichtes ist ein beweglicher Nasenschutz ähnlich einem Schnurrbart befestigt, unter dem der Mund hervorschaut.
Die Kreativität und Technik, mit der dieser Nasenschmuck gefertigt wurde, lassen keinen Zweifel daran, dass es sich um ein echtes Meisterstück der Goldschmiede der Mochica handelt. Zu Recht gilt diese *nariguera* als eines der schönsten und faszinierendsten Stücke, die bis heute in Südamerika gefunden wurden.
Über den Beckenknochen lagen verschiedene Schmuckstücke aus Silber und vergoldetem Kupfer; zu unserer Überraschung entdeckten wir an dieser Stelle auch zehn rituelle, halbmondförmige Schellenkränze mit der Gottheit Ai Apaec im Zentrum. Diese Schellen waren zwar deutlich kleiner als die, die wir im Grab des ersten Fürsten freigelegt hatten, wiesen ansonsten jedoch keine Unterschiede auf. Neben dem Becken des Viejo Señor de Sipán ruhte ein 29 Zentimeter großer und 300 Gramm schwerer Beinharnisch oder Männerrock aus Gold, der mit einem Bild der gleichen Gottheit verziert war und dem Beinharnisch seines Nachfolgers ähnelte. Daneben gab es weitere, einfacher gearbeitete und leichtere Stücke aus vergoldetem Kupfer.
Aus Platzgründen und in der Absicht, den Schmuck, den der Fürst zu Lebzeiten getragen hatte, um ihn anzuordnen, hatte man in Beinhöhe überdies vier elegante Brustplatten aus Muschelgliedern abgelegt, die perfekte Kreise bildeten.
Nachdem wir die wichtigsten, auf dem Skelett gefundenen Objekte einer ersten Reinigung unterzogen hatten, legten wir sie an die ursprüngliche Stelle zurück, um den Fund fotografisch zu dokumentieren.
Der eigentliche Grabschatz bestand aus insgesamt 54 Goldobjekten, dane-

284 unten *Ai Apaec, eine der am häufigsten dargestellten Gottheiten der Mochica, ziert viele Schellenkränze des Viejo Señor de Sipán. In der rechten Hand hält er einen abgeschnittenen Kopf, in der linken ein Opfermesser.*

285 oben *Auf den Beinen des Toten lag unter drei anderen dieser Brustschmuck aus Klappmuscheln und Schneckenhäusern. Jedes einzelne Glied des Objektes, das sich durch seine zarten Farben auszeichnet, stellt einen Fisch dar.*

284 oben links und 284 Mitte *Ein goldener Beinharnisch mit einer Darstellung der höchsten Gottheit am oberen Ende ragte aus zahlreichen goldenen und silbernen Schellen hervor, die auf dem* fardo *des Viejo Señor de Sipán lagen.*

284 oben rechts *Goldene Ohrscheiben* (orejera), *Erkennungsmerkmal aller ranghohen Persönlichkeiten der Mochica, zierten auch die Ohren des Viejo Señor de Sipán. Zwischen den konzentrisch auf den Scheiben angeordneten Kreisen hängen winzige Goldplättchen.*

ben gab es einige Dutzend anderer Stücke aus Silber oder vergoldetem Kupfer. Auf den Knochen der rechten Hand ruhte eine Art Zeptermesser aus Gold mit einer Kapsel am oberen Ende, die bei jeder Bewegung einen hohen Ton erzeugt. Mit dem überaus spitzen Werkzeug hatte man vermutlich die Arterien der für rituelle Opfer bestimmten Tiere oder Gefangenen in einer Zeremonie durchtrennt, die zu den heiligen Aufgaben des Herrschers gehörte und in der Kunst der Mochica daher häufig zur Darstellung gelangte. Ein silbernes Messer und einige massive Barren aus beiden Metallen hatte man symbolisch in den Händen und im Mund des Fürsten platziert, um den fehlenden Pol des dualistischen Systems zu ergänzen. Als wir den Unterarm des Toten anhoben, entdeckten wir darunter Hunderte von zylindrischen Perlen aus Gold, Türkis, Lapislazuli und Muscheln. Jede von ihnen war etwa 2 Millimeter groß und gehörte zu einem von mehreren auffälligen Armbändern.

Im unteren Eck des *fardo* entdeckten wir die stark zerfallenen Reste der kostbaren Baumwollstoffe, die den Salzen und der Feuchtigkeit des Bodens standgehalten hatten.

Nachdem wir mehrere Wochen lang vorsichtig mithilfe eines Staubsaugers das Erdreich von fragilen Resten entfernt hatten, unterschieden wir acht verschiedene Stoffteile. Wir nahmen den gesamten Schmuck weg und standen schließlich vor den relativ gut erhaltenen Knochen eines 1,59 Meter großen Mannes, der etwa im Alter von 45 bis 55 Jahren gestorben war. Unter dem Körper lagen nur metallene Standarten mit symbolisch nach unten gedrehten Bildern sowie Reste der Stoffe, die ursprünglich den *fardo* umhüllt hatten.

Der Boden des Grabes war vollständig mit Zinnober (Quecksilbersulfid) ausgestrichen, einem hellroten Pulver, das man zur Zeit der Mochica bei religiösen Zeremonien verwendete.

Sorgfältig erforschten wir die direkte Umgebung des Grabes und entdeckten etwas weiter südlich das Skelett

284–285 *Dieser Miniaturkrieger gehörte zu einer* nariguera. *Die sorgfältige und meisterhafte Verarbeitung offenbarte sich nachdem das Stück von Erdreich und Schmutz befreit worden war. Die wirklichkeitsgetreue Darstellung mit Gold, Silber und Türkissteinchen lässt keinen Zweifel am Rang der abgebildeten Person.*

286 oben *Nachdem das Erdreich an der Stelle entfernt worden war, an der man eine Vertiefung vermutete, nahm vor den Augen der Archäologen ein* fardo *Gestalt an, neben dem einige Terrakottagefäße lagen. In Höhe des Brustkorbes ruhte ein goldener und relativ großer Halsschmuck aus zehn fast identischen Gliedern.*

286 unten *Susana Meneses konzentrierte ihre Untersuchungen auf die Struktur der Plattform und identifizierte sechs unterschiedliche Bauabschnitte. Das Modell veranschaulicht, wie sich die Dimensionen der Plattform mit jeder neuen Ebene vergrößerten.*

einer 16 bis 18 Jahre alten Frau. Sie lag auf dem Bauch, mit leicht auf den rechten Arm gestütztem Körper und nach Westen gedrehtem Kopf. Neben sie hatte man das Skelett eines Lamas gebettet, dessen Kopf verdreht worden war.

Zu den Schmuckstücken, die unsere Aufmerksamkeit erregten, gehörten die metallenen Standarten, die im Zentrum eine Gestalt mit erhobenen Armen und an den Rändern Reliefs kleiner Früchte zeigen, die einer Feige ähneln. Diese Frucht, die bei den Erforschern der Mochekultur unter dem Namen *uyuchu* bekannt ist, steht in Zusammenhang mit dekorativen Motiven kriegerischer Natur und mit Opferriten. Hinter dem Metall entdeckten wir die echten, heute ausgestorbenen Früchte.

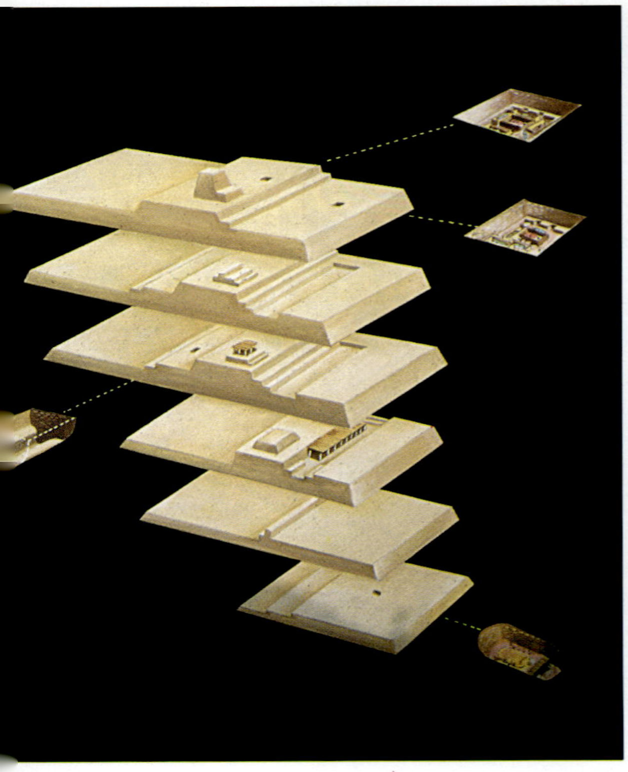

Eine vergleichende Bilanz ergab, dass der ältere Señor de Sipán mit den gleichen Reichtümern und charakteristischen Symbolen bestattet worden war und daher wohl den gleichen Rang innegehabt hatte wie sein jüngerer Nachfolger. Der Grabschatz enthielt mehr religiöse Bilder und dafür eine geringeren Bandbreite von Gaben; es fehlte der Sarkophag, die Gefäße hatten keine besondere Bedeutung und nur eine Frau war dem Fürsten in seine letzte Ruhestatt gefolgt. Dies alles deutet auf einen Wandel im religiösen Bereich und gegebenenfalls auf eine fortschreitende Konsolidierung der Macht hin. Der Tote hatte die politische und religiöse Autorität in sich vereint, doch trennten sich die Fürsten in der Folge von den Aufgaben, die sich mit der Funktion des Priesters verbanden.

Unsere Forschungen an dieser außergewöhnlichen Stätte beschränkten sich nicht auf die Lokalisierung und Katalogisierung der Gräber: Wir verbrachten viel Zeit damit, den architektonischen Kontext zu untersuchen, in den sie sich eingliederten. Zeichnungen, Karten und Profile beschreiben jedes architektonische Element und seine Veränderungen. Durch einen Vergleich der verfügbaren Daten gelang es Susana Meneses, bis zu sechs aufeinander folgende Konstruktionsphasen innerhalb der Plattform zu unterscheiden. Von einer einfachen niedrigen Stufenplattform bis hin zum letzten architektonischen Modell hatten die Mochica offenbar Zug um Zug und nach Bedarf die Ebenen dieses Heiligtums vergrößert und erhöht. Die Fassade der modifizierten und übereinander gesetzten Gebäude ist nach Norden ausgerichtet und mindestens zwei von ihnen waren mit farbigen Wandmalereien verziert, die heute verschwunden sind. Das Grab des Viejo Señor de Sipán gehört zur ersten unteren Ebene, die Gräber des Priesters und des Señor de Sipán lassen sich der obersten Ebene zuordnen.“

Bisher wurden 12 Gräber entdeckt, deren Standort in diesem Zusammenhang kulturelle Veränderung und eine Hierarchisierung der Elite der Mochica anzeigt. Bedeutende Persönlichkeiten übernahmen hier spezifische Rollen und Funktionen, vom regierenden Herrscher über die halbgöttliche Autorität bis hin zu den Kriegsführern und den Priestern, die alle religiösen Belange regelten. Offenkundig bestattete man gewöhnliche Männer auf anderen Friedhöfen in Randgebieten. Rings um das Heiligtum erstrecken sich weite Felder und in heute brachliegenden Gegenden findet man Spuren von Bewässerungskanälen. In diesen Landstrichen gibt es außerdem Überreste der Häuser einfacher Bauern und Handwerker, die mit ihrer Arbeitskraft die Entwicklung der Mochekultur erst ermöglichten.

286–287 *Nach der Restaurierung erstrahlen die einzigartig geformten Glieder der goldenen Halskette, die der Viejo Señor de Sipán um den Hals trug, in ihrer ganzen Pracht. Kleine Menschenköpfe prangen auf den Rücken von Spinnen, die in einem Netz aus Golddrähten sitzen. Die Rückseite besteht aus einer konkaven kreisförmigen Goldplatte.*

287 *Die Skizze rekonstruiert das Grab des Viejo Señor de Sipán mit dem reichhaltigen Grabschatz, der ihn auf seiner letzten Reise begleitete. Er enthält unter anderem Geschmeide, Schmuckstücke und Votivgaben. Ein Frauenskelett und Reste eines geopferten Lamas entdeckte man ebenfalls in dem Grab.*

Aclla Huasi: Ketschuawort, das „Haus der erwählten Frauen" bedeutet. Im Inkareich wählte man junge Mädchen aus, die in von der Außenwelt völlig abgeschlossenen Konventen lebten. Sie dienten dem Inka, hohen Würdenträgern oder dem Sonnengott.

Adobe: Spanisches Wort für ungebrannte, sonnengetrocknete Lehmziegel, die man häufig in den kargen Wüstenregionen als Baumaterial verwendete.

Aryballos: Inkakrug mit spitz zulaufendem Boden und schmaler Öffnung. Der Aryballos diente als Behälter für Wasser oder andere Flüssigkeiten, die die Inka als Trankopfer verwendeten. Die Form des Gefäßes erinnert an die der gleichnamigen griechischen Vasen.

Conopa: Ritualobjekt der Inka in Form eines Tieres oder Maiskolbens, das die Bauern zusammen mit anderen Gaben in den Feldern vergruben, um von den Göttern eine gute Ernte zu erbitten.

Cuchimilco: Typische Votivfigur der Chancaykultur im mittleren Küstenabschnitt. Die Figur bestand aus Keramik und hatte in der Regel die Form eines Tieres oder Menschen.

Fardo: Großes Mumienbündel verschiedener Kulturen. Die Mumie wurde mit den für sie bestimmten Beigaben in zahlreiche Schichten aus Stoff oder Pflanzenfasern gehüllt.

Fechterschnecke: Große Muschelschnecke, die einige präkolumbische Völker als Blasinstrument verwendeten.

Geldäxte: Diese Kupferbleche in Form von Axtklingen verwendeten die präkolumbischen Völker in Ecuador vermutlich in der Zeit vor der Ankunft der Spanier als Tauschmittel.

Hornacina: Nische aus Adobeziegeln in Königsgräbern, in die man Votivobjekte stellte.

Huaqueros: Grabräuber oder -plünderer, die nach präkolumbischen Schätzen suchen.

Inti: Bezeichnung für die Sonne beziehungsweise den Sonnengott, die Hauptgottheit der Inka.

Intihuatana: Dieses Wort aus dem Ketschua setzt sich aus *inti* (Sonne) und *huatana* (festhalten) zusammen. Der Begriff bezeichnet eine Art Sonnenuhr beziehungsweise einen Opferaltar, den man an vielen Inkastätten findet.

Keru: Gefäß in Form eines zylindrischen Bechers aus Holz oder Ton; typisches Objekt der Huari-, Tiahuanaco- und Inkakultur.

Ketschua: Offizielle, vom Herrscher verordnete Sprache des Inkareiches. Heute sprechen noch etwa 8 Millionen Menschen in Peru, Bolivien, Ecuador und Chile die alte Indianersprache.

Klappmuschel: Muschel, die an der Pazifikküste von Peru und Ecuador gedeiht und als eine Art Währung diente.

Mascapaica: Stirnband, das die Inkaherrscher zum Zeichen ihrer Macht um den Kopf legten. In der Regel war es mit zwei *corenqueque*-Federn verziert.

Mitmaccuna: Zwangsumsiedelung einzelner Gruppen oder ganzer Völker.

Nariguera: Nasenschmuck, der am Nasenknochen zwischen den beiden Nasenlöchern befestigt wurde. Er diente hochrangigen Männern als Erkennungssymbol.

Orejera: Am Ohrläppchen befestigte Ohrscheiben.

Piru: Name eines Wasserlaufs an der südkolumbischen Küste, aus dem später der Name Peru wurde, der das Inkareich bezeichnete.

Poporo: Kleiner, für die Goldschmiede der Quimbaya typischer Behälter für Kalk, den man mit Kokablättern vermischte, um deren berauschende Wirkung zu steigern.

Reciprocidad: Taktik, die auf Gegenseitigkeit beruht, um inperialistische Bestrebungen durchzusetzen.

Steigbügelhenkel: Typische Gefäßhenkelform der Mochica sowie anderer Kulturen an der Nordküste Perus. Der Henkel hat die Form eines Steigbügels; obenauf sitzt ein kurzer zylindrischer Ausguss.

Tocapu: Komplexe geometrische Muster, die Webstoffe und Holzgefäße der Inka zierten. Manche Forscher halten sie für ein noch nicht entschlüsseltes Schriftsystem.

Tumbaga: Von Goldschmieden im Andenraum häufig verwendete Legierung aus Gold und Kupfer.

Tumi: Wort aus dem Ketschua für Messer. Es bezeichnet vor allem Zeremonialmesser der nordperuanischen Küstenkulturen.

Unku: Wort aus dem Ketschua, das die ärmellose Tunika der Inka beschreibt.

Ushnu: Direkt aus dem Felsen gehauenes Monument, das vermutlich als Opferaltar oder Thron diente und das man in fast allen bekannten Inkastädten findet.

Uyuchu: Heute ausgestorbene Frucht mit religiöser, symbolischer und ritueller Bedeutung.

BILDNACHWEIS

Antonio Attini/Archiv White Star: S. 10-11, 44, 48-49, 164 unten, 164-165, 165 unten, 166, 167, 168, 168-169, 169 unten, 194, 195, 196, 197, 198, 199, 200, 201, 202, 203, 204 top, 204-205, 206, 207, 208-209, 209, 212, 213, 214, 215, 216, 217, 218-219, 219 oben und unten, 220-221, 222, 223, 224 unten, 225, 226 unten, 226-227, 227 oben, 228, 229, 230, 231, 232, 233, 234 oben, 234-235, 235 unten links, 236, 237, 240, 241, 242, 243, 244, 245, 246, 247, 248, 249, 250, 251, 252 oben links, 252 rechts, 253, 254, 259, 260, 261, 262-263.

Archiv White Star: S. 60, 62, 63 links, 63 oben rechts, 64, 66 rechts, 67, 80, 82, 83, 84, 85 unten rechts, 86 oben links, 86 unten rechts, 87 unten, 88 oben rechts und links, 89, 143 oben rechts, 154 links, 156 unten.

Marcello Bertinetti/Archiv White Star: S. 224-225, 235 unten rechts, 250 unten links.

Massimo Borchi/Archiv White Star: S. 12-13, 41 rechts oben, 99 unten links, 106 oben, 107 unten, 108 oben, 152-153 oben, 157 oben, 162-163, 164 oben, 170-171, 171 unten, 172 unten, 172-173, 173 oben, 174, 175, 178, 179, 180, 181, 182, 183, 184-185, 186 links, 186-187, 187 links, 193 unten.

Dirk Antrop: S. 1, 31 unten, 36, 37, 43, 47, 48 oben, 56 rechts, 57, 58 oben rechts, 80 unten, 86 oben rechts, 87 oben links, 90 Mitte, 91 oben, 96 oben, 100, 101, 102, 104 oben, 106 unten, 107 oben, 108 unten, 110-111, 111 oben, 118, 132 unten, 132-133, 138 left, 144 oben, 145, 146 oben, 147, 149 oben, 150, 151, 152 Mitte, 160 unten, 161, 171 oben, 173 unten, 227 unten, 292.

Massimo Borchi/Atlantide: S. 204 unten, 205 unten.

Brüning National Archäologisches Museum von Lambayeque: S. 4-5, 264, 265, 266, 267, 268, 269, 270, 271, 272, 273, 274, 275, 276, 277, 278, 279, 280, 281, 282, 283, 284, 285, 286, 287.

Giovanni Dagli Orti: S. 2-3, 6, 7, 38, 46, 58-59, 65, 69 oben Mitte und rechts, 70 links oben, 71 links, 71 rechts oben, 72 rechts oben, 78-79, 80-81, 87 rechts oben, 90 rechts oben, 92, 93, 94, 114 oben, 115 oben, 116 oben links, 116-117, 120 oben und unten, 130 unten rechts, 135 unten, 136, 137, 140 links, 143 unten, 148 oben, 149 unten, 153 oben, 160 oben, 187 unten, 188-189, 190-191, 208 oben, 218 links.

Massimo Cappon: S. 210-211.

Centro Studi Ricerche Ligabue: S. 28, 30, 58 unten links, 66 links, 81 oben, 110 oben, 148 unten, 155 oben, 159 oben links, 159 Mitte, 211, 235 oben rechts.

Double's: S. 31 oben, 48 unten, 69 oben links, 88 unten, 69 oben links, 88 unten rechts, 95 links, 104 oben, 53 unten.

Archivio fotografico Erizzo: S. 33 unten, 99 Mitte.

E.T. Archiv: S. 86 unten links, 119 unten links, 159 unten.

Charles Lenars: S. 190 unten.

Foto Mayr & Cabal: S. 9, 77, 123, 124, 125 rechts, 126, 127, 128-129.

Henri Stierlin: S. 8, 32, 33 oben, 34, 35, 39, 40, 40-41, 41 unten links, 42, 45, 49 unten, 50, 51, 52, 53, 54, 55, 72 unten links, 73, 74, 75, 76, 80 oben, 96 Mitte und unten, 97, 98, 99 oben links, 103, 104 unten, 106-107, 109, 112, 113 rechts, 116 unten rechts, 117 unten, 119 oben rechts, 120-121, 121 rechts, 122, 125 links, 130 oben rechts, 131, 134 unten, 138 rechts, 143 oben links, 152 unten, 155 unten, 157 unten.

Agenzia Fotografica Luisa Ricciarini: S. 140 links, 141 rechts, 142.

R. Sheridan – The Ancient Art & Architecture Collections: S. 130 links.

The Ancient Art & Architecture collections: S. 135 oben, 156 oben

Mireille Vautier: S. 16, 17, 60-61, 68, 69 unten links, 70 unten links, 70 rechts, 71 unten rechts, 85 oben und unten links, 90 unten, 91 unten, 113 links, 132 oben, 134 oben, 154 oben rechts und Mitte, 154 unten, 158, 159 oben rechts, 188 oben, 189.

Werner Forman archive – Index Firenze: S. 56 links, 59 rechts, 63 rechts, 81 unten, 114 unten, 115 unten, 139 oben, 144 unten.

MUSEEN UND KUNSTSAMMLUNGEN

Banco Central de Reserva Museum, Lima: S. 32, 34, 35, 42 rechts, 55 oben, 72 unten links. 73, 74-75 oben, 97, 98, 103.

Banco Central Museum, Quito: S. 78-79, 94 rechts.

Banco del Pacifico Musuem, Guayaquil: S. 75 unten.

Barbier Mueller Museum, Geneva: S. 50 oben.

Brüning National Archäologisches Museum von Lambayeque: S. 1, 4-5, 8, 9, 132, 133, 264, 265 unten 267 unten, 268-269 oben und unten, 270 oben, 270-271, 271, 272, 273, 274 oben und unten, 275, 276, 279, 280, 281.

Casa de Cultura, Guayaquil: S. 8.

Cuzco Museum: S. 113 links.

Dallas Art Museum: S. 139 oben.

E. Poli Collection, Lima: Seite 90 oben rechts.

Foundation Guayasamin, Quito: S. 94 links.

Gold Museum, Bogotá: S. 76, 131.

Gold Museum, Lima: S. 2-3, 6, 40-41, 45, 54, 55 unten, 120 oben und unten, 130 unten links, 135 unten, 137.

Ica Regional Museum: S. 49 unten, 50 unten, 96.

Museum für Völkerkunde, Berlin: S. 56 links, 59 rechts, 63 rechts, 81 unten, 114 unten, 115 unten, 146 unten.

Museum der Archäologie, La Paz: S. 80-81.

Museum der Ethnographie, Genf: S. 41 unten links.

Museum der Ethnographie, Göteborg: S. 114 oben.

Nationalmuseum der Geschichte, Buenos Aires: S. 71 oben rechts.

Nationalbibliothek, Madrid: S. 65.

Nationalmuseum der Archäologie, Lima: S. 7, 33 oben, 38, 39, 40, 41 rechts, 42 oben links, 46, 48 unten, 51, 52-53, 58-59, 88 unten rechts, 90 unten, 91 unten, 95 links, 99 oben links, 104 unten, 106 oben, 107 unten, 109, 119 unten links, 136, 141, 142, 143 unten, 148, 149 unten, 227 unten.

Pedro de Osma Museum, Lima: S. 16, 17, 60-61, 68.

Universitätsmuseum, Cuzco: S. 218 links.

Schloss von Versailles: S. 69 oben Mitte.

Karte von Betty Vandone

REGISTER

Kursiv gesetzte Zahlen beziehen sich auf Abbildungen.

292 *Dieses Foto zeigt ein bemaltes Leichentuch der Chimú. Die abgebildeten Gefangenen tragen weder Kleider noch Waffen, ein Strick schnürt ihnen den Hals zu. Diese Behandlung entsprach der Sitte der präkolumbischen Völker. Den Rand des Stoffes zieren Bilder der Zweiköpfigen Schlange und des Jaguars. Beide Motive findet man auf Kunstgegenständen der altperuanischen Kulturen sehr häufig.*